铁屋中的呐喊

李欧梵 著

Voices from the Iron House：

A Study of Lu Xun

尹慧珉 译

ZHEJIANG UNIVERSITY PRESS
浙江大学出版社

再版序

我研究鲁迅的心路历程

浙江大学出版社决定重新出版我的部分著作，包括这本研究鲁迅的小书，我不胜汗颜。这本书原是英文著作，出版于 1987 年，由尹慧珉女士翻译成中文，最初繁体字版 1991 年由香港三联书店出版，至今已有 25 年了。我回顾自己的这一段漫长的学术心路历程，颇有所感，现在也趁这个机会，略抒己怀。

（一）

我虽然生在大陆，却是在台湾长大。在中学和大学读书时代，“白色恐怖”的阴影无所不在。鲁迅的作品属于禁书，我只闻鲁迅其名而已。1962 年到美国留学，先在芝加哥，课余就到远东图书馆找鲁迅的作品来读，完全出于对“禁书”的好奇。料不到越读越有兴趣，一年过后，几乎把他所有的作品——翻译除外——都读完了。除鲁迅之外，我还浏览了大量的左派作家——如茅盾、巴金、曹禺等——的作品，因为这些在台湾都在被禁之列，逐渐对“五四”新文学产生浓厚的兴趣。然而当时我忙于应付繁重的课业，无暇顾及中国文学。

次年我转学哈佛，拜师名教授史华慈(Benjamin Schwartz)，学的是中国思想史，对文学兴趣不减，但只把它当作业余爱好。然而，到了博士论文选题时，我还是选了“五四”作家的浪漫情怀作为题目，后来成书出版，即《中国现代作家的浪漫一代》。在哈佛求学期间，我也到其他科系旁听，并大胆选了当年鼎鼎大名的心理学家艾理生(Erik H. Erikson)的研究生课，艾氏正在写一本关于印度领袖甘地的书，从心理和文化的角度来探讨甘地的一生，我觉得饶有风趣。他问我要写什么题目，我先想到郁达夫，后来决定写鲁迅，也沿用他的方法，把鲁迅和他父亲的关系作为心理分析的基础，探讨他成长时期的认同危机，一路发展到他选择文学这个行业。料不到艾理生对我的鲁迅研究报告大为欣赏，这才触动我继续研究鲁迅的兴趣。我完成博士论文后，到香港中文大学崇基学院任教，为学生做公开演讲，就以鲁迅的“内心世界”为主题，还把讲稿写成文章，在《明报月刊》发表。于是，我不知不觉地走向鲁迅研究的“不归路”。时当1970年，距今已有将近半个世纪。

没有想到这条路如此漫长。1972年秋我到普林斯顿大学任教，此时我的博士论文已经修改完成，即将成书，准备写第二本书，向校方提出的研究计划就是关于鲁迅，但又不知如何下手。我发现艾理生的理论不够用，因为关于鲁迅的资料虽多，但“心理”方面的资料又从何找起？他的幼年和成长过程或者可以用艾理生的方法研究，但他的后半生又如何交代？鲁迅所走的路，显然和甘地不同。他是一个作家，生平写了大量的文学作品，又如何用心理分析来处理？我发现自己的初步研究太浅薄了。于是我彷徨起来，不知如何是好。我在普林斯顿四年，学术上一事无成，最终被大学解雇，没有拿到终身职。被解雇的原因之一，就是我的鲁迅研究文章不够格,特别是我呈上送审的关于《野草》的初稿。此稿我花了整整一个暑假,写了又写,但写完后却被审核委员会的一个同事说:"坏极了!"(terrible)。说这句话的是我当年的同事和好友 Robert Darnton,他后来成为鼎鼎大名的法国文化史大师、哈佛图书馆的馆长。他是为了我好,才警告我要改写。这一下惨了,我生平第一次信心全失,"野草"也成了我的"咒"——可能鲁迅在天之灵更不满意,对我揶揄冷笑!

1976 年我侥幸得到印第安纳大学的教职,但教的是中国文学,而且古今兼具。我临病抱佛脚,急忙在文学方面恶补,却也发现,其实我真正的兴趣就是文学。我心目中的鲁迅本来就是一个文学家——或者可以说是一个有深刻思想的文学家,所以还是必须从他的文学作品着手,而把他的思想融入文学分析之中,心理的因素只能作参考。

然而说来容易做时难,如何用文学的方法处理鲁迅的思想?如果专注分析个别作品的话,又如何能看到鲁迅的全貌?六七十年代的美国学界,虽有少数学者发表关于鲁迅的论文,但大多是个别小说的文本分析,没有一部完整的传记(而中国的情况恰好相反,鲁迅的传记层出不穷),只有一两本勉强算数,(如 William Lyell 的 *Lu Hsün's Vision of Reality*,1976),但还是不够全面。令我衷心佩服的只有两位学者,一是我在台大的业师夏济安教授,一是哈佛的韩南教授,二人现皆已作古。夏济安先生的两篇论鲁迅的文章:《鲁迅作品的黑暗面》和《鲁迅和左联的解散》,收于他的《黑暗的闸门》(*The Gate of Darkness*)一书,英文版早已在 1968 年出版(中文译本终于在今年由香港中文大学出版社出版),我早已读过,大开眼界,觉得这才是真正有创见。韩南教授的长文《鲁迅小说的技巧》(*The Technique of Lu Hsün's Fiction*),1974 年在《哈佛学报》分两期刊载,给我的震撼同样巨大,我没有想到这位享誉西方学界的中国古典小说专家竟然对鲁迅有如此深厚而独到的见解，而且所下的研究功夫惊人，他把鲁迅早期所受的欧洲文学影响的资料全数搜齐，并将之放在一个结构主义式的“反讽”(irony) 理论框架中来分析。我自惭形秽，几乎想放弃，但又觉得对不起自己，还是得咬紧牙关，步二人的后尘，继续研究下去。

1982 年我转往芝加哥大学任教，于是决定从头做起，放弃以前写的所有草稿，还是规规矩矩地，以朴实的笔法把鲁迅的生平、思想和他的文学作品连接起来。也完全扬弃了艾理生的“心理传记”的方法，把重心转向鲁迅的作品，也尽可能分析我认为重要的所有作品，而不局限于小说。本书的英文初稿终于在二十世纪八十年代初在芝加哥完成，但仍然由印第安纳大学出版社出版，作为该社“中国文学和社会丛书”的一种。一拖再拖，正式出版日期已是 1987 年了。虽然拖延至此，如果没有几位同行的鼓励和协助，还是遥遥无期。最关键性的时刻是 1981 年，适逢鲁迅一百周年诞辰，我申请到一笔基金，在该年 7 月开了一个“鲁迅和他的遗产”国际学术会议，论文集也交给我编辑，我从中获益良多。这本书似乎也有中文译本，内中有几篇名文，出自名家如林毓生、卜立德(David Pollard)、胡志德(Theodore Huters) 和日本的学者丸山升等人之手。有了这本论文集，我觉得如虎添翼，终于完成了自己的《铁屋中的呐喊》。

然而二十多年以后回头看，这本小书也只能作为入门读物，为有兴趣的学子铺路。九十年代以降，中文方面研究鲁迅的著作层出不穷，也大多超越了过去的意识形态框架，钻研甚深，此处无法一一列举了。我写这篇新序言的目的之一，就是交代本书初成型时，六七十年代美国的鲁迅研究背景。

(二)

本书的内容分为三大部分。第一部分描述鲁迅成长的个人和文化背景,我特别关注中国传统对他这一代知识分子的影响。这是一个错综复杂的大问题,我只勾画出一个轮廓,最主要的是突出他对中国传统的另一面——我称之为"抗传统"——的浓厚兴趣。最近在课堂上讲鲁迅,我又加上一个名词——"幽传统"——来界定鲁迅对于中国文学和文化(特别是古小说)中神鬼的偏爱。这种"鬼气"是他的创作来源之一,不可忽视。传统和现代的文化关系,一直是我研究的中心课题。然而现代文学如何面对传统而做出"创造性的转化"?这个观念是林毓生率先从思想史的角度提出来的,我认为也适用于文学创作,特别是当我们讨论文学上的所谓"现代性"问题的时候。

本书的第二部分共四章,专门讨论鲁迅的创作文类:短篇小说、散文诗和杂文。我把鲁迅定义为现代作家,他的小说和散文诗充满了艺术。我从文学形式着手,从他的作品中看到各种现代性的艺术技巧。本书的第三章标题原是"The Technique of Modernity",中文本译成"现代化技巧",一字之差,不能算全错,但是把"现代性"的复杂含义曲解了。众所周知,西方文学上有所谓"现代主义"(Modernism)的各种潮流和面貌,总的来说,背景来自历史和文化上的"现代性",或可说是现代性的产物,但是不能把文化史和文学上的"现代性"画等号。何况西方的现代主义艺术和中国现代文学之间也有相当大的差距,此中还牵涉多年来纠缠不休的"写实主义"问题。我在分析鲁迅小说的两章中,用了一点当时甚为流行的叙事学(narratology)的理论,又加上了一点"原型"的象征方法，现在看来，实在肤浅，但已经无法补救。唯一的突出点也许是它与当时中国“鲁学”把鲁迅作为“革命导师”的“上纲上线”做法大相径庭，也许至少对初入门的大学生有点新鲜感。

本书的第二部分应该是整个论证的核心篇章，而核心的核心就是讨论《野草》的第五章，也是我花最大功夫写的一章。此章恰好在全书十章的中间，这不是偶合，而是故意安排的，它带出全书的主题：鲁迅的整个内心世界有一个“黑暗的中心”，这个“黑暗”世界指的不是鲁迅本人的性格，而是他的艺术精神和灵感。夏济安先生早已提出这个看法，我克绍箕裘，只不过把鲁迅的写作艺术扩大，和中国文化传统的“幽灵面”连在一起而已。我的这个“野草情结”和八十年代中国的鲁迅研究学界的气氛格格不入，先是在受邀参加在北京举行的鲁迅一百周年诞辰的大会上，不准报告我关于《野草》的论文；后来在1986年又来北京参加鲁迅逝世四十周年纪念大会，我在大会上提交的论文——《鲁迅与现代艺术意识》（放在本书的附录），也引起了一段小风波。那次会议由社科院文学所主持，钱钟书先生还特别在会议开幕礼上讲话，要大家畅所欲言，自由交换意见，气氛很好。然而我宣读那篇论文之后，不少国内鲁迅学者当场发难，群起而攻之，认为我对鲁迅不敬，甚至故意调侃他对裸体画的兴趣，总之“政治不正确”。我自以为是，绝不退让。事过境迁，现在回想起来，双方都有点好笑。不过，我用了“现代艺术意识”一词，就是为了继续探讨鲁迅的《野草》。最近我重读《野草》，又发现不少中国传统文学和西方现代文学相通之处。且举一个例子：《影子的告别》里面，非但有尼采的影子（《查拉图斯特拉如是说》），也有庄子（《齐物论》中的“罔两问景”片段）和陶渊明（“影答神”和“神释”），由此可以证明这篇散文诗融汇中西，既脱胎于传统，又做了极为现代性的艺术转化，并汲取了一个来自西方的“机警语”(epigram)的形式,把思想性的断片化为一种“思考图像”(德文叫作“Denkbild”,是一位研究本雅明的学者对他的文体的评价),当然,内中也含有波特莱尔散文诗的意象。这一切都说明,鲁迅的《野草》——与他的部分小说和其他作品一样——非但可与同时期欧洲现代主义的经典作品抗衡,而且也可作为世界文学的经典 。

说到这里,我必须承认,在这一方面我受到另一位大师——捷克的汉学家普实克(Jaroslav Průšek)——的影响颇大。普氏于1967—1968年间来哈佛客座一年,我选了他的课。他对鲁迅的看法别树一帜,认为鲁迅作品的特征是“抒情性”,乃来自中国古典精英文学中的诗词的散文,但到了晚清民初,它演变成一种很主观的个人性文学情操,因此十分现代,和二十世纪初叶的欧洲现代主义的“抒情”倾向遥相呼应。妙的是,作为一个来自东欧共产主义国家的学者,普实克竟然看重鲁迅作品的文学技巧和形式,而不重内容的意识形态,令我大开眼界。他在《哈佛学报》发表的一篇短文,论鲁迅的早期作品“怀旧”,认为是现代文学的“先驱”,虽然全篇还是文言,但写作技巧已经很现代了,用的是“主观”视角。他的另一篇长文,讨论鲁迅和郁达夫,认为两人作品的风格基本上是以“抒情”为主调的,和三十年代左翼作家如茅盾的“史诗”风格不同,二者之间形成一种紧张和吊诡关系,也可说是中国现代文学的两个大主题。我于1980年把他的几篇论文结集出版,就遵守他的意思,以“抒情和史诗”(The Lyrical and the Epic)为书名。可惜书出版时他刚刚过世。

最近我到布拉格去参加纪念他诞生一百一十周年的会议,就以此为题写了一篇论文。但没有料到普氏在捷克的弟子们竟把我视为他在美国的传人,而美国的同行和部分中国学者却把我放在他的对手夏志清教授的门下,真是何其荣幸。其实在鲁迅研究方面,我受志清先生的影响甚少，虽然他的《中国现代小说史》中的鲁迅一章还是我翻译的。夏先生也颇推崇鲁迅的小说技巧，但他用的是一个源自英国理论家李维斯（F. R. Leavis）的尺度，认为伟大的文学作品除技巧之外，必须有道德情操。夏先生自己不喜欢鲁迅，对鲁迅的政治立场极为不满，和他的兄长济安先生基于人道主义的同情心有所差异。济安先生也更看重鲁迅语言的艺术价值，在《鲁迅作品的黑暗面》中，他最早提出《野草》中所用的文字的独特性（如《墓碣文》中的文言白话交错），对我的启发太大了。

本来我希望把他的小说和杂文连在一起，以跨文类的方式研究其互动关系，但没有如愿。关于鲁迅杂文的那一章（第六章）是草草写成的，仅将之和中国传统的"文章"风格比较，没有探讨其文体和内容的辩证关系。况且中国大陆学界研究鲁迅杂文的论文车载斗量，我看厌了，自己写的时候，反而太避重就轻，没有仔细讨论它的社会性和政治性。虽然我还是看重他早期杂文的文学价值。本书译者尹慧珉在《译后》中特别指出："使人感到有些狭窄，尚可做进一步的探讨。"批评得很中肯。我对整个第三部分（"关于文学和革命"）的三章也不满意，觉得写得太草率。但现在已经没有时间和精力来补救了。

众所周知，鲁迅晚年深受苏联文艺理论的影响，但对革命后的苏联文坛现实却知之甚少，甚至从日文资料中"瞎子摸象"。我从英文资料中找到一部分关于苏联文艺理论的评论，多出于美国苏联专家之手，可能有偏见。西方的马克思主义学者，也一向轻视苏联文艺理论。如今大量俄文档案已经开放，然而中国"鲁学"专家们鲜有涉猎，语言有障碍，实为憾事。我认为鲁迅的革命理论没有什么创见，完全是一种"延伸话语"（derivative discourse），他试图把苏联的理论硬搬到中国，将之和三十年代中国的政治环境接轨，但现实和理想之间的差距太大了。即便从理论出发,也必须深谙马克思文艺的传统,鲁迅在这方面明显不足。和瞿秋白相较,后者显然熟悉得多,可惜我在书中完全没有处理这个问题。最近我的学生张历君的博士论文即将出版,专门研究瞿秋白的理论,他发现瞿和意大利革命思想家葛兰西(Antonio Gramsci)颇有相似之处。作为一个"革命理论家",鲁迅比不上瞿秋白,还是显得太过"愤世嫉俗"(cynical)了,没有瞿秋白那么有理想,但又不失文人心态。我至今还是认为:鲁迅思想最弱的一环就是他关于革命与文学的理论。我自己对马克思文艺理论的传统掌握不足,遑论苏联文艺理论,因此研究得也不深入。然而至今我还没有读到超越"庸俗理论"的研究鲁迅和马克思文艺的新著作,看来连这门学问也式微了。

走笔至此,我的这篇"检讨"也应该结束了。再次感谢多年来不少同行和学子对本书的厚爱,把此书作为参考资料,使之广为流传。但愿这本书还没有成为"明日黄花",仍有它的用途,我则感激不尽。

李欧梵

2016 年 7 月 26 日于香港九龙塘寓所

原　序

鲁迅在给李霁野的一封信中曾谈到他不愿写自传，也不愿意别人替他写传。他认为自己这个人很平常，不必要写传。❶

在《死后》一文中，他又写了与此有关的一段话。他写自己死后有一只青蝇“嗡地一声”停在他的颧骨上，舐他的鼻尖。他于是懊恼地想：“足下，我不是什么伟人，你无须到我身上来寻做论的材料……”

可是，与鲁迅的愿望相反，由于他是中国二十世纪最伟大的作家，盛名之下，人们竟为他写下了无数的“传”和“论”。如果鲁迅死后有“灵”，对自己在国内国际上所获得的这种殊荣，会作何感想呢？

现在又出现了我这一本书，鲁迅会不会感到又来了一只“青蝇”做“论”，因而烦恼起来呢？

我只能为自己辩护。因为，我这里做的并不是一般的“传”或“论”，而是一本和常见的颂歌相去甚远的研究。而且，我之所以写这一本书，是因为鲁迅四十年间大量著译所提供的证据，使我深信：尽管他自己非常谦虚并自我节制，他的有些东西却在神化的过程中被扭曲和误解了，

---

❶ 《鲁迅书简》，卷1，第79页。

有必要重新加以阐释。当然，鲁迅自己或许并不求理解，如他在许多自我解剖的文章中所表明的，他宁愿将那些内在的鬼魂保存在自己的心里。

我研究鲁迅，多年来搜集了大量第二手材料，读后很失望，决心摒弃这些材料的影响而以阅读原著为基础，由于鲁迅的著译是如此大量而复杂，我的理解也经过了一个漫长的过程，常常回头重读又发现了新的意义。鲁迅作品的复杂程度，使它的原义往往避开研究者的理解而不是直截了当地向他说明，从这意义上说，或许任何人的研究也难于穷究其全部，或可称定论。我这本纲要式的书，也只能算是向揭示某些其他学者未曾分析过的方面走出了第一步。我热忱地希望这本颇不"正统"的研究会引起一些论争，从而也使鲁迅研究能更坚实、更深入地继续进行，由于我在研究中阅读了许多中国学者的论著，对他们的有些看法颇持异议。这方面的论争西方读者不一定很感兴趣，所以均放在注释中说明。

鲁迅在中国是家喻户晓的人，他的生平也几乎是常识了，所以我在此只作简单的介绍。他于 1881 年生于浙江绍兴一个败落的书香之家，少年时受过传统教育，以后到南京上学堂，接受新学，1902 年官费留学日本。去日本后先是学医，1906 年突然停止学医，全力作文学工作。在日本的七年中，他的文学工作是失败的，1909 年回到中国。直到 1918 年才又重新从事文学，以为《新青年》写的《狂人日记》一举成名。这篇作品由于使用白话，由于高度的主观性和对传统中国文化的击中要害的批评，被认为是中国第一篇现代的小说。

随之而来的是《呐喊》《彷徨》两个短篇小说集。在写小说的同时，鲁迅还在北平、厦门、广州的大学里执教。在 1918 年至 1936 年间，他还写了十六卷杂文，一本回忆集，一本散文诗，一本历史小说，约六十首诗，约六部学术著作(主要是关于中国古代小说的)以及许多翻译作品(译自俄国、东欧、日本)。所有这些,加上大量的书信和日记,迄今为止,至少已出过四次全集。

从1927年年末起,他开始定居上海,成为新文人中的老前辈。目击了中国政治的多次兴衰变化以后,他走向左翼,是1930年成立的"左联"的创始人之一。这段时期,他不但参与了多次和右派的、中派的"敌人"的论战,而且也卷入了左翼阵线内部的许多是非之争。他去世时是一个痛苦的、愤怒的人,被那些他曾为其革命目标而斗争过的人们所疏远。

本书的组织结构分为三部分,大体上按年代划分。前已说到,我试图理解鲁迅是经过一个漫长过程的。十多年前,当我最初涉足鲁迅研究时,曾从心理学方面理解这位伟大的作家,后来反复思考,终于确定鲁迅作品的意义在艺术方面多于心理方面。因此,本书着重谈鲁迅的艺术,将心理方面的问题仅放在叙述他从童年到开始成为作家期间这段生活的第一章。第二章说明他对中国文学传统的认识和学术研究(在年代次序上略有颠倒)。这两章总起来是第一部分,作为后面研究他的创作时的背景材料。

全书的中心是第二部分,阐释鲁迅创作的三大文类:短篇小说、散文诗、杂文。先师夏济安曾分析过鲁迅作品的"黑暗方面",认为其中心是在他的散文诗集《野草》中,当然在他的许多小说和早期杂文中也都有所表现。这见解是开创性的。但本书所论更集中于鲁迅的短篇小说,因为它们既是伟大的艺术作品,西方读者又比较熟悉。

第三部分论及鲁迅生平的最后十年,集中研究他对文学和政治的关系的看法。这也是一个占据了他的政治意识的中心问题。正如前面那些章节一样,我在这部分也主要是分析鲁迅自己的作品,但是在第九章也揭示了一些左翼圈子里复杂的人事关系(在这方面,夏济安的叙述[1]较细致,我只能增加些新材料)虽然我并不希望我的研究只被人们从政治思想上来判断,但本书这一部分的分析或许将是最易引起争议的部分。此外,这一部分中还探索了目前还没有受到学者们足够注意的关于鲁迅对苏联文学及其理论的借鉴问题。由于缺乏足够的文字材料,对三十年代左翼文坛的内部纠纷还不甚明了,这部分论述只能依靠目前已有的材料,俟以后有新材料时再作补改。[2]

谨以此书献给鲁迅先生之"灵",不论他是在"天"还是在他更偏爱的地下。

李欧梵

---

[1] 这方面情况及前面所引关于"黑暗方面"的论述均见夏济安《黑暗的闸门》(*The Gate of Darkness*:*Studies on the Leftist Literary Movement in China*)一书。

[2] 这后面还有一段对帮助作者完成此书的人们和机构的感谢文字,译时从略。——译者

目　录

附　录

第一部分　一位作家的产生

第一章　家庭和教育

鲁迅 1936 年逝世以后，被全国一致地赋予了民族英雄的地位。任何一位过去的或现在的中国作家，都不曾像这样在整个民族中被神化过。关于他的生平有过那么多的记载，对他的研究是那么细致入微，看来，再写一次传记是无必要的了。但是，正是由于这样大规模的偶像化，使鲁迅生平的某些方面被夸大得失去了分寸。

由于种种考虑，在本书中，我想重新从鲁迅的早期生活开始，研究使他最终成为一位新文学作家的心智历程。和那种神化的观点相反，鲁迅决不是一位从早年起就毫不动摇地走向既定目标的天生的革命导师，相反，他终于完成自己在文学方面的使命，是经过了许多的考验和错误而得来的。他的心智成长发展的过程，实际上是一系列的以困惑、挫折、失败，以及一次又一次的灵魂探索为标志的心理危机的过程。鲁迅所选择的生命目的，完全不合乎那个时代知识者中的著名人物如梁启超、严复、孙中山所提倡的民族主义的功利性质。[1] 他那著名的放弃医学从事文学的决定，在作家社会地位尚难确定的当时的中国，可说是无前例的。[2]

---

[1] 参阅李泽厚《中国近代思想史论》中有关鲁迅、康有为、严复、王国维、章太炎等章节。

[2] 在其他国家是有先行者的，契诃夫就是一例。

鲁迅将自己完全投入文学事业的那种严肃性，对于他自己后来成为著名作家的个人事业以及整个中国现代文学的发展，都有重大意义。

一

鲁迅生于浙江绍兴的一个绅宦家庭，虽然已经没落，仍是一个有着显赫声望的大族。如周作人在《鲁迅的故家》中所细致描述的：整个周家大族分为三房，各自聚居在围着高墙的大院中，本身就是个真正的世界：房屋，花园，池塘，拱门，碎石栏杆，油漆大门，石桥，长满苔藓的小径，庭院。总之，是中国传统的缩影。虽已没落仍令人肃然起敬，正如“台门”这个词就已意味着世家大族。鲁迅生于其中的“新台门”是以其先人有学问而著称的，台门中又分为许多房，具有反讽意味的是：鲁迅当时已经败落的家庭却是属于“兴”房的。

虽然鲁迅生于典型的传统绅宦家庭，他的祖父和父母比较自由的态度却使他所受的教育不像一般情况下那样僵化。六岁时，他首先从一位叔祖学《鉴略》，因为他的祖父认为学点历史知识对青年人是有益的。老人也鼓励孙子阅读通俗小说，特别是他自己喜爱的《西游记》，认为也有教育价值。[1] 鲁迅十一岁开始上家学，他并不喜欢正规地应读的四书五经，却对那些杂书——特别是关于幻境、鬼怪和神话的书——感兴趣。[2] 他还爱好绘画（而不是练字），摹绘从亲戚和女仆那里得来的书上的图画。这些书有的是通俗小说和传奇，有的是关于动植物的画书。

---

[1] 见乔峰：《略讲关于鲁迅的事情》，第 12 页。

[2] 威廉·R·舒尔茨（William R Schultz）的博士论文《鲁迅的创作年华》（*Lu Hsun*：*the Greative Years*）中列举了有关的书单，对书的内容并有简单说明。

正如舒尔茨所指出的，在二十世纪以前的中国，是不鼓励孩子们涉猎通俗小说、神话、寓言、奇幻等方面的作品的，孩子们如有兴趣只能偷看。鲁迅被允许，而且实际上坚持在这个小小的非正统的领域中探索，对于他后来思想的发展颇有影响，似乎铺平了他以后长期的对于“杂学”以及爱好并提倡“小传统”通俗潮流的兴趣。

至少鲁迅自己也是这样看他这些早年的追求的。在《朝花夕拾》里，最不吝笔墨的是关于民间传统形象的描绘，如迷人的“无常”“女吊”等，这还有他自绘的图像可作证明。这个集子里有一篇长文《从百草园到三味书屋》，抒情地让人看到了他儿时的两个世界：一个是以百草园为象征的趣味盎然引人入胜的“小传统”世界，另一个是以他老师的书屋为象征的枯燥无味的“大传统”世界。他将老师指定应读的可厌的书和阿长给他的画着“人面的兽，九头的蛇，三脚的鸟，生着翅膀的人，没有头而以两乳当作眼睛的怪物”❶的有趣的《山海经》相对比，戏剧性地说明了他对“小传统”的偏爱。这本书将幼年鲁迅引向了更多的鬼怪奇幻书籍，如《酉阳杂俎》和《玉历钞传》。这种奇幻世界对他后来的小说写作和研究都不无影响。

正如夏济安所指出的，鲁迅对他幼年时世界的描写标志着一种对“黑暗之力”的迷恋（《黑暗的闸门》，第 146—162 页）。百草园实际上只是屋后一个荒败的菜园，但却有着关于赤练蛇和美女蛇的迷人传说。女仆阿长和鲁迅的祖母还向他讲过“长毛”的可怕故事，后来他用这材料写了《怀旧》。他还参加过村里演社戏的活动，在目连戏里扮演“鬼兵”角色，和十来个孩子一起，按照戏里的要求，画上脸，骑上马，拿着钢叉，随

---

❶ 《鲁迅全集》，1981 年版，卷 2，第 247 页。以后引此集时只在引文后写明卷数和页数。

着“鬼王”疾驰到城外的无主孤坟之处，用钢叉连连刺坟，邀请“怨鬼”们来看戏。幼年鲁迅对这种幻想的仪式是非常神往的，但是当他稍稍长大，开始分担家庭困难时，这种“黑暗世界”的魅力就不仅是使他愉悦，而且也困扰着他了。

鲁迅家境的变化和他那儿童世界的破灭，主要因素是祖父因科场作弊案而入狱。当时鲁迅曾被送到外祖家生活了一段时间，实际上是寄人篱下的乞食者。在著名的《呐喊・自序》中，鲁迅说：“有谁从小康人家而坠入困顿的么，我以为在这途路中，大概可以看见世人的真面目”；他还描写了怎样在高过自己身体一倍的当铺柜台前“在侮蔑里接了钱”的情况。这里着重地表现了一个败落的大家子弟的痛苦。

显然，单是贫穷还比较好忍受，这里更重要的是屈辱。在某种意义上，他的祖父和父亲也都是那曾经光耀过他们门楣的制度的受害者。祖父是进士，在杭州关押了七年从狱中放出以后，脾气很坏，使人非常害怕。父亲更是潦倒终身，多次应试，只中了一个秀才，后来患了重病，病以前还常常吸鸦片烟和喝酒。喝到微醺的时候，有时也和善，会把孩子们聚集拢来讲《聊斋》故事。酒喝多以后情绪就从愉快转为沉闷，孩子们就被打发走了。

这两位男性长辈的榜样，鲁迅当然不可能仿效。鲁迅后来在笔名中用他母亲的姓是并非偶然的。他母亲是一位非凡的妇女，虽然没有受过正规教育，通过自学却能够阅读，思想也相当“解放”，当时已自己放了脚。但是，这样一位意志坚强的母亲，在鲁迅心目中仍然不能代替父亲的形象。鲁迅作为家庭的长子，按照习俗，已经被置于一种负有责任的地位，被期望去完成祖、父辈的未竟之志而重振家声。在父亲死去以后，他更等于是充当了两个弟弟的年轻父亲的角色。在一个中国传统大家庭内，这种心理负担所给予的不一定是俄狄浦斯情结，相反，它似乎使鲁迅早熟了。也就是艾力克逊(Erikson)所说的“早期的意识发展”：

> 事实上，这很可能是一个非凡的人以不可避免的紧张而体验到的孝的情结，因为他早在儿时就感到自身有某种似乎是在和生身之父相比的原质。这种原质也是一种早期意识的发展，它使他还在年轻时就已经感到(或显得)自己已经长大了，甚至比他真正的父母还要年长。他的父母也因此把他视为自己潜在的补偿者。[1]

艾力克逊从甘地研究中获得的这种见解，和鲁迅所描写的他和父亲的关系极为相似。在《朝花夕拾·五猖会》一文中，曾有一段关于他父亲的回忆，当时还是孩子的鲁迅兴致勃勃地正准备去看庙会，父亲却突然出现，一定要他背熟二三十行《鉴略》方才让去。这段生动的描写表现出一位失意文人做父亲的努力，他把自己的未遂之志寄托在儿子身上，希望儿子学有成就，可以走上官场，获得财富和特权。虽然后来周作人和周建人的回忆中都认为父亲并不像鲁迅所写的那么严厉，但在鲁迅回忆中父辈的期待却是清楚的。这个插曲(不管是否确实)戏剧性地表现了父亲想把自己的长子训练成“潜在的补偿者”的愿望。

鲁迅对他父亲心理的描写在《父亲的病》一文中揭示得更清楚。文章开始时是对中医和中药是怎样“治病”而终于失败的详细描写，谈到什么经霜三年的甘蔗、原配蟋蟀等奇怪的药引，什么败鼓皮丸、医者意也的谬论，主要是讽刺口吻。后半篇却转到了高度心理创伤的描写。写他父

---

[1] 艾力克逊(Erik H. Erikson)：《甘地之真实》(*Gandhi's Truth*)，第132页。

亲临死时长久地喘气,而他自己却在旁不断地大叫"父亲!",加深了临死者的痛苦。最后说:"我现在还听到那时的自己的这声音,每听到时,就觉得这却是我对于父亲的最大的错处。"(卷2,第288—289页)

这段叙述也如《朝花夕拾》中的大多数文章一样,是半带虚构的。据周作人回忆,按衍太太的关系,当时不可能参与这种只有亲人在场的场面,呼唤父亲的插曲可能纯属戏剧性的虚构。❶ 但鲁迅在事情已过去二十五年以后选取这样一种心理的角度来写,本身就很有意义,说明父亲的病和死一定向青年鲁迅的头脑里带来他儿时世界的全部"黑暗力量",从而促进了他的心理危机。换句话说,鲁迅用这个插曲来表明一种心理的"诅咒"(curse),并把它和后来去日本学西医的动机联系起来。艾力克逊也曾从马丁·路德、甘地等早熟而坚毅的革新者的生活中找到类似的"诅咒",这些人总带着一种"不惜一切代价地要超越和创新的责任感,并被罪恶感所缠绕"而成长起来,并反过来引向一种长期的认同的混乱,因为他"必须找到一条路,在这条路上,他(而且只是他一个人)可以在正确的时刻用正确的方法大规模地改革过去并创造新的未来"❷。就鲁迅而言,他当时这种心理的"处理"是夹杂在后来对医学的选择以及文学观中的。

---

❶ 《知堂回想录》,卷1,第31页。

❷ 这是艾力克逊基于鲁迅的材料的观点。这些材料是我在哈佛时为他的《历史与生活历史》(*History and Life History*)一文提供的补充。见艾力克逊书第130—133页和第453页。日本学者竹内好也有类似看法,认为鲁迅的创作是来自某种赎罪感。见其所著《鲁迅》,第11页。

二

> 我要到N进K学堂去了，仿佛是想走异路，逃异地，去寻求别样的人们。我的母亲没有法，办了八元的川资，说是由我的自便；然而伊哭了，这正是情理中的事，因为那时读书应试是正路，所谓学洋务，社会上便以为是一种走投无路的人，只得将灵魂卖给鬼子，要加倍的奚落而且排斥的，而况伊又看不见自己的儿子了。然而我也顾不得这些事，终于到N去进了K学堂了，……（卷1，第415—416页）

这是鲁迅关于1898年决定到南京去进江南水师学堂的回忆。这次选择显然有经济方面的考虑：江南水师学堂供给全部费用，鲁迅还有一位远房的叔祖在那里做监督。❶ 但他的母亲仍然很难过，因为鲁迅不仅放弃了读书应试这条路，甚至也不愿做人们习惯的次要的选择，如教书、行医，做幕，学生意等。❷ 鲁迅自己对这选择也并不是很有信心。水师学堂的课程很松，主事者思想也保守。鲁迅于同年又被家庭引诱回去应考，考得当然很好，但到第二场他就不考，转学到也是在南京的路矿学堂去了。那里的进步气氛使他激动。这样，终于结束了鲁迅走"正途"的想法。

---

❶ 《知堂回想录》，卷1，第41、90页。

❷ 《知堂回想录》，卷1，第52页。

除开家庭的不幸以外，鲁迅的“非正途”选择也和当时的政治形势有关。1898 年正处于维新运动高潮时期，激进的文人对中国在中日战争中的失败和清朝政府的腐败异常激愤，维新运动正是这种情绪的表现。虽然“百日维新”是失败了，“新党”的思想却盛行一时。1899 年，当鲁迅转入路矿学堂时，学堂的总办竟在每天上班去的马车上看梁启超办的《时务报》，出的作文题也是“华盛顿论”（卷 2，第 295 页）。于是，尽管开始对新的道路还有怀疑，鲁迅却很快就置身于新教育潮流的中心了。

新式学校的课程使鲁迅很满意。除德文和中文外“还有所谓格致、地学、金石学，……都非常新鲜。”（卷 2，第 295 页）另外还有数学、地理、机械绘图和体育。这些新项目显然和当年强加于他的旧学大不相同。西方科学是新奇的，正规的课程不再可厌，“非正统”兴趣成为合法的培训。他学得认真热情，甚至抄下了莱尔《地理学》的两卷全文，包括图表在内。他用自幼就有的绘画才能来画铁路图。一位同学后来回忆，他画得既好又快，常常考得高分。❶

空闲时课外阅读的习惯仍在继续。他购买了有关旅行、农业、历史等的书，自己读了还寄给弟弟。❷ 但是这时对鲁迅的思想知识发展撞击得最大的还是另一些东西，即严复、梁启超等人的著译和他们所办的报刊。他对严复译的《原富》和《天演论》给予极高评价，对那些优美的译文也很欣赏。直到许多年以后他还能背诵“赫胥黎独处一室之中……”那一整段文字，并栩栩如生地回忆当时自己读后的新奇感：

哦！原来世界上竟还有一个赫胥黎坐在书房里那么想，而且想

---

❶ 王冶秋《民元前的鲁迅先生》中许寿裳所作序，第 12 页。

❷ 周遐寿：《鲁迅小说里的人物》，第 268—269 页。

> 得那么新鲜？一口气读下去，“物竞”“天择”也出来了，苏格拉底，柏拉图也出来了，斯多噶也出来了。（卷 2，第 296 页）

这个新奇的世界唤起了鲁迅追求知识的好奇心，也必然地点燃了他年轻的想象力。在严复的译笔下，赫胥黎《天演论》的序文读来真像小说一样，展示了一片异国奇幻的景色。鲁迅一定被它们洋溢着的那种勃勃生机所激动，读时一定也和儿时读那些幻想的中国传说同样愉快。这个社会达尔文主义的世界给青年鲁迅的头脑打开了一片明亮的新景色，而中国传统世界则已被排除到背后的阴影中去了。

但是，一个二十岁的青年学生是否能真正理解赫胥黎学说的另一面（反对人的进化），却并不一定。❶ 鲁迅显然是陷入当时那种改良运动的情势中，被他所敬慕的“新学”学者们所左右，这些人当时把西方和日本的榜样当做中国启蒙之窗，认为中国要生存于世界之林，就必须和其他民族竞争。鲁迅在热情拥抱这种西方科学思想后，或许并未看到他的实用科学的正规学习和非正规的自我教育之间实际上存在某种格格不入之处。当时，这种课余学习只是推动了他学习科学技术的任务感，使他相信科学技术是推进民族富强的锁钥。只是在到日本后，经过好几年的思索和实践，他才明白这种改良主义的功利主义是既不符合他的性格也不符合他的志向的。

---

❶ 参阅史华慈(Benjamin I. Schwartz)：《寻求富强：严复与西方》(*In Search of Wealth and Power*：*Yen Fu and the West*)，第 98—112 页。

三

鲁迅1902年1月从路矿学堂毕业，同年3月由官派去日本留学，这是给学业优良学生的待遇。他到日本时才二十二岁，还是一个睁大了眼睛渴求西方科学知识的青年。回中国是在七年后，1909年，已是一个终于找到了文学作为自己终身事业的成年人了。在日本的岁月决定性地形成了他的教育的重要方面，这是一个漫长的“延缓期”，在这个时期，他经过许多尝试和失误，终于选定了要走的“新路”。

在日本七年的大多数时间，鲁迅只在名义上是学生。头两年他按规定在东京弘文学院学习日文，极容易的日常课程使他有很多时间从事其他活动。然后他在仙台医学专校认真攻读了一年多。1906年离开仙台后，他变成某种“局外人”，只不过还挂名在一个学校学习德语，可能只是为了取得官费助学金。这在当时已达一万人以上的在日本的留学生中是平常的事。当时，这些留学生在学习上和道德上都非常松弛。在其他人经常出入茶寮饭馆并玩艺伎的时候，鲁迅却把时间用在严肃的思想知识的追求上。据目击者如周作人及另一些同在日本的朋友所说，鲁迅给他们的印象是一个胸怀大志的青年。他吃的是简单的日本饭食，穿学生服或日本服，留了髭须并开始吸烟。他对一般留学生带着严厉批评的态度，特别厌恶那些把辫子盘在头上、游荡于东京的纨绔子弟。

在日本的前两年他仍然专注于科学，反映了仍如在南京就学时的心态。1903年在《浙江潮》上发表的两篇文章《说钼》和《中国地质略论》显然和他在路矿学堂的学习有关。两篇文章中，鲁迅都表明了科学是民族进步之前提的思想。同年他又翻译了儒勒·凡尔纳(Jules Veme)的《月界旅行》和《地底旅行》两书，在序言中表现了对西方科学小说的极为严肃的态度。他说："我国说部，若言情谈故刺时志怪者，架栋汗牛，而独于科学小说，乃如麟角。智识荒隘，此实一端。故苟欲弥今日译界之缺点，导中国人群以进行，必自科学小说始。"（卷10，第152页）

鲁迅的论述非常接近梁启超《论小说与群治之关系》中的观点。梁文认为小说是政治教育的工具，其文学或想象力是服从这一目的的。梁启超指的是政治小说，鲁迅从自己学科学的背景出发，很自然地扩大到科学小说。有趣的是：在论证科学知识之重要时，鲁迅并未忘怀少年时的爱好，也就是那些"言情谈故刺时志怪"的传统中国小说。他对科学小说也稍有一点欣赏奇幻的趣味，正如当年欣赏《山海经》和严复译的赫胥黎作品一样。不过这时他还只把自己看作从事科学者，还未想过从事文学的前景，只是有时对学科学这一新的正统不甚满足了。

到日本一年，鲁迅剪了辫子。这既可解释为要区别于他那些在日本的同胞，从大的方面看，也是一种民族的、政治的反抗，因为辫子就表示着对清王朝的服从。这件事促成他照了那张著名的题诗小照。这首诗除第一句有各种不同的解释外，如大多数鲁迅研究者所注意到的，是充溢着爱国感情的。这首诗又表现了很强的鲁迅个性：一个爱国者，没有报偿也无人欣赏，很像他所钦羡的屈原（"荃"就是从屈原诗中借用的典故）。这诗又是一幅自我画像，给人的视像是一个沉浸在哀伤中的孤独者。这个形象后来在鲁迅的作品中还一再出现，成为一个重要的主题。

同年鲁迅所写的《斯巴达之魂》也说明他对民族主义有自己的独特看法。这篇作品总的说当然仍是体现了梁启超的用西方历史为当前政治教诲服务的思想，内容是关于斯巴达人抵抗波斯入侵的一个情节剧似的故事。但在这个故事中鲁迅所注重的，如文章的题目所示，却是一个民族的“魂”，具体地说，就是斯巴达战士英勇献身的精神。因此，这里的描写，在精神方面是有异于那个时代流行的观念的。既不同于梁启超的改良主义，也不同于孙中山的民族革命的态度，他强调的是探索中国人民的精神深度的必要。虽然现在已证明鲁迅曾参加过章太炎领导的光复会，但他似乎并不喜欢任何狭隘的政治方案和急于求成的行动。他当然也曾参加集会，听演说，和革命者聚会并谈话，而且阅读当时如雨后春笋般出现的各省学生办的报刊，特别是《浙江潮》。但是他对同乡的两位烈士（徐锡麟和秋瑾）之死仍然怀有一种复杂矛盾的看法。如对秋瑾，鲁迅就曾感到这位女革命家的行动未免鲁莽，因为她在被捕处死前一年在日本学生中的演说被“过分地偶像化了”。❶

鲁迅的民族主义思想决不是狭窄的政治或革命的问题，而是透露出一种广阔的文化精神方面的思考。据许寿裳说，那时鲁迅经常想的是以下三个主要问题：怎样才是最理想的人性？中国国民性中最缺乏的是什么？它的病根何在？鲁迅告诉许寿裳说他学医就是为了“通过科学解决这些问题”，但讨论的结论却似乎与科学无关。他认为中华民族缺少的是“诚”和“爱”，造成这种弱点的原因则是历史上的两次被异族入侵。❷

可见，鲁迅的探索没有把他引向科学的实用观点，而是把文化和道德的重要性置于科学之上。这对于传统的和现代的中国知识分子都是一种典型的思考，也透露出林毓生所谓的作为中国文化传统特色的“唯

---

❶ 史景迁(Jonathan D. Spence)：《天安门：知识分子与中国革命》(*The Gate of Heavenly Peace: The Chinese and Their Revolution*, 1895—1980)，第 61 页，纽约，1981 年。

❷ 许寿裳：《我所认识的鲁迅》，第 8 页。

文化思想论”的痕迹。[1] 这时，鲁迅仍然把科学看作加强思想知识的启蒙工具，但在他解决问题的方案中显然已把伦理和民族的方面置于科学力量之外。还需要三年时间，他才能最终脱离科学而转向文学。

1904 年 9 月，鲁迅进入仙台医学专校。如他在《呐喊·自序》中所说，学医的想法早在南京时就有了。那时他认为中医中药全是骗人的，延误了他父亲的病，又听说日本明治维新大半发端于引进了西方医学。因此，他做着“预备卒业回来，救治像我父亲似的被误的病人的疾苦”的美梦(卷 1，第 416 页)。这一自白揭示了鲁迅的一种心理状态。他似乎觉得学医是驱除他父亲鬼魂缠绕的第一步，他可能救治的每一个病人都会是他对父亲所犯错误的一点补偿。

或许还有实际的考虑。中国学生认为医学是日本可提供最好训练的学科之一。据周作人说：鲁迅也想避开东京中国留学生的喧扰，因此选择了较为偏僻的仙台。那学校不如大城市的医科大学有名，免收学费，又免了入学考试。[2] 在仙台，鲁迅独居在靠近监狱的一间大房子里，冬天很冷，每天要做一次热浴。他是校中唯一的中国学生，朋友也很少。简言之，鲁迅那段时期可说是过着自愿放逐的生活。有一位日本同学曾这样回忆他：

> 鲁迅当时非常沉静。我从没想到他会变成一个伟大的人。……他总在房中学习，极少外出。他离开东京以后我们就不再接

---

[1] 林毓生：《五四时期激烈的反偶像崇拜和中国自由主义的未来》，载于史华慈(B. I. Schwartz)编《五四运动之反映》(*Reflection on the May Fourth Movement*)，第 29 页，坎布里奇，1972。

[2] 《鲁迅小说里的人物》，第 146 页。

> 触，后来知道他成了著名的鲁迅，我非常惊奇："就是他吗？"我想。我还记得有一次上实验课时他把青蛙血和自己的血掺在一起了，他很惊奇地说："原来我的血和青蛙血是一样的。"[1]

鲁迅在仙台医专的考试成绩，后来由"仙台鲁迅之友社"作过专门调查，很能说明鲁迅对知识的兴趣，他考得最好的一门是伦理学，83 分。其他关于医学的课目都成绩平平，全班一百四十二人中他名列第六十八。作为一个外国学生，平均 65.5 的分数还不错。最低的一门功课是解剖学，得 59.3 分，离及格也相差不远。教这门课的是一位极为挑剔的老师，即鲁迅后来撰文回忆的藤野先生。

藤野生于 1874 年，毕业于爱知医科学校，后到东京帝国大学。到仙台执教始于 1901 年，1905 年升为教授。据称死于 1945 年。[2] 在仙台执教时，藤野每天步行到校，而别的教师都是坐人力车。他外号"口头"，并以严厉著称。讲课常用古典日文腔调，从来不笑。他不注意仪表，冬天也戴一顶草帽，有一次在火车上竟被人认为是乞丐。从他许多熟人和后来研究者的叙述看，他是一个沉静的、有点偏执的人，重然诺，爱孩子。[3]

鲁迅在《藤野先生》一文中表现了对藤野人格的敬爱更甚于他的教学。除了他的直性子，他的偏执的方式和挑剔，鲁迅特别赞美了他的正直和谦和。他感谢藤野替他改笔记时作的努力，这是一位负责的教师对一个还不能很好掌握日文的学生很大的关怀。藤野或许是鲁迅心目中第一位模范教师，对他的影响或可与章太炎相比。鲁迅整个童年生活中

---

1. 山田野理夫：《鲁迅传》，东京，1964 年，第 69—70 页。
2. 山田野理夫：《鲁迅传》，东京，1964 年，第 65 页。
3. 见细谷草子：《藤野先生》，载于 *Dalen*，1966 年第 10 期，第 41—43 页。

缺少父亲的形象，在藤野身上似乎找到了父亲的代替人，虽然他们的年龄只相差七岁。在鲁迅北京住处的书房里，挂的是藤野的而不是家人的照片，显然是珍视着对这一位模范人物的回忆。鲁迅或许自己也想有那样的性格。文章中说："但不知怎地，我总还时时记起他，在我所认为我师的之中，他是最使我感激，给我鼓励的一个。"（卷2，第307页）

但是，尽管藤野对鲁迅做了很大努力，鲁迅当时似未给以相应的回报。后来藤野谈到这位中国学生时说："他初入学时日文不怎么好，但是做了极大努力去理解所讲的课。在讲课后我曾帮助他改正他没有听明白的地方……他听讲非常勤奋，并非最聪明的学生之一。可能到我家拜访过，不过我不记得了。"❶这一颇为模糊的回忆是在许多年后中日战争正酣时说的，藤野或许是有意回避，把当时的关系说得淡漠一些，不多说自己的美好回忆，以免被日本政府利用作宣传。❷

鲁迅在仙台时正值日俄战争，医校许多教师被征入伍，学生被动员，有些人志愿去医院工作。数以千计的俄国俘虏聚集在城市街头。日本侵略气焰高涨。这场战争是在中国领土上打的，仙台的街上还贴着日本在中国战胜俄国的宣传品，1906年签订的《朴次茅斯条约》中的许多条款也对中国不利。挫折感和愤怒立即传遍全中国，引起了强烈的仇外情绪。正是在这高昂的政治气氛中，出现了著名的决定鲁迅生活方向的"幻灯片"事件。

一位细菌学教授从德国带回了一套关于细菌的幻灯片在教学时放映，映完以后又放映一些时事画片。这个故事现在大家都很熟悉了。但

---

❶ 山田野理夫：《鲁迅传》，第66—69页。

❷ 当时日本政府是想利用鲁迅在日本的经历做宣传的，甚至曾让著名作家太宰治写了一篇半写实式的小说《珍重道别》。

是由于那对鲁迅心理创伤的生动描写，以及由此可以说明的鲁迅思想的发展变化，我想还是有必要将它全部引述于下：

> ……有一回，我竟在画片上忽然会见我久违的许多中国人了，一个绑在中间，许多站在左右，一样是强壮的体格，而显出麻木的神情。据解说，则绑着的是替俄国做了军事上的侦探，正要被日军砍下头颅来示众，而围着的便是来赏鉴这示众的盛举的人们。
>
> 这一学年没有完毕，我已经到了东京了，因为从那一回以后，我便觉得医学并非一件紧要事，凡是愚弱的国民，即使体格如何健全，如何茁壮，也只能做毫无意义的示众的材料和看客，病死多少是不必以为不幸的。所以我们的第一要著，是在改变他们的精神，而善于改变精神的是，我那时以为当然要推文艺，于是想提倡文艺运动了。（卷 1，第 416—417 页）

从纯粹传记的观点看，这件事本身还不够刺激鲁迅就此放弃医学去从事文学。这只是两年来积累的挫折感的一个触发点。❶ 鲁迅的医学学得并不很好。从最高考分是伦理学这一事实，可以看出他对道德精神方面的兴趣高于纯科学。再者，此时也显示出他从小就有的美术兴趣。例如在画解剖图时他曾有意画错一根血管的位置，为的是好看些。人道主义的感情也很可能使他在解剖尸体时感到不快，许寿裳就曾写过他在解剖妇女儿童尸体时的感触。❷ 这许多个人感受，和日益增长的民族主义激情结合在一起，已经沉重地积压在他心理上，幻灯片事件起了凝聚

---

❶ 这个幻灯片尚未找到，引起一种推测：可能故事中有作者虚构的成分。

❷ 《亡友鲁迅印象记》，第 17 页。

触发的作用，在那真实的瞬间，使他直面了现实的自我。

从文学观点看，鲁迅所写的幻灯片事件既是一次具体动人的经历，同时也是一个充满意义的隐喻。幻灯片尚未找到，作者可能有虚构。这一描写的戏剧性力量来自有意识地形成的两个自我形象的相互撞击。一个是身处异域的“观察者”，另一个是更大范围的象征性的“参与者”。在观看幻灯片时，他变得更为群体，更受压抑。观看的过程就是和他的同胞这一整个群体建立起心理联系的过程。而这一群体是力弱、贫穷、心地简单的人们。但是，尽管他想和这群体联结起来，在地理上、心理上却又和他们隔着鸿沟，是疏远的。这里最重要的是对真正自我意识的需要。幻灯片中出现的那些强壮而麻木的中国人都不明白他们自己以及自己的国家政治的古怪，不明白日本和俄国的战争何以竟是在中国领土上打的。更糟糕的是：他们竟全无作为中国人和作为人的“自我”价值的观念，所以“只能做毫无意义的示众的材料和看客”。在某种意义上，鲁迅所描写的这一事件也使人回想到三年前他所做的那首诗，两者都刻画了一位孤独的爱国者徒劳地想到自己的同胞中去的感情，这也是他后来一系列作品中常见的主题。于是，文学成了鲁迅发现和理解他的同胞的一种方法。他曾想理解是什么形成了中国的国民性，这国民性缺少的又是什么。他现在已明白：病根并不在中国人的身体。

四

在当时，从事文学并不一定是最佳选择。中国当时的那个社会里，文学不被认为是一项独立的事业（且不说能否获利）。鲁迅做这种选择，实际上是冒着做他父亲那样的失败者的危险。再说，从“改变精神”这个目的着眼，文学似乎也不如教育有效。文学究竟会带来什么？或许鲁迅当时的看法也是模糊的，他明确的只是：思想和精神问题是不能用医药解决的。

但是，即使是离开仙台去东京以后，科学仍然时时在鲁迅的念中。从科学到文学的转变并不是十分容易，也不像后来他写的那样可以一刀切断。1907年他写的那些文章就说明他仍在进行认识上的斗争。他力图证明新的决定是正确的，恰恰是由于还有某种程度的怀疑。

在早期几篇关于科学的文章之后，鲁迅这一年又写了《人之历史》，按照进化论的框架追踪了从泰勒斯（Thales）、居维叶（Cuvier）、拉马克（Lamarck）直到达尔文（Darwin）、海克尔（Haeckel）的西方科学的发展。但在后来的三篇文章中他的想法又有了些变化。在《科学史教篇》中他论证世界的历程并非直接行进的，而是“曲折如螺旋”“大波小波，起伏万状，进退久之而达水裔”。因此，精神价值和物质价值在人类历史上都各自有其作用。如果只考虑“振业兴兵之说”，就是“仅眩于当前之物，而未得其真谛”。他又说：“科学发见，常受超科学之力，易语以释之，亦可谓非科学的理想之感动。”他的结论是：人类不仅要有牛顿，也要有莎士比亚；不仅要有波义耳（R. Boyle），也要有拉斐尔（Raphaelo）；不仅要有达尔文，也要有卡莱尔（T. Carlyle）。（卷1，第25—43页）

这种勉强的教诲之词似乎透露了鲁迅本人极力在科学和艺术之间寻求合理化的一种努力。内心在两者之间辩论以后，鲁迅最后似乎确定了偏爱艺术甚于科学。下一篇文章《文化偏至论》中，在一个高度精英论的框架内，他的“精神”倾向更清楚了。[1] 他的论点是：“文明无不根旧迹

---

[1] 这些早期作品给想找出鲁迅后来的“唯物主义思想”的来源的中国学者造成了相当多的问题，但近期国内的研究已经更多注意文章本身的含义了。参见王士菁《鲁迅早期五篇论文注译》。

而演来,亦以矫往事而生偏至。”十九世纪通行的精神,现在已经达到了“人唯客观之物质世界是趋,而主观之内面精神,乃舍置不之一省。重其外,放其内,取其质,遗其神,林林众生,物欲来蔽,社会憔悴,进步以停”的程度,是需要矫正的时候了。

与此同时,鲁迅也看到了一种矫正“偏至”、并将带来迥异于前的二十世纪文明的运动正在进行。新潮流的代表人物就是起而反对这些为物欲所蔽而陷于平庸的一些“先觉善斗之士”如斯蒂纳(M. Stimer)、叔本华(A. Schopenhauer)、克尔凯郭尔(S. Kierkegaard)、易卜生(Henrik Ibsen)等人,特别是尼采(Fr. Nietzsche)。这些人也是“主观”精神的典范。而这种“主观”精神又有异于十八世纪那种“知见情操,两皆调楚”的理想。鲁迅认为黑格尔体现了“知见”的最高点,而浪漫主义的卢梭则体现了“情操”的最高点。但是到十九世纪末,这种“知感两性、圆满无间”的全人已经找不到了。所以人们只能寄希望于那种从情感出发而又能勇猛奋斗、具有坚强毅力的“意力绝世”的超人了。正是在这种情况下鲁迅认定并提倡了尼采的超人观念。

姑不论鲁迅对现代欧洲历史的解释是否恰当❶。这篇文章确已证明:强调道德、精神、审美等方面的价值已日益成为鲁迅当时的主导思想。将“知见”与“情操”并列比较,正是将科学与文学并列比较。鲁迅把追求客观知识的科学视为唯物主义,因而反对在当时中国改革者中流行的只重从物质方面学西方的思潮。他用一种叛逆的调子劝告国人:“诚若为今立计,所当稽求既往,相度方来,掊物质而张灵明,任个人而排众数。人既发扬踔厉矣,则邦国亦以兴起。奚事抱枝拾叶,徒金铁国会立

---

❶ 鲁迅的材料来源可能是西方的特别是勃兰兑斯的论述,但他对欧洲文学潮流的解释主要是他自己思想的反映。

宪之云乎?”(卷1,第44—46页)

在《摩罗诗力说》里,鲁迅又进了一步,公开从精神和审美价值方面为文学的功能作辩护。他说文学能“涵养人之神思”,有一种感情力量可以“启人生之闷机,而直语其事实法则,为科学所不能言者”。他反对在中国和西方都存在的认为文学应“与道德相关”的“群学”(即社会学)观点,而以精英论的调子指出文人大都是叛逆旧习道德、“不为顺世和乐之音”的。他把这些人称为“摩罗”诗人。拜伦(G. Byron)就是一个“摩罗诗人”的原型。其他还有雪莱(P. B. Shelley)、普希金(A. Pushkin)、密茨凯维支(A. Mickiewicz)、斯洛伐茨基(J. Slowacki)和裴多菲(A. PetSfi)。他们“无不刚健不挠,抱诚守真;不取媚于群,以随顺旧俗;发为雄声,以起其国人之新生,而大其国于天下”。在文章最后,鲁迅雄辩地联系中国情况而提出了下面的问题:“今索诸中国,为精神界之战士者安在?有作至诚之声,致吾人于善美刚健者乎?有作温煦之声,援吾人出于荒寒者乎?家国荒矣,而赋最末哀歌,以诉天下贻后人之耶利米,且未之有也。”(卷1,第63—115页)

这篇文章可以看作一篇浪漫主义宣言。鲁迅在这里宣布了他的新的选择,要做一个作家,做一个“精神界之战士”,希望参加那些叛逆诗人的光辉行列。文章的素材大多取自一些西方概论文学的书籍,如《俄罗斯印象》《波兰印象》《匈牙利文学》等,但从文中一再坚持诗人的“摩罗”世系以及一再联系中国,可以明显地看出鲁迅本人的感情和思想。值得注意的是:他所描写的精神界战士作家都是孤独天才的形象,是分开的个性主义者,是对社会流俗的反抗者。从贯穿全篇的他对文学看法的陈述以及他自己与文学认同的表示,也强烈地表现出一种心理气质。

这篇文章本是为鲁迅想创办的刊物《新生》准备的。“新生”一词取自但丁作品，象征着鲁迅新的文学生活。可惜并无别的留学生理解其意，有人甚至以为是指刚入学的新学生。拟办的这份刊物显然超前于当时的时代，因为那时留学生注重的主要是实务，没有人学文学或艺术，或想为一种纯文学刊物出力。由于缺钱缺力，这份杂志终于流产，文章刊在另一种杂志《河南》上。

接着，鲁迅开始翻译西方小说。直接动机可能是经济，用卖稿来补充微薄的留学生官费。当时兴旺的上海出版界很需要翻译小说。约在1907年末，他和周作人合作完成了哈葛德（H. Rider Haggard）、安德鲁·兰（Andrew Lang）合作的《世界的欲望》（*The World's Desire*）。第二次合作译的是阿·托尔斯泰（Alexei Tolstoy）的《恐怖的伊凡》，但是稿子被出版者退回，因为这书已有译本。既如此，他们便找些当时在中国尚不知名的作者和作品来译。他们找的是俄罗斯、波兰、捷克、塞尔维亚、波斯尼亚、芬兰、匈牙利、罗马尼亚、现代希腊，以及丹麦、挪威、瑞典的作品。这些作品大多转译自从日本书店贱价买来的德文杂志中的德译文。对于作品和作者的介绍则参考勃兰兑斯和里歇的书。[1] 这种特殊情况也部分地决定了后来两卷《域外小说集》的选材。其中的十六篇小说，英、美、法、芬兰各占一篇，波斯尼亚两篇，有七篇属四位俄国作家，三篇是同一位波兰作家显克微支（Sienkiewicz）的。因此，俄国和东欧作家占了作品篇数的四分之三。

鲁迅对俄国和东欧文学的爱好和推崇，曾被认为是由于政治思想的原因，因为这是一种“被压迫民族的文学”，表现了“战斗的、抗争的精神”。这种被包括周氏兄弟在内的许多研究者认可的看法，对鲁迅早期

---

[1] 以上事实均见《知堂回想录》，卷1，第197—198、208、210—211页。

文学活动的目的似乎给予了过多革命分量。事实上，周氏兄弟当时倾向的是民族主义，而不是社会主义或马克思主义。当时的读者群也多是民族主义者，他们会被介绍被压迫民族的作品引起共鸣。但是周氏兄弟那种晦涩古奥的译笔，却未必能被当时一般读者懂得。

鲁迅选择外国作品的另一标准是他本人的文学趣味。据周作人回忆，他们购买了相当多欧洲作家的作品，从屠格涅夫(Turgenev)、福楼拜(Flaubert)、莫泊桑(Maupassant)、左拉(Zola)，到波德莱尔(Baudelaire)、魏尔伦(Verlaine)，却并没有译。自然主义当时风行于日本，鲁迅却似乎并无兴趣，所喜欢的只有夏目漱石和森鸥外。❶ 如韩南(Patrick Hanan)和佛克马(Douwe W. Fokkema)所论的：鲁迅对现实主义作品并没有多大兴趣，他感兴趣的是现实主义之前和之后的作品。❷ 他喜爱果戈理(Gogpl)对现实的间接反讽的接触，喜爱安德列夫(Andreyev)的心理象征主义，此外，他还喜爱莱蒙托夫(Lermontov)、迦尔洵(Garshin)、显克微支、裴多菲、聂鲁达(Nemda)、符尔列支奇(Vrchlicky)、佩伐林达(Paivarinta)。他还喜爱神仙故事，或许是他儿时对奇幻作品爱好的扩展。在这方面他所爱好的两个作家是俄国的柯罗连科(Vladimir Korolenko)和荷兰的望·蔼覃(Frederik van Enden)。鲁迅曾译出蔼覃的《小约翰》(*De Kleine Johannes*)。这种神仙故事隐隐抨击了唯物主义和自然主义。

鲁迅也可能是想和当时欧洲的最新潮流同步。当时，现实主义和自

---

❶ 知堂：《关于鲁迅之二》(载于上海 1937 年《鲁迅先生纪念集》第 30—31 页)。

❷ 韩南(Patrick Hanan)：《鲁迅小说的技巧》(*The Technique of Lu Hsün's Fiction*，译文载《鲁迅研究年刊》11981 年)。佛克马(Douwe W. Fokkema)：《俄国文学对鲁迅的影响》(*Lu Xun：The Impact of Russian Literature*，译文载《鲁迅研究年刊》，1980 年)。

然主义的高潮已经过去，屠格涅夫、福楼拜、左拉也都已过时，在俄国最时兴的是安德列夫。《域外小说集》中三篇俄国小说中有两篇就是安德列夫的，另一篇是迦尔洵的《红笑》(*The Red Flower*)。这两位作家都有浓重的心理的、悲观的味道，很难说表现了什么战斗抗争的精神。小说之一《谩》(*The Lie*)描写一个妇女对爱情的不忠，背弃自己的诺言投向另一个男人。他的爱人(叙述者)因她的谎言而痛苦，但仍想她回心转意，但是，"到处都是虚假，毫无一点希望"。另一篇《默》(*The Silence*)写一对老夫妇。他们的爱女不愿和他们交谈，一直保持沉默，最后自杀，他们被她的沉默驱向疯狂，最后也沉默了。❶ 作品中弥漫着压抑的、虚无的情绪，和译者原来那种积极的动机很不协调。❷ 鲁迅发现安德列夫的作品"神秘幽深"，"使象征印象主义与写实主义相调和"，反映了"十九世纪末俄人心里的烦闷与生活的暗淡"。(卷 10，第 159、185 页)这些小说之所以打动鲁迅或许是由于描写了人的精神的苦闷，揭示了俄人"灵魂"的隐蔽之处。因此，在《域外小说集》的序言中，鲁迅劝告读者要读他们内心的声音，以寻找其精神之所在。(卷 10，第 155 页)❸

从他在日本后期的所有文章和翻译中，我们终于可以对他当时的文学观做一总结。这就是：约在 1907 年他已经离开了梁启超的以文学为

---

❶ 以上三篇小说的描述均根据鲁迅自己的评断。又据韩南《技巧》一文分析，《默》中的技巧，有许多地方鲁迅在《药》中均有借鉴。

❷ 有趣的是，1981 年出版的韩长经著《鲁迅与俄罗斯古典文学》一书，竟根本不谈安德列夫。不过，由香港中文大学出版社出版的吴茂生(Mau—seng Ng)《中国现代文学中的俄罗斯英雄》(*The Russian Hero in Modern Chinese Literature*)一书中，却谈到了安德列夫不仅对鲁迅，而且对茅盾也有影响。在论鲁迅的一章中，还指出了阿尔志跋绥夫的《工人绥惠略夫》对鲁迅的相当大的影响。

❸ 序言中"籀读其心声，以相度神思之所在"。鲁迅原意是说翻译时的态度，而非劝告读者。此处按原文译。——译者

政治教育工具的功利观点，而把文学看做一个民族精神本质的集中体现，它最能考察检验“国民性”。[1] 正是这种本质的对文学的文化—精神观点，加上潜在的心理因素，成为鲁迅思想的主导并激发了他的文学活动。他想在文学中寻找一种对自己民族“精神上的病”的诊断。

1933 年的一篇文章里，鲁迅曾说：“我也并没有想把小说抬进‘文苑’里的意思，不过想利用他的力量，来改良社会。”（卷 4，第 511 页）这段谦虚的声明当然说明了一件重要的事实，就是：他的文学观念和实践都在于使小说（以及总的文学）成为高度严肃的精神活动。虽然他最初的两项文学事业（出版刊物和译文集）都并没有成功，但可以说，他创作活动的种子是在日本时期就已经播下的了。十年以后，他又第二次作文学上的努力，终于取得辉煌胜利。

---

[1] 近期国内对“国民性”问题的研究。特别是在 1981 年纪念鲁迅一百周年诞辰以来，已稍稍离开僵化的阶级分析，这是一个小小的突破（参见《鲁迅“国民性思想”讨论集》）。我自己关于鲁迅以文学为探索中国“国民性”方式的观点是在 1974 年一次学术讨论会上就已提出了的。

第二章　传统和“抗传统”

鲁迅于1909年8月离开日本回国。那时考虑的是周作人经济上有困难，鲁迅想对他有所补助。回国后的十年间，他似乎一直郁郁不欢。辛亥革命的失败，军阀的混战，袁世凯政府对人民的压制和欺骗，当然都使他痛心。此外，在日本时从事文学活动所受的挫折可能也还难以忘怀。在《呐喊·自序》中他曾说：“我感到未尝经验的无聊……凡有一人的主张，得了赞和，是促其前进的，得了反对，是促其奋斗的，独有叫喊于生人中，而生人并无反应，既非赞同，也无反对，如置身毫无边际的荒原，无可措手的了，这是怎样的悲哀呵，我于是以我所感到者为寂寞。”（卷1，第417页）

于是，回国后他又回头做以前的科学工作，在杭州和绍兴两个学校担任生理、化学等课程的教学。1912年，应蔡元培之邀到北京，在教育部当佥事，业余时间都用在学术鉴赏的兴趣上。编了一卷关于故乡绍兴的《会稽郡故书杂集》，校辑了也是绍兴人的谢承的《后汉书》，还读佛经，校辑《百喻经》[1]。据说他这时对书目版本亦有兴趣，日记中的购书单上

---

[1] 见许广平：《鲁迅回忆录》，1961年，第42、43页。鲁迅这段时期的生活人们所知甚少。近年发表的材料揭示的主要是外部环境而非他的内心状况。许广平的回忆虽然概略，且或有偏见（特别是对周作人），但由于写了些鲁迅的内心情绪，仍颇有参考价值。还可参阅1979年出版的《许广平忆鲁迅》，马蹄疾编。

有数百种有关古典的书籍与珍本。他当时已开始搜集研究古代小说的材料。

所有这些活动给人的印象，是鲁迅已经放弃了文学理想，退回到他原来不愿意做的那些事情了。当自然科学教师、政府官员，研究旧书版本，搜集艺术品。我们怎样说明这种从"五四"观点看来甚至显得反动的后退？他的学者习惯对他后来的思想态度以及文学创作的关系如何？

可以把这段压抑时期视为在再次奋进以前的短暂后退。似乎鲁迅是沉浸在自己的传统兴趣里消磨时间，又似乎是像过去那些亦学亦仕的文人在退隐时那样，从为公众的状态退到私人消极无为的领域，等待着再次行动的适当时机。林毓生就有这样的看法，他把鲁迅的学术研究工作归之于他意识的"私人的、内在的"领域，并论证说："它们仅仅是一些原料，鲁迅从中为他的文学艺术吸取了形式和内容。它们对鲁迅的艺术只有技巧的意义，在政治思想和道德判断方面无本质意义。"❶如此说来，鲁迅从二十八岁到三十七岁的创作生涯(应是人生最好的年华)就被置于无足轻重的地位了。

关于鲁迅这段时期的"精神过程"的材料也十分缺乏。从日记看，他经常去琉璃厂。按友人们的记述，他在教育部时是个很平静的人，但决非百事不管。他对艺术欣赏和教育问题都有兴趣，或许是由于蔡元培的影响。后来的传记作者极力描写鲁迅当时的环境，如住所、过往的朋友、一些有关的人和事件等。❷ 人们还重建了鲁迅故居，特别是绍兴会馆。鲁迅曾这样描写他的住处：

---

❶ 林毓生：《中国意识的危机》，第 140 页。

❷ 例如与王金发的纠纷，在绍兴以及在教育部时和有些同事的冲突，还有袁世凯等的不断监视等。近期材料，可参阅《鲁迅生平史料汇编》，卷 3。

> S会馆里有三间屋，相传是往昔曾在院子里的槐树上缢死过一个女人的，现在槐树已经高不可攀了，而这屋还没有人住；许多年，我便寓在这屋里钞古碑。客中少有人来，古碑中也遇不到什么问题和主义，而我的生命却居然暗暗的消去了，这也就是我惟一的愿望。夏夜，蚊子多了，便摇着蒲扇坐在槐树下，从密缝里看那一点一点的青天，晚出的槐蚕又每每冰冷的落在头颈上。(卷1，第418页)

从这段话看，仿佛鲁迅真是在那沉闷的角落里消磨他那最好的年华，过一种孤独的、力求打发掉的生活。

鲁迅当时是否如他后来所宣布的，通过“回到古代”而成功地“麻痹”了自己的灵魂呢？他后来创作的那许多小说证明：鲁迅生活中的“过去”并不是蛰伏在他意识中的一个消极因素，相反，它在他的创作中积极地起着作用，如一片沃土，如催唤他的使者。同样，我想说明，他“回到古代”而“消磨”掉的十年也不是消极无意义的。他对一批古籍的收集、比较、编校，是一种细致的重新建设的行为，他对那些模糊的石碑的努力识别、补充、解释也是如此。当然，这种特殊的知识分子嗜好也可以被认作是传统学者的典型行为，鲁迅对版本的兴趣也可能来自他从章太炎学“小学”的背景。但除了从十八世纪以来中国学者传统积累下来的影响以外，鲁迅的活动却仍有其独创之处。就是在大量的考据网络中寻找新的见解，并确定新的起点。这种知识的和学术的活动为他今后的创作活动暗中作了储备，它们的作用，从他后来的文学成就中可以看得更清楚。

鲁迅这些学术研究工作大都是独自进行的，并不考虑能否得到公众承认或出名。主要是个人静思体验，但其作用仍及于公众。因此，我以为鲁迅在这段时间里并未成功地“麻痹”了自己的灵魂，他实际上是抓住了这段精神压抑的时间，从不断积累的文化资源中建立某种可资参考的框架，在其中寄托他生存的意义。他曾向许寿裳谈过他对佛经教义的印象，说：“释迦牟尼真是大哲，我平常对人生有许多难以解决的问题，而他居然大部分早已明白启示了，真是大哲！”[1]他不选择儒家经典中关于一般哲学思想问题的“大学”来研究，却选择了与之相反的“小学”，说明他不愿意卷入那种教诲人的哲学体系。虽然如此，他仍然从这些古代经典中提出了许多哲学问题，这些是难于向那些一般考据学者要求的。

总之，鲁迅这一时期独自进行的思索，提供了后来文学创作的温床。

二

在鲁迅进行中国传统文学和文化的各条道路中，首先要谈的应是他的小说研究。他在这个领域里所作的贡献是有长远意义的。

他的创始性著作《中国小说史略》出版于 1923 至 1924 年，对这个问题的研究却至少始于十年以前。在写作以前，已经做了许多工作：校订各种版本，收集各种资料。其成果是三本书，也是《中国小说史略》的准备。一本是《古小说钩沉》，1912 年编成，1938 年出版，内容是他从各种书籍上辑录的唐以前的三十六种古小说佚文，也是《中国小说史略》前七篇的素材。二是《唐宋传奇集》，出版于 1927 年，收集明、清刊印的唐、宋两代传奇小说四十八篇。[2] 校正了错误，作了细致的编辑，并写了一篇很长的附录，说明每篇小说的背景来源及各种版本情况。这就是《中国

---

[1] 许寿裳：《亡友鲁迅印象记》。

[2] 据《鲁迅全集》注释应为四十五篇（卷 10，第 85 页）。——译者

小说史略》的中间部分(八至十一章)的基础。三是《小说旧闻钞》,是在二十年代初为北京大学讲课编的教材,后于1926年出版,内容是有关三十七种小说的史料❶,来源为明清学者所写的六十六个条目。书中有鲁迅附的按语,内容涉及小说的出处、版本问题,以及他自己对小说的评论。

显然,鲁迅这些准备性的工作和中国十八世纪兴起的考据学有关。前人在考证方面确已有许多成就,但鲁迅在这方面仍有其独创性,从主题的选择和取得的成就看都是如此。著名文学史家郑振铎认为:鲁迅把考证这种严肃的治学方法用于从来被认为是不重要的小说研究方面,确是一种创举。❷ 当然,鲁迅的小说研究也是他儿时的兴趣和当时思想潮流的产物。在此之前,严复已经强调小说的作用,认为它比历史著作的影响更大,梁启超也曾提倡小说,视之为改良社会和政治的手段。但他们都没有研究小说。

鲁迅对传统小说研究的深度和广度都超过前人。他概括了全部小说领域,从最初的神话、传说直至晚清小说。他的《中国小说史略》是写关于这一文学体裁的通史的第一次严肃的尝试。而在前人的研究中,这种体裁所占的比重是极小的。和同时代另一位传统小说史家胡适相比,鲁迅在扩展这一研究的范围方面也超过了他。鲁迅的涉猎所及包罗了小说的多种形式,野史,传记,传奇,笔记,杂集,短篇,长篇,均包含在内。

---

❶ 据《全集》注释应为三十八种(卷10,第66页)。——译者

❷ 郑振铎:《中国小说史家的鲁迅》(载《人民文学》1949年,第1期,第56页)。此外,还可参阅王靖献:《作为传统中国文学学者的鲁迅》(*Lu Xun as a Scholar of Traditional Chinese Literature*),载李欧梵编:《鲁迅及其遗产》(*Lu Xun and His Legacy*)第90—103页;柳存仁:《鲁迅和古典研究》,载《远东历史报》(*Papers on Far Eastern History*)1982年9月26日,第119—144页。

与此同时,他还收集和研究了历代史家对小说的著录和论述,做出自己的评价,对种种驳杂的观点加以提高和改进。

在《中国小说史略》中,鲁迅对传统观念的重新评价有两个方面特别值得重视。首先是给神话与传说以极重要的地位,以为它们是宗教、艺术、文学的源泉。他对神话的看法和荣格(Carl Jung)的“集体无意识”概念非常接近,或许是间接由厨川白村那里吸取来的。他大胆地论证作为文明文化产物的书写的作品(文章)总是要改变并冲淡这种集体“灵魂”的性质的。从这种激烈的观点我们可以推测:鲁迅着迷于小说是在于它的“虚构性”,也就是说,它的想象的、非模仿的方面,这是与后来俗话小说中日益增多的模仿倾向相反的。鲁迅对民间迷信(如“社戏”及其他民间宗教传说)的艺术性质的探索,也表现出同样的观点,即文学艺术必须从那种不受文明习俗拘束的人的想象力的飞翔中产生。一旦在通俗小说中套上了习俗和规范的枷锁,文学作品的创造性也就终止,除非那模仿的冲动是指向那种较为偏离或反对习俗社会现实的。所以,在《中国小说史略》中,鲁迅置于重要地位的是那些较少为中国文化传统的约束力所影响的、早期的人的想象力的表现。换句话说,他似乎更喜欢宋以前的东西,那时,儒家正统(不论是在其王朝的或思想的形式中)在中国人的生活中还没有那么大的影响。鲁迅在六朝和唐代的那些“原始虚构”的作品中找到了一个鬼魂的或幻想的世界,这是中国想象力的真正来源。

鲁迅对小说评价的第二个值得注意的方面更具历史意义,即迥异于传统考证研究的关于文学如何写史的观念。有几位中国鲁迅学者已经注意到《中国小说史略》至少已包含着四方面相互有关的努力:一是弄清文字和版本,二是对一些名著(如《三国演义》)版本渊源的研究,三是确定每一作品的文学价值和缺点，最后是找出作品所反映的当时的社会状况和占统治地位的价值观。[1] 前两方面的工作，鲁迅的前人和当代学者也都做过许多，后两方面则尚属首创。

可以把鲁迅和胡适的研究做些比较。胡适也是注意判断作品的文学价值的，主要是想确定传统文学的“活的”主流，因此特别关注和现代白话文学以及现代现实主义相比的古代白话作品。为此，他把自己的研究范围限于宋以后时期。在谈到明清小说时，他们两人有些相同的看法，例如都认为《红楼梦》本质上是作者自传（鲁迅在遍览各种说法后，取中胡适的自传说），两人都高度评价《儒林外史》，认为是第一流的社会讽刺小说。不过，胡适或许是按西方标准，把这部长篇小说的松散结构看作是缺点。鲁迅却认为这种松散的形式是便于描写一系列人物的适宜的布局。《中国小说史略》中是这样说的：“全书无主干，仅驱使各种人物，行列而来，事与其来俱起，亦与其去俱讫，虽云长篇，颇同短制；但如集诸碎锦，合为帖子，虽非巨幅，而时见珍异，因亦娱心，使人刮目矣。”（卷 9，第 221 页）

鲁迅对作品的评价似乎是以两方面的关系为基础，一是形式与内容的关系，再是作品的文本和它的前后脉络的关系。鲁迅的见解虽然说得

---

[1] 参见王瑶：《鲁迅与中国文学》（1952 年上海出版，1982 年陕西重印），这本书至今仍常被参考研究。其他参考资料，较早的如郑振铎《中国小说史家的鲁迅》、李长之《文学史家的鲁迅》（见《人民文学》，1956 年 11 月，第 1—9 页），近期的如王靖献的《作为传统中国文学学者的鲁迅》、马幼垣的《论〈中国小说史略〉之不易注释及其他》（《抖擞》，1981 年 9 月号，第 23—30 页）。两篇文章可以对照起来读。我自己的兴趣不在如有的学者那样比较《中国小说史略》和前面几部作准备的本子的异同，也不在书中那些小错误及简略和不平衡之处。我只想把他这方面的研究当做“思想认识的文本”来看，我以为《中国小说史略》使我们了解了一个重要的方面，即鲁迅关于整个中国文学遗产的一种独特的认识。

简短，却往往异于常见。例如他把《金瓶梅》和《红楼梦》都归入人情小说一类，推崇《金瓶梅》为"世情书"中最好的一部，不同意简单地斥为淫书。对《红楼梦》则注意到它不同于以往言情小说的陈腐烂套、在人物刻画和结构布局方面的独创性。鲁迅也如托尔斯泰一样，往往极力探求在作家的意图与实践之间，在作品的意义和技巧之间的内在平衡。例如，如果说他认为《儒林外史》的意义和形式是结合得好的，那么，晚清谴责小说就只有严肃的意图而缺少技巧的完美。《红楼梦》的某些仿作则在内容和形式上都不足道。但是其中的一部《海上花列传》却被认为尽管内容不好文字却真实自然。[1]

《中国小说史略》比此前的文学史更具独创性的地方，或许还在力图从更广阔的背景中去研究所论的小说。即使在谈版本问题时，也决不对一本书只作孤立的处理，而是试图首先从作者全部作品的情况，再从当时的社会思想环境，最后将它作为历史过程中一个较广的类型中的一部去看这部作品。鲁迅似乎是想写一部中国小说的文化史，不仅涉及小说的风格和体裁的发展，而且还有许多其他更重要的问题。例如：某些作品是怎样，又为什么会出现并流行起来？小说是怎样反映一个时代并贯穿各个时代的价值观和道德观的变化的？社会、政治、宗教等种种因素和潮流是怎样制约并形成小说创作的？简言之，这是一种揭示了鲁迅的"文化——精神"观念的文学史研究，他是把文学看作一个时代的情绪和一个民族的"灵魂"的标志的。

这显然是一件极有意义的事。大有圣伯夫（Saint－Beuve）、泰纳（Taine）、勃兰兑斯（Brandes）之风，在当时的中国确是前所未有。但鲁迅

---

[1] 参阅西曼诺夫《鲁迅及其先行者》中的分析。

的这种雄心在《中国小说史略》这本书中并没有完全实现。全书的文字框架妨碍了详尽的思想主题的开展。鲁迅自己似乎也觉察到了这种局限，计划再写一部全面的中国文学史，可惜并没有实现。从他拟定的纲要看，已经可以看到一部纷呈交织着独创性表述的文化史的轮廓。各章的标题可能如下：从文字到文章，诗的非道德，哲人，《离骚》潮流和反《离骚》潮流，廊庙与山林。这六个标题中有五个是关于唐以前文学的。

鲁迅关于小说的想象力和文学史广阔的文化背景这两方面的兴趣，在其他作品中也有所表现。把小说看作正统学习范围以外的想象性写作这种观念，在《故事新编》中已付诸实践。他对文学的社会文化环境的兴趣，也在许多文章，特别是关于魏晋时代反旧习的文人的那些短文中表现出来。通过用新的眼光看待传统遗产，他在这两个领域都开辟了新路。这些独创性看法的结果，贯穿在他从二十年代初直到去世时长时期的作品中。而这些想法，可以说都是他在沉浸于并思索着中国传统文学的最初十年中产生的。下面，我想首先谈谈《故事新编》中对传统题材的再创作。

二

《故事新编》包括八篇故事，写于1922年至1935年。各篇质量参差不齐，但作为整体却表现出一致的观念。似乎鲁迅作为学者在研究了中国文化的往古以后，愿意用一种现代小说家的激进态度来加以重新创作。因此，这本书也正是已经暗含在《中国小说史略》中的某些主题的虚构性的再创作。

这个集子最明显的特点是：八个故事中没有一个是取自“真正的”历

史的。有三个取自神话，两个取自传说，还有三个是传说中的历史人物。因此，从中国早期的定义看，它们可以称为"小说"，即信史与经典以外的东西。但鲁迅还多走了一步，把这些非官方的材料服从于一个"虚构化"的创作过程。他这种努力只有部分的成功，因为在创作过程中，有时被当时的人或事"打岔"，改变了原来的艺术意图。鲁迅后来在《故事新编》的序中承认自己不应当"陷入油滑"，而"油滑"正是"创作的大敌"。[1]（卷2，第341页）

但是，鲁迅最初的创作意图还是应当受到赞美的。如第一篇故事《补天》，他原想通过一个创作的神话故事写中国文化的缘起。为了这个目的，他没有选择中国神话中开天辟地的盘古，却选择了修补破天和塑造初人的女娲。再者，他对这位女神的描写也非常现代化，很像是克里姆特（Klimt）和毕亚兹莱（Bcardsley）笔下的人物。[2] 女娲的世界被描绘得具有原始的辉煌，是一个她可以在自由自在的性冲动中享受的世界。

---

[1] 大多数中国研究者倾向于把这种"陷于油滑"的讽刺看作是对中国封建的罪恶（古代的和现代的）的革命的批评。关于《故事新编》这个集子，他们主要的论争是在它究竟是讽刺的（因而也是政治思想的）作品还是历史作品，却没有看到鲁迅本人的意图是想用一种新的、独创的方式重述古代传说，达到虚构艺术的程度。苏联学者克列伯索娃在《鲁迅及其〈故事新编〉》（*Archiv Orientalni*，1960年，第28期，第234页）一文中，把八篇故事分为两部分：一部分的中心是"对于形成他的材料的来源的精心处理"，另一部分的"历史事实往往只是他对当时问题讽刺或表达看法的储备材料"，同样没有看到鲁迅本人的意图。

[2] 鲁迅对毕亚兹莱颓废艺术的复杂态度是人所共知的。他曾为毕亚兹莱的画册写过"小引"，也在报刊上介绍过他。但鲁迅也曾批评过毕亚兹莱的模仿者叶灵凤。中国学者只强调鲁迅推崇革命版画家珂勒惠支，但鲁迅对西方艺术的兴趣范围其实是很广泛而且喜爱先锋派的。虽然他可能并没有见过古斯塔夫·克里姆特的画，他的日记却说明曾从内山书店购买了许多包括毕亚兹莱和夏戈（Marc Chagall）作品的书籍，也还有浮世绘的集子和裸体画。见王观泉：《鲁迅美术系年》，第30、34、60、72、84、95、144页。

鲁迅可能计划将神话的自然和人的文化相对比，前者是完全自由和永恒美丽的领域，后者则在出现以后就代表着在历史性的限制中文化“修饰”的积淀。这一观念是和《中国小说史略》第二章关于神话和传说的论述相一致的。

故事集中在女娲对人类的创造。鲁迅本意是在赋予艺术创造以一种弗洛伊德的解释，这意图他自己后来也说过❶。二十年代初他讲授并撰写小说史的时候，同时也在译厨川白村的《苦闷的象征》，这部作品中将弗洛伊德(S. Freud)的压抑的“以德”和柏格森的“生命的冲动”结合起来，成为一种综合的艺术创造理论。据厨川的说法，艺术和文学的创作是两种原型力量冲突的结果。一种力量是原始的自由的生命力，另一种是在不断加强制度化的社会中的文化习俗的力量。因此，在这篇虚构化了的故事中，女娲显然是生命力的体现。小说开始于她的自然的、自由的生活被她以前无意识地用泥土做成的人类搅扰了。这些小人儿很快就互相打仗，其中失败者一族的领袖愤怒地以首触山，撞倒了作为天柱之一的不周山。于是天穹裂开一个大洞，把女娲从梦中惊醒，她只得用彩色的石头去补天，为此又在昆仑山上点燃起一场大火。最后，这位失去了生命力的创造的女神终于在疲乏和厌烦中死去。

这篇神话故事由于在女娲两腿之间出现了一个“小丈夫”而略有损伤。但是，虽然稍稍陷入了“油滑”，这个节外生枝的形象仍可视为文明虚伪的表现，仍然适合于故事的整体框架。这是作者思想广阔的证明。如果鲁迅在其他几篇故事中也能实现这样的原意，他将给我们一套新的

---

❶ 见《故事新编》序。艺术创造中性冲动的含义在这篇故事中是可以明显看出的。此外，在《我怎么做起小说来》中也说过做这篇小说“原意是在描写性的发动和创造，以至衰亡的”。

关于古中国的虚构化的神话。因为，如这些故事的时序所表示的，鲁迅很可能有一个宏大的计划，再建一个从最古老的神话直至许多先秦哲人的画廊。但是，据我想，他只在第二篇故事《铸剑》中实现了这一雄心，在此之后就始终未能保持这同一水平的艺术创造力。《铸剑》于 1926 年写于厦门，当时他也生活于孤独中，为了排遣忧伤的情绪似乎又在研究古代文学，《铸剑》的创作或许也受此启发。第三篇《奔月》就不如《铸剑》好，其中受到了恼恨高长虹的情绪干扰。其余几篇大多写于 1935 年，当时他正陷于论战之中，似乎已缺少有力的想象，已不能再掌握住早年那种创作力的沸腾。最后三篇写著名哲人孔子、老子、墨子、庄子的，特别令人失望。

我想集中谈谈《铸剑》。它既是集子里技巧最高、召唤力量最强的篇章，从忠实于原来的传统材料的意义上说，也是最具艺术真实性的一篇。但是，从原来材料的古代文字脉络中，鲁迅却创造了一幅强有力的充满象征的独创视像。特别是对两个主要人物的刻画，再次表现了鲁迅衷心喜爱的那个主题——复仇。

故事主要来源是宋代杂集《太平御览》中的《列异传》，鲁迅曾辑入《古小说钩沉》。原文为：

> 干将莫邪为楚王作剑，三年而成。剑有雄雌，天下名器也，乃以雌剑献君。藏其雄者。谓其妻曰："吾藏剑在南山之阴，北山之阳，松生石上，剑在其中矣。君若觉，杀我；尔生男，以告之。"及至君觉，杀干将。妻后生男，名赤鼻，告之。赤鼻斫南山之松，不得剑；忽于屋柱中得之。楚王梦一人，眉广三寸，辞欲报仇。购求甚急，乃逃朱兴山中。遇客，欲为之报；乃刎首，将以奉楚王。客令镬煮之，头三

日三夜跳不烂。王往观之，客以雄剑倚拟王，王头堕镬中；客又自刎。三头悉烂，不可分别，分葬之，名曰“三王冢”。

在虚构化过程中，鲁迅把这篇简短的速写扩展成为二十余页的叙事文，分为四部分。第一部分写眉间尺，写他了解了父亲的死因和决心复仇。第二部分写他和那位陌生人的相遇。第三部分集中写复仇行为本身。第四部分是尾声，写葬礼。就这样，虽然大体上仍按原来的文字顺序，却打乱了原来的时间框架，成为明确划分的几个场景。前三部分每一场景的时间不过一天。这样，就把传统的故事变成了一篇四“幕”的散文剧，每幕高度紧张地集中于一个插曲。

第二个创造性的技巧是人物刻画。在第一部分，用了相当的篇幅写眉间尺的柔弱无决断的性格。这位少年主人公看见一只老鼠，并在无意间杀死了这个红鼻子的小东西（原来故事中少年的名字叫赤鼻，老鼠的红鼻子显然是从这里联想出来的趣语）。杀死老鼠以前，少年一直在厌恶和怜悯两种感情中动摇不定。这个优柔寡断的少年是怎样变成坚决的复仇者的呢？鲁迅在这里并不使用心理分析，他只写了一个宗教仪礼式的瞬间。当眉间尺从母亲那里知道了父亲之死的实情，又找到了父亲所铸的那把剑和那件恰恰合身的蓝衣服以后，可说是只在一夜之间就变了，变成了一个复仇者。这主人公是按照古代传说的精神塑造得适合于他的角色的。换句话说，鲁迅保留了原作的意味，是靠着给主人公投以高模仿水平（a high mimetic plane）而不是现实主义小说中常用的低模仿方式（low mimetic mode）。[1] 在第二、第三部分也用了同样的宗教仪礼

---

[1] “高模仿”“低模仿”二词是从弗莱（N. Frye）的《批评分析》（*Anatomy of Criticism*）一书中按弗莱的原意借用的。

的方式，由此，鲁迅把复仇主题发展到了令人毛骨悚然的高潮。在第二部分，他介绍了第二位主人公："一个黑色的人，黑须黑眼睛，瘦得如铁。"这种人物刻画具有史诗的内涵。陌生人被有意描绘成一个影子似的非现实的形象。他复仇的动机和眉间尺的目的并无任何关系，也不是由于任何可解释的价值观。下面所引的两个主人公之间的对话就表现了这种解释不清的动机：

> "你么？你肯给我报仇么，义士？"
>
> "阿，你不要用这称呼来冤枉我。"
>
> "那么，你同情于我们孤儿寡妇？……"
>
> "唉，孩子，你再不要提这些受了污辱的名称。"他严冷地说："仗义，同情，那些东西，先前曾经干净过，现在却都成了放鬼债的资本。我心里全没有你所谓的那些，我只不过要给你报仇！"
>
> ……
>
> "但你为什么给我去报仇的呢？你认识我的父亲么？"
>
> "我一向认识你的父亲，也如一向认识你一样，但我要报仇，却并不为此。聪明的孩子，告诉你罢。你还不知道么，我怎么地善于报仇。你的就是我的；他也就是我。我的魂灵上是有这么多的，人我所加的伤，我已经憎恶了我自己！"（卷2，第425—426页）

这位黑色的复仇者的语言表现了相当含混的愤世情绪，难于引起读者的共鸣。他嗜好复仇似乎并无理性的根据，也并非指向哪一个特定的对象。他的精神的愤怒只能寓意地理解，却难说有什么意思。这里有着鲁迅艺术的极端的"超现实主义"。

作者想描写的，可说不多不少就是“复仇”本身这个哲学概念，其中渗透着深刻的牺牲与殉道的反论，这在鲁迅的散文诗中发展得更充分。在这个故事里，鲁迅只是创造了一个原型形象，是从一个模糊的尼采样板（查拉图斯特拉）中取来的。为了和原著相一致，他是一个宗教仪礼式的人物，不过原著中这个人物是突然的，就事论事地插入的，对于他的动机，原著故事中并未作解释。在鲁迅的小说中却由于为复仇行动创造了一个极其峻酷的场景，就更强化了复仇主题。这是个血淋淋残杀的景象，描写事件极为详尽，因而显得异常突出：三个被斫下的头颅在金鼎的沸水中浮游，两个复仇者的头和王的头在鼎中互相追咬，直到全都模糊不可辨别。这绝对不像某些学者所说的那样是想去表现一个健康的“反封建”主题。[1] 这里的复仇行为和任何古代的或现代的社会现实都没有关系，本质上只是“思辨的”。如果必须从这个故事里找出什么意义来，我们就只能从鲁迅个人对于生与死、生活与艺术等重大问题的观点中求得线索。这位与世界疏远的复仇者对鲁迅有某种特殊意义，就是：在外在的人道主义的姿态下，内心有一位复仇女神。

这一复仇的反论的复杂内涵，我将在后面别的章节中再谈。《故事新编》这本书证明得最多的还是鲁迅在虚构化中的艺术行为：一方面，证明了鲁迅观点的天赋气质；另一方面，也证明了他对丰富的中国文化传统中古典书籍巧妙的阅读方式。从学术角度看，他对传统材料的创造性的阅读可以从他对魏晋文人，特别是对嵇康的研究中找到更多证明。

---

[1] 如《文艺月报》1956年第9期的文章《如何理解〈故事新编〉的思想意义》就是如此。近期东瑞的《鲁迅〈故事新编〉浅析》（香港，1979年）曾对故事的结构组织做了某些分析，但仍离不开典型的政治意义的旧说。

三

鲁迅对嵇康的研究可与他对古代小说的研究并列为他学术上的两大重要成就，这是大多数研究者一致的看法。这项研究从 1913 年即已开始，和开始小说研究的时间大体相同。在校勘了大量嵇康作品的版本以后，据说鲁迅又对自己手订的本子至少从头到尾校正了三遍。这个本子直到他去世后的 1938 年方才出版，五十年代后期，又出版了附有旁注的鲁迅手稿精装影印本。它进一步证明了鲁迅学术工作的艰苦和细致。

但是，鲁迅研究的为什么是嵇康？许多友人认为这是由于鲁迅和嵇康在人格上有一致的地方。他们都有正义感，在思想上都不为已被公认的权威思想所囿，都刚正不屈。后来王瑶的研究中又谈了他们两人在文章风格上相关的地方。研究者们还谈到，鲁迅因受章太炎的影响，对当时流行的以严复为代表的空泛的桐城派文风是不满意的，因此选择了魏晋风格。嵇康的作品明白自然，这是鲁迅所认为的魏晋风格的两个特色。他们还谈到鲁迅爱好嵇康甚于阮籍，是因为嵇康的文章中有更多的与旧说相反的新鲜思想。这意思是说:嵇康的文风正是他人格的反映，也是鲁迅人格的反映，两人的一致是显而易见的。

这种解释虽然也说得通，但从鲁迅校辑的《嵇康集》的文字中却无可证明。从他的旁注和勘误，很难看出和嵇康的风格、为人以及鲁迅的个人偏好有什么关系。如果这些因素确曾在鲁迅思想中闪过，那么，至少也会在他的其他有关文字中表现出来，但是从鲁迅的序跋中我们却只看到对版本的兴趣。当然，鲁迅对于嵇康所处的那个时代以及他的同时代人如陶潜、阮籍、何晏、孔融等都是深感兴趣的。因此，他对嵇康的兴趣还是应当从他对整个魏晋时代的看法来评断，或许更能说明问题。

鲁迅的长文《魏晋风度及文章与药及酒之关系》，是鲁迅研究文学史的“文化——精神”方法的最好例证。在这篇文章中他试图通过社会环境和生活方式与文学的相互关系来写出整个时代的风气。按他的观点，魏晋文风明白自然的特色和当时的社会政治风气是分不开的，它们反过来又形成了当时文人的生活作风和思想方式。魏晋文人发展为一种美的艺术生活方式的服药和饮酒，被鲁迅视为强调文学“通脱”风格的对应物。与此同时，鲁迅又论证魏晋文人那种反礼教的生活方式其实只是表面现象，他们实际上是试图以此掩盖他们被困扰的社会良心和与当权有力者相抵触的潜在政治感。曹操，既是一位当权的大政治家也是一位文人，正是他，既倡导了新的自由的散文风格，又迫害了那些实行这种风格的人，如孔融等。在曹操以后，又有许多当权者继续以正统礼教的名义迫害反礼教的文人。这些统治者为了获取和巩固政权，虽然自己早已违犯了许多道德规定，却仍然特别强调孝道，指责嵇康等人为不孝。其实，和一般人的印象相反，嵇康等人倒是深信礼教的。鲁迅指出：在嵇康反偶像崇拜的表面现象和他实际上在个人道德问题上深刻的保守性之间，存在着一种奇怪的不协调。

从鲁迅的观察中可以得出的教训似乎是人的脆弱性。他所描写的那些文人不是英雄，却大体上是悲剧的。鲁迅并没有把嵇康等人推崇为模范，也没有用他们自喻。相反，鲁迅是带着反讽的超然把他们置于实际的历史与人的关系之中的。鲁迅指出，尽管他们在外表上是孤高傲世，精神上却没有一个人是能够超脱尘俗，不考虑政治、社会和个人生死的。就是被称为“田园诗人”的陶潜，也并不像他的诗中所显示的那样能完全回归到自然中去。鲁迅文章中更重要的主题是对人生意义和承担义务的需要，以及纷扰转折的时代对这种意义和义务的迫切要求。他挑选出三个人物来表现这一主题：孔融、嵇康、陶潜。各自都生活在一个朝代的末期，而且，除陶潜外，都是因政治迫害而死的牺牲者。鲁迅所分析的嵇康思想和行为之间不协调的地方，特别反映出一个陷于转折时代的人的精神痛苦。

在一个已确立的价值观被打破的时代，一个知识者怎样决定他本身存在的价值？他怎样理解周围世界的纷扰？在轻易就会死去的情况下，他该怎样做？这些是鲁迅在概览魏晋文学界情况中所浮现的根本问题。从某种意义说，这可能也是在那个思索与消沉的时期缠绕着鲁迅本人的问题。正是在这种"哲学考虑"的情况下，鲁迅通过历史和文本，选取了嵇康这样一个人物。

如果我们把上述问题置于魏晋时期历史和文学背景上，也就能了解鲁迅思想框架的某些轮廓了。按他的看法，魏晋时期是中国文学"自我觉醒的时期"，是由曹丕、曹植兄弟创始的一种"为艺术而艺术"的文学运动的开始。由此，对魏晋文人来说，文学在人生中是一个决定性的问题。人们可以论证说，曹氏兄弟（特别是曹植）对于推动认为艺术及其想象力可以带来不朽令名的概念的发展是起了重要作用的。这使魏晋文人认为文学创作比世俗功业的意义更大：可以确立一种高水平的想象力存在的领域。正是在这意义上，艺术家个人能够面对那动荡的社会环境所注定的死之必然性。他可以通过自己的艺术，将自己置于人或历史时间之外。这样做时，他可以达到一种在诗中可称为"抒情视像"的超脱的形式。一般人认为将这一理想实现得最好的诗人是陶潜。

鲁迅的看法则与此相反，他揭示出魏晋文人其实是相当痛苦的。他们发现了艺术和自我的价值，但这发现并不能证明一条精神解放和艺术超脱的道路，却是个人心理上的双重负担。按鲁迅的看法，死，始终是缠绕着从曹植到陶潜的所有魏晋文人的一个问题。他说：“那诗文完全超于政治的所谓‘田园诗人’‘山林诗人’是没有的。完全超出于人间世的，也是没有的。既然是超出于世，则当然是连诗文也没有。诗文也是人事，既有诗，就可以知道于世事未能忘情。”又说：“由此可知陶潜总不能超于尘世，而且，于朝政还是留心，也不能忘掉‘死’，这是他诗文中时时提起的。”(卷 3，第 516 页)这种与众不同的对陶潜的看法，意味着魏晋文人的困境是来自他们不可能超越社会政治的泥淖。回归自然或遁入艺术当然可以脱出困境，可惜他们并不能做到。

就这样，鲁迅否定了文学的自主独立性，连同其所宣称的不朽及超越人世在内。相反，或许文学中还存在着“诗人想象的无限性世界和诗人肉体的有限性时间存在之间的不可解决的紧张”[1]。魏晋文人的经验更证明了这一紧张的内在的悲剧。鲁迅似乎是说解脱之路是无法达到的，在艺术与生活中都是这样。具有悖论意义的是：正是魏晋文人这种悲剧状况打动了鲁迅。

尽管是悲剧，鲁迅仍然认为魏晋风尚和文化要比儒家正统的僵化好。在所有这些思想知识的，审美的，以及精神因素的后面，当然有着庄子道家思想的形成力量。鲁迅曾公开承认他的思想中了些庄子的毒，所以“时而很随便，时而很峻急”。(卷 1，第 285 页)许寿裳和郭沫若也都谈到过鲁迅对庄子有所借鉴，包括他对寓言风格的爱好。另一方面，鲁迅也承认孔孟的书他虽然读得最早最熟，受的影响却不大，“似乎和我不相干”。(卷 1，第 285 页)鲁迅对传统中国文化的趣味大体上是在“大传统”

---

[1] 这是傅汉思(Hans Frarnkel)论中国自然诗的看法。

以外。如前所述,对中国小说他喜欢的是唐以前的,因为其中较少儒家“大传统”的影响。对诗,他喜欢的是屈原,也是一位与世疏远,述说着自己心爱的形象和精神追求的诗人。对于散文,他喜欢的是嵇康、阮籍等的“古代风格”,认为远胜于全是儒家的唐宋八大家。和他在文学方面的“文化——精神”爱好相一致的是:他所作的学术研究也明显地偏重于历史转折时期特别是魏晋时期。他喜欢野史甚于正史,喜欢私人集子里的“杂说”甚于官方统一的文集,以为它们更有价值,更有趣味,使人对中国的过去了解得较为真实。(卷 3,第 138—139 页)

所有这些他所爱好的思想都可称之为中国文化中的“抗传统”倾向,是反对或在很大程度上远离孔、孟、朱熹、王阳明所代表的儒家正统思想的。这种从研究传统文学和文化中产生的“抗”的兴趣,就是他作为“五四”思想运动领袖之一的反偶像崇拜的态度的核心。他在北京时那些孤独的日子里,已经积累了足够的“原料”,建立了精神“储藏”,可以在“五四”文学阵地上以生动的创造性放射出来。因此,我认为鲁迅当时之沉浸于中国传统是有积极意义的,为他后来支持“五四”思想上的反传统和文学创作及语言形式上的反旧习提供了极重要的来源。

四

最后再谈谈鲁迅写作的旧体诗。这也和中国传统文学有关。鲁迅的旧体诗虽然大多写于后期,在某种程度上却和他的古小说研究占有同等重要的地位,两者都作为思想的养分和艺术的补充形成了他创作的“另一方面”。鲁迅的古小说研究和他的小说创作关系密切,他的旧体诗和他那独创的散文诗的关系虽不那么直接,也有许多可以相比之处。至少，人们会在其中发现鲁迅曾试图用这种普遍承认的旧形式去表现一系列新的个人的冲突与紧张。

如所有受过传统教育的知识分子一样，鲁迅青年时也写旧体诗。[1]但是，他后来一直在写，尽管他是自觉主张新文学的。“五四”时期他写过少量白话新诗，但那几篇东西似乎只是偶然冲动下的戏作，只是用来和某些幼稚的东西开玩笑，如著名的《我的失恋》便是。显然，鲁迅在“五四”初期大量出现的新诗中并没有找到和他的感受相合的东西，却找到了旧体诗这种在旧文体中或许是限制性最大的形式来考验自己的诗才。而且，就在他已经享有新文学领袖以及革命文学家的盛名以后，他继续写旧体诗，而且更多更好。为此，我相信，正如他的学术研究一样，他的旧体诗绝不只是偶然的酬酢之作，它们也是他文学创造性的一个证明。

鲁迅曾有一次很谦虚地表示过自己于旧诗“素未研究，胡说八道而已”，又说：“一切好诗，到唐已被做完，此后倘非能翻出如来掌心之‘齐天大圣’，大可不必动手。”（卷 12，第 612 页）这意味着写旧体诗对他只不过是偶然的余兴而已，但并不排除他也如许多才华横溢的前人一样有着诗意的冲动。一般公认鲁迅是一位非常好的旧体诗人，所写的六十余首诗中有许多极佳的篇什，虽然有的比较难懂。他的旧体诗完全合乎韵律，喜爱的诗是屈原和李贺之作，也有人认为他的诗是以杜甫为范的。但是他的独创性，我以为或在于在旧体诗的严格的格律限制及用典的情况下运用新的意象并传达新的意义。

为了分析的方便，我们先从鲁迅的一首短诗（《题〈彷徨〉》）说起：

---

[1] 近来发现了较多据称为鲁迅早期作品的旧体诗。这些诗显得比较注重辞藻并有模仿痕迹，不大像是一位天才的创作家的文学习作。

寂寞新文苑，平安旧战场，

两间余一卒，荷戟独彷徨。

按照标准的中国解释，这首诗描写的是鲁迅在文学革命高潮过去以后的心态。“新文苑”和“旧战场”都指“五四”文学界。但“两间”一词却使人有一种模糊空虚之感，这种感觉又由一位荷戟彷徨的战士形象所加强。这是一个鲁迅散文诗中常出现的形象(《这样的战士》举着的就是一个和戟相似的投枪)。于是，原是表示历史现实的东西却转化为一种诗意的沉思。按照较积极的读法，诗人可能是在“探索”一个新的文化目的，但诗篇中的失望情绪实际上给人的却是一种“彷徨”的存在状态。诗人正陷入一种新与旧、传统与现代之间的“无人之境”，并徒然地寻找着意义。鲁迅在著名的《呐喊・自序》中曾把自己看做一个服从“五四”“将令”的小卒，但在将这个自我贬抑的政治思想姿态重新造成诗的自我形象时，却扩大为带有“哲学”回响的隐喻了：这个小卒被余留下来独自进行“无物”之战，与生命的无意义作斗争。这和他写作此诗时的压抑情绪显然是一致的。

人们都知道，这首诗和书名“彷徨”都取自屈原的诗意。鲁迅在《彷徨》的首页就引用了屈原的诗句“路漫漫其修远兮，吾将上下而求索”。这个作为《离骚》一条基线的漫游于旅途的求索主题，进一步说明了鲁迅这首诗和集子里小说的精神倾向。如许多研究者已注意到的，屈原是鲁迅诗的主要参考。鲁迅诗中的那些花和树的意象，特别证明了他受屈原的启示。鲁迅也如屈原一样喜欢写自然景物，这是因为在幻想的自然形象中可以寄托自己的“存在”。两人的诗中效果都是隐喻，因为他们诗中的景物如树、花及其他“美的形象”都并不是真的自然，而是感情和价值的人格化。但是鲁迅有意地把屈原式的花、树形象从原来作为参比的框架加以扭曲，使那似乎是借取来的形式转向对现实的反讽评论，这就进一步地从屈原走向了“现代”。其结果是：美人香草式的诗篇传达的却是辛辣尖锐的当代感情。下面是两个例子：

椒焚桂折佳人老，独托幽岩展素心。
岂惜芳馨遗远者，故乡如醉有荆榛。

（《送 O. E. 君携兰归国》，卷 7，第 143 页）

昔闻湘水碧如染，今闻湘水胭脂痕。
湘灵妆成照湘水，皎如皓月窥彤云。
高丘寂寞竦中夜，芳荃零落无余春。
鼓完瑶瑟人不闻，太平成象盈秋门。

（《湘灵歌》，卷 7，第 146 页）

两首诗使人感到一种美丽的理想被污染、古时的天堂失落在当代现实中的印象。诗人哀叹着这种失落，被遗留在一种存在主义的恐惧感中。第二首诗的最后数行，将屈原诗中“哀高丘之无女”的那种失落感转向现代性的焦虑，变成“太平成象”中使人恐惧（竦）的寂寞。

关于屈原的传说是人所共知的：一个被疏远的爱国者，虽然已遭受拒绝和误解，却对自己的社会有强烈的责任感，自信能为它服务。鲁迅少年时《自题小像》中的“寄意寒星荃不察”，正是屈原这种社会政治思想的回响。“荃”，在屈原诗中是指他的君主，在鲁迅诗中是指他的国家的普通人民。这首早期的诗中已经显示出鲁迅关心自己的同胞、却又深感不为他们所理解的孤独感。如大多数评论者已注意到的那样，诗人的感情是民族主义的。不过，如果我们把这幅早期的自我画像和三十年后另一幅自我画像《自嘲》相比较，就会发现，由于时间的推移，已经出现了某种不同的反讽。

运交华盖欲何求，未敢翻身已碰头。
破帽遮颜过闹市，漏船载酒泛中流。
横眉冷对千夫指，俯首甘为孺子牛。
躲进小楼成一统，管他冬夏与春秋。

（卷7，第147页）

其中最受推崇并由毛泽东亲自肯定了的是第三联，即“横眉冷对千夫指，俯首甘为孺子牛”，被赋予对敌人坚强不屈、对人民则俯首服务的意义。但是作为整体来读这首诗，我们却看到这坚强不屈的态度是暗含在一系列诗意典故的反讽口吻中的。“华盖”按鲁迅的解释是坏运气，鲁迅曾以此作为他1925年、1926年两个杂文集的书名，那时正是他情绪低落的时候。“破帽遮颜过闹市”有人解释为鲁迅的政治警惕性和关心人身安全，这不一定对，相反，这个形象又使人回想到他作品中常有的孤独者主题。只是在这个孤独者身上已看不见他往日的天才和光辉。“过闹市”还使人想起尼采对查拉图斯特拉的描绘。“漏船载酒泛中流”虽然带有一种不在乎的潇洒态度，却也是一种不安全的行为。这两联参照了杜甫、杜牧的诗，却和《赤壁赋》中载酒泛舟的乐趣大不相同。苏轼的那种乐趣在“漏船”中是不可得的。在诗的结尾，诗人坚强不屈的态度已不是指向外部（政治或其他方面）的敌人，而是转向内部，希望躲进一座“小楼”（可以指他自己的家，也可以指内心精神之楼）去自成一统。“成一统”习惯上指新王朝建立，在这里也有反讽意味。所以，照我看，这首诗是鲁迅对自己往昔生活的温和的自嘲，说明在多次摇摆以后，他要退居到自己的写作中去，到一个完全不顾他所在的旧俗世界的限制和节奏的艺术境界去了。

我对此诗的读解并不一定恰当，但我们不能否认鲁迅在“战斗”的自我以外还有另外一面。也如屈原一样，他有某种与世界决裂回到自己世界的向往。在《离骚》中，诗人屈原在幻想的旅行中寻求美，最后还是回来带着忧愁注视着祖国。在《楚辞》的《远游》这一篇，诗人完全离开社会，进入自我实现的思辨的追求。鲁迅既有兴趣于屈原，自然也会将这种个人冲动提到诗的层次。

鲁迅三十年代写的旧体诗较多，这有点费解，因为这正是他在政治和论争方面非常活跃的时期，似乎不应有写旧体诗的余暇心情。我想，这只能说是因为他那些最好的诗并不是为消遣而作的，却含有深情和深刻的思想，这也就是他在短篇小说、散文诗和杂文中所表达的那些思想。

第二部分　鲁迅的创作

第三章　短篇小说之一:现代化技巧

1918年5月《新青年》上发表的《狂人日记》震动了新文学界,几乎在一夜之间就使鲁迅闻名全国并登上了新文学领袖的地位。

鲁迅在文学创作方面无所行动几近十年,这次突然重整旗鼓,其直接原因是众所周知的。如他在《呐喊·自序》中所说,他最初对新文化运动也不是很有信心,在某种程度上可以说是被动地被他的朋友钱玄同拉去做的。在日本的那次失败造成的痛苦长时期来并没有消除,寂寞压抑着他,"如大毒蛇,缠住了我的灵魂"。他试图通过研究传统"回到古代去","麻醉自己的灵魂"。写小说的另一个原因是:他还有许多不能忘却的亲身经历,是他写作的源泉。

显然,鲁迅的小说并非创作于偶然冲动,而是长期苦闷和反思以后积累起来的创作力的爆发。对后来的读者来说,鲁迅小说最易识别的标志就是感情的成熟。他发表《狂人日记》时,已经三十七岁,心理上已是个中年人,却置身在年龄、思想都是青年的一代人的狂热之中。和大多数"五四"早期那种过分浪漫主义、形式松散的作品相比,鲁迅小说严密的结构和富有学识的反讽,在那个时代完全是"非典型"的。和他年轻的同时代人不同,鲁迅在成为一个新文学创作者时,已经在思想上和心理上都承载了许多过去经验的遗产。旧时的种种给予了他一种特殊的沉重悲怆的感情，要为创新而奋斗，要在一个承载着许多前人和种种陈规的文化传统中创造出某种新的前所未有的东西来。许多早期“五四”作家响应了文学革命的号召，鲁迅是其中最自觉的实践者。他不是仅仅喊出反传统的口号，而是积极寻求艺术地对待这传统，改造某些他视为可用的，扫除另一些，又辅以外国文学的榜样，重建自己的文学形式。他的创作确实是现代的，不仅是因为采用了“白话”，还由于它们在观念上、表现上都是全新的。

我着重通过中国传统的根子来寻求鲁迅的“现代性”，甚至不去考虑它的西方来源，是以他的亲身经历为依据的。值得注意的是：当鲁迅作为一位现代作家从事创作时，他同时也在教授着中国传统文学。从1920年起，他就在北京大学、北师大、女师大执教，其后又南下到厦门、广州的大学任课，直到1928年到上海后才成为专业作家。学术工作的背景和侧面不仅赋予他的作品以学识的广度（他的许多杂文都是证明），也标志着他和露骨的西方倾向作家如徐志摩等大有区别，后者更直接地依赖西方榜样，作品中不可避免地有许多“洋”味。正是在这意义上，鲁迅才是一位更自觉的“中国现代作家”。只有他的散文诗集《野草》表现了与西方文学的某种接近，这一点我将在后面再谈。

为方便计，我想按体裁（小说、散文诗、杂文）来论鲁迅的创作。鲁迅自己也是这样分别编集的，虽然并不是硬性强调体裁的区别。本章将论鲁迅的小说，这是他在文学创作上最先引人注目的体裁。

一

为了探究鲁迅作为创造性艺术家的“现代性”，研究者面临的第一个问题是:为什么他写的首先是短篇小说?可以简单地解释为受外国文学的影响,因为《域外小说集》的内容主要就是短篇小说。这种形式比较短,便于理解也便于翻译。

值得注意的是周氏兄弟当时翻译都是用文言,而不是在晚清已经相当流行的白话。鲁迅受章太炎的影响,在这方面尤其突出。如果我们将这种取自西方的文学形式放在中国传统文学的背景上看,还可以看出,鲁迅写短篇小说也有直接的传统体裁的渊源。如前所述,鲁迅在学术上兴趣是偏重于唐代及其以前的传奇、志怪等(都是短篇),在这类作品中他发现一片神话领域。既富于想象,艺术上也不受儒家正统道德的约束。它们被套上的"缰绳"比在明清白话小说中要松缓一些,可以任凭想象力奔驰,在文言形式中展开了一个想象的世界。这种文言小说最先打动鲁迅的创新感的,或许就在它是自由与简练的结合,它向鲁迅挑战,要在压缩的形式中作出丰富的创造。

如果说在唐和唐代以前的文学中,小说和散文的风格是密切相关的,那么,在鲁迅的作品中也是如此。在"五四"反传统背景中,小说写作本身就可说是一种思想上的叛逆行为,它反对那种重诗文轻小说的文人传统的主流。但是从鲁迅的内在因素看,由于在训练和爱好上接受了中国古典的遗产,他又显示出某种文人传统。简单地说,鲁迅的小说最初还留有"文章"的古典风格,他在写小说以前就已非常熟悉高雅的文字,早期习作就是古文古诗。因此,当他转而写作现代小说时,很自然地,就必须作创造性的一跃,就是说,从"文章"的基础跃向受西方启示的小说(Western—inspired short story)。

说明他从"文章"到小说的一个例子是《怀旧》。这篇小说,普实克(Jaroslav Průšek)曾誉之为中国现代小说之先驱。它初看有些像文章,却既虚构地叙述了一个故事，又表现了这个故事是怎样回忆起来的。叙述的口气是贬低的而不像一般“文章”那样是抬高的。鲁迅似乎是故意调侃应试“文章”中那种道德气，在这里用一个孩子的口气来叙述，这孩子既是他的虚构也是他的过去。他叙述这孩子跟着塾师读书和听讲“长毛”故事的体验。为了捕捉住一个孩子的好奇感和欢乐感，鲁迅对许多形式作了强调甚至扭曲的“游戏”，既反映了孩子的精神视像，也反映了一种突出的摆脱陈规的创新的描写技巧。如说门外青桐每年结实多如“繁星”，其叶之大“如人舒其掌”。在写到这个孩子不胜厌倦地听他的塾师讲解《论语》时，那形象的描写更是妙趣横生：

> ……余都不之解，字为鼻影所遮，余亦不之见，但见《论语》之上，载先生秃头，灿然有光，可照我面目；特颇模糊臃肿，远不如后圃古池之明晰耳。（卷7，第216页）

鲁迅由此成功地把古文的枯燥形式转化成了高度主观性的小说。正是这种改造使这篇先行性的篇章具有如此的魅力。刊载这篇小说的《小说月报》的编者曾附有几句很有眼光的评论，认为这篇新鲜的作品对当时一些“才能握管，便讲词章”的青年作者的浮泛文风来说，是很可以“药之”的。

二

鲁迅的短篇小说目前已被普遍认为是“五四”小说的经典，分析它们的一种方法，是看作者如何通过转化并超越中国传统的影响，在形式和内容两方面注入某些新的东西，同时有意识地借鉴西方文学。从这方面看，堪称第一部重要的中国现代短篇小说的《狂人日记》就具有巨大的意义。这篇小说之所以是“现代”的，主要是因为说故事的那种新的方式。鲁迅在此所做的试验比《怀旧》更彻底。

小说的主体是十三段日记，泛泛读来，每段都像是一篇古文，合在一起，却讲述了一个紧张心理的故事，甚至超过了鲁迅据以仿作的果戈理的同名原作。当然，日记形式在中国传统文学中并不是什么新东西，根源在明代的游记和历代笔记中都可以找到。鲁迅却用一种极端的主观性更新了这种形式，这是前所未有的。它记录了一个被指为狂人的人在日益加深的迫害狂痛苦中的许多胡言乱语。日记前面还有一篇由暗含的作者写的伪托的“序”，用正规文言，价值观完全合乎旧习，和日记的价值观恰恰相反。“序”在挑起读者想知道狂人是谁的同时，也使他们对这日记内容之奇有所准备。虚构的效果就由这小小的聪明的设计创造出来，它同时也是对传统“序”这种形式的陈言滥调的嘲弄。由于将一种文本（日记）套在另一种文本（序）的框架中而产生的虚构的反讽，不仅给主人公痛苦心理的描写增加了主观性的广度，而且，由于狂人的声音可能被认为也就是作者内心声音的艺术表现，这“序”也就起了把作者的精神和读者拉开距离的作用。看来，鲁迅在创造这样一种虚构的文本来“保护”后来那些零乱的心理的“次文本”时，并不真正期望他同时代的读者能够接受，它的艺术的超越现实主义的许多方面和整篇小说的复杂内容当然也是不易为当时读者所接受的。

这篇日记的中心思想现在已为人们所熟知了，就是说：四千年的中国历史只是一种吃人的文化。狂人这种大胆的诅咒和“五四”时代的反传统的思想立场当然是一致的。当时“礼教吃人”的批评已经流行，鲁迅把这一口号在小说中引申为隐喻，可说是忠实地履行了如他自己所说的“服从将令”的“呐喊”任务。

但是鲁迅的思想显然更复杂，主要是想对中国的文化遗产艺术地展开一种“反面观”。动机可能和《故事新编》相似，不过表现得更明显。可以说《狂人日记》是鲁迅激进认识论的第一次表现，是某种有意识的对价值观的倒转：在官方正史上曾被认为是文明的实际上是野蛮，曾被轻视或忽视的却证明有着永恒的价值。狂人按社会旧习看是个神经不健全的人，正如魏晋时的嵇康等竹林七贤一样，被“名教”的维护者视为“狂”，视为不道德。鲁迅的意思似乎是要指出：在两种不同的传统中，那些和社会疏远的持异议者（也是预言者）的命运是注定了要失败的。这些人情况不同地超前于他们的时代，想为人民服务，却必然会被人民误解和迫害。这是鲁迅一系列作品中多次出现的寓意和主题。

因此，鲁迅对狂人的描写承载着思想的意义。狂人并不像现实中的偏执狂病人，他被描写成因不断尖锐地对现实的观察而痛苦的人。反复出现的月亮形象有着双重的象征意义：既是疯狂的（按照西方的解释），又是明亮清澈的（按照中国的语源学）。就这样，实际上是狂人日益增加的疯狂程度提供了一种反常认识过程的基础，使他最终明白了他的社会和文化的实质。这过程始于感知：狗和邻人的可疑眼光，路人和村子里的来人的种种传闻和议论。当狂人向那些普通的现实提出疑问后，感知很快就走向怀疑和内省。疑问又刺激他去读书，从自己直接接触到的周围现实转向中国的历史。狂人的日记里多次引用“几千年来的书”，从《左传》到《本草纲目》，都是鲁迅自己阅读过的。

在有意识地组织起来的日记进程中，狂人很快就把眼前的事实和过去的事实交织起来，也就把“现实”和“历史”结合了起来。当他“从字缝里看出字来”（这本身就是对中国文学错综复杂的反讽）的时候，终于逐渐达到“中国的历史是吃人的历史”这一关键性的认识。

还值得注意的是：日记的语言逐渐失去了现实的基础，将描写与象征结合了起来。从第一节，就有人兽相混的调子，写了赵家的狗的“眼光”；到第三节，出现了“狼子村”人；第六节是最短的一节，两行文字中的一行写了三种兽，“狮子似的凶心，兔子的怯弱，狐狸的狡猾……”；第七节，又写了狗、狼和海乙那三者的“亲戚本家”关系，一种比一种更凶残。似乎鲁迅是在细心地建立起一个兽的领域来和人的领域相平行。现代人类学家或许会把这种聪明的人兽并列、家畜与野兽的并列解释为一种象征的方法，用以评述人性中自杀和乱伦的价值观。❶ 根据小说中明显的反传统的攻击方向，我们也可以从鲁迅的兽的意象中看到孟子关于“人之异于禽兽者几希”的反响。❷ 但接着，鲁迅又反孟子的人应当努力超过兽的原意，指出在最深的层次上，人不但有兽的本能，而且更坏，更残酷，因为他们竟吃自己的同类。

鲁迅这篇反传统小说是巧妙地借助了西方文学的。韩南曾指出这篇小说借鉴了安德列夫的《红笑》，但也有区别。鲁迅的独创性在反转了《红笑》的视像。在《红笑》中，两兄弟中有一个疯了，另一个想在疯狂的世界里保持清醒。小说的方法是直接的，疯子就是疯子。《狂人日记》里

---

❶ 见 *China Report*（印度，德里）1982 年 3、4 月/5、6 月鲁迅特辑. 第 87—102 页，Patrica Uberoi，《狗、狼、海乙那——〈狂人日记〉的反映》。

❷ 在第九节，狂人曾扭曲地提到儒家五伦关系中的“父子兄弟夫妇朋友”，再加上“师生”“仇敌”和“各不相识的人”，归结为同谋戕害他生命的一伙。我们还可以从狂人的遭遇中区别出与儒家思路相反的方向：儒家的思路是从自身到家庭再到社会，即国和天下；狂人是从外部开始，最先是对社会（邻居）怀疑，然后到自己的家庭成员，最后反省自己。

的狂人却并不狂，他的看法象征着真理。[1] 我以为除安德列夫以外，西方作家中还有一位对这篇小说起着决定性的影响，这就是尼采，鲁迅曾译过他的《查拉图斯特拉如是说》(*Thus Spoke Zarathustra*)的序。[2]《狂人日记》所展示的真理有两层。明显的一层是揭示传统中国文化的吃人主义，较深的一层是谈人的进化的真正性质。在这里，"救救孩子"的呼声是一位中国进化论者对未来一代应当更好些的"寓意"的祈求。这是用尼采神灵显现式的形式揭示出来的，意思是：更高的人类将会在地球上出现，但在他们到来之前，现在的有远见的思想家只能像查拉图斯特拉那样地受苦。他是个孤独的预言者，他那"疯"的警告对那些还没有变成真人的人们来说，是听而不闻的，等于落到聋子的耳朵里。狂人的日记中有着尼采和达尔文的片段，如果不从上述背景来看，下面那些话就毫无意义：

> ……大哥，大约当初野蛮的人，都吃过一点人。后来因为心思不同，有的不吃人了，一味要好，便变了人，变了真的人。有的却还吃，——也同虫子一样，有的变了鱼鸟猴子，一直变到人。有的不要好，至今还是虫子。(卷1，第429页)
>
> 你们可以改了，从真心改起！要晓得将来容不得吃人的人，活在世上。
>
> 你们要不改，自己也会吃尽。即使生得多，也会给真的人除灭了，同猎人打完狼子一样！——同虫子一样！(卷1，第430—431页)

---

[1] 韩南：《鲁迅小说的技巧》。

[2] 鲁迅本人在《中国新文学大系小说二集》序中实际上也谈到了尼采对这篇小说的影响。见《全集》，卷6，第238—239页。

在某种意义上，鲁迅在这篇小说中所说的“真人”是比尼采的“超人”更有积极意义的。狂人相信现在的人在有思想力并且改好以后是可以变成“真人”的。这透露了一种林毓生曾论证过的信心，即思想的优越可以成为社会政治变革的原动力。[1] 但与此同时，狂人的话又是相当悲观的。其中含有泛灵论象征主义，意味着现在的世界是残暴的，现在的人还是真人之前的人，这些人同谋以反对进化。狂人的呼吁的危机意义，正是来自他的卡桑德拉式（Cassandra-like）的警告[2]，以为中国人由于长期积累的兽的本能，是不能变成“真人”的。他们一定会封锁在一个吃人的存在的“恶圈”中——“自己想吃人，又怕被人吃了”——直到全部被扫除掉。

狂人故事还有个谜似的结尾。日记的最后一句是竭尽全力的呼吁："救救孩子！"这和“五四”思想家的感情明显一致，鲁迅公开表示赞成这思想。但是小说的真正结尾并不在此，而是在刚开始时那篇伪托的“序”里。暗含的作者宣布狂人的病已经治愈，也就取消了日记中所叙的一切事的有效意义，也包括最后那句呼吁的意义。在这运用“文本套文本”的双重结构所作的乐观与悲观的双重处理中，鲁迅显示出高度反讽意味。我认为这是这位现代作家天才的决定性的特色。

三

《狂人日记》之后，鲁迅经常试验新的技巧，将他的文章方式转化为

---

[1] 林毓生：《中国意识的危机》，第 26—27 页。

[2] 卡桑德拉（Cassandra），荷马史诗中 Troy 王 Priam 之女，能预知祸事。——译者

小说方式。

如果我们像鲁迅自己编集时那样将他的小说按时间顺序排列，就会注意到：写于五四运动高峰时期 1918 年至 1921 年间的最先九篇，表现了一种持续的创新力。《阿 Q 正传》好像是一次总结，在此之后，他的创新力就有些下降。1922 年所写的五篇：《端午节》《白光》《兔和猫》《鸭的喜剧》《社戏》，读来像散文而不像小说，当然最后一篇《社戏》作为抒情散文是绝妙的。以上十四篇均收入《呐喊》。1923 年他没有写小说，1924 年却写了四篇技巧极佳之作，即《祝福》《在酒楼上》《幸福的家庭》和《肥皂》。1925 年又写七篇，包括《长明灯》《高老夫子》《孤独者》《示众》和《离婚》。这十一篇均收入《彷徨》。

鲁迅写小说一共只二十五篇，数量可说并不多，但是值得注意的是，他一共只用了八年时间，就写成了这无与伦比的一批作品，而且在技巧上作了多样的试验。当然，他并非每次都成功。[1] 但是那些成功的篇章却深深证明了他的创造力。他能极具才华地把他的独创性的想法表现出来，能极巧妙地把他的思想或经验转为创造性的艺术。他说过自己在《呐喊》中比较注意吸收外国经验，在《彷徨》中才更好地形成了自己的小说风格。不过，为了追踪他从一个传统的文章家向现代小说家的逐渐转化，他早期的小说和后来成熟的作品是同样有意义的。正是在那些试验性的作品中，我们发现了他在试行新的视角或新的叙述方法时的独创才能。

仅仅把鲁迅各篇小说中的试验开列出来，就给人以十分深刻的印

---

[1] 夏志清在《中国现代小说史》中，给以好评的是九篇，但以为《一件小事》《头发的故事》《幸福的家庭》《孤独者》《伤逝》等篇是鲁迅的趣味“难于肯定”“流于感伤的教诲主义”的例证。

象。在《狂人日记》中他将日记形式转为几乎是超现实主义的文本，后来的各篇又进行了各不相同的试验，如人物描写（《孔乙己》和《明天》）、象征主义（《药》）、简短复述（《一件小事》）、持续独白（《头发的故事》）、集体的讽刺（《风波》）、自传体说明（《故乡》）、谐谑史诗（《阿Q正传》）。在后期更成熟的《彷徨》诸篇中，他又扩展了讽刺人物描写的反讽范围（《幸福的家庭》《肥皂》《高老夫子》《离婚》），也扩展了在那些较抒情的篇章中感情和心理撞击的分量（《祝福》《在酒楼上》《孤独者》）。此外，他还试验了对日记形式的更加反讽的处理（《伤逝》）和一种完全没有情节的群众场面的电影镜头式的描绘（《示众》），还有对某种非正常心理的表现（《长明灯》《弟兄》）。对于业已熟悉鲁迅小说的读者，我上面所列的种种技巧试验的名称只不过是一些简略的概括，还需要进一步作详细的评价。[1] 但由于这里只是对鲁迅小说方式作一般的谈论，我只能以自己的理解为基础来进行这样的艺术分类。

在探测鲁迅作为作家的“意图”时，有两篇文章是必须引用的。一是写于1933年的《我怎么做起小说来》，一是较早的《呐喊·自序》。在前一篇里，鲁迅重述了“五四”立场：

> 说到“为什么”做小说罢，我仍抱着十多年前的“启蒙主义”，以为必须是“为人生”，而且要改良这人生……所以我的取材，多采自病态社会的不幸的人们中。意思是在揭出病苦，引起疗救的注意。

这篇文章可能另有目的，从它的教诲口气看，似乎只是鲁迅事后对

[1] M. Doleželová-Velingerová 教授正在写一部从结构主义观点研究鲁迅小说的书。

自己思想立场的公开表态。其中典型的“文学为人生”的论述和当时许多作家普遍的感情并无不同。但《呐喊·自序》中那种严厉的自省却与此形成鲜明的对照：

> 我在年青时候也曾经做过许多梦，后来大半忘却了，但自己也并不以为可惜。所谓回忆者，虽说可以使人欢欣，有时也不免使人寂寞，使精神的丝缕还牵着已逝的寂寞的时光，又有什么意味呢，而我偏苦于不能全忘却，这不能全忘的一部分，到现在便成了《呐喊》的来由。（卷1，第415页）

可见，从个人的角度看，鲁迅的小说其实是一种自传体的形之于艺术写作的“对失落了的时间的求索”，目的在驱除仍在缠绕着他的那一部分往事。这样，他的小说也可以作为回忆文字《朝花夕拾》的虚构的对应物来读。当然，按照理想，也可以期望鲁迅把这公众的和私人内心的两方面的创作意图结合起来，也就是说，将自己过去的经历作艺术的安排，使之能够适应中华民族经验的更大的图画，以求对读者有更深刻的意义，[1]但是从大多数例子看，鲁迅小说实际上并不是艺术和道德的和谐，却透露出两者之间不同层次的不一致和难以解决的冲突。他神游了过去，但并没有获得多少心理的轻松，反而增多了烦恼和愤怒。在《呐喊》

[1] 这种安排在某些情况下可称为“追溯抒情”(retroactive lyricism)的技巧，是一种将召唤性的描述融合于道德认识的方法。在小说中回溯自己过去足迹的过程也是自己发现一系列道德教训的过程，鲁迅那些用第一人称作为主人公或叙述者的小说尤其是如此。黄金铭的论文《追溯的抒情：对鲁迅第一人称小说的研究》(*Retroactive Lyricism: A Study of Lu Hsün's First-Person Stories*)（未发表）和 T. D. Huters 的《雪中盛开的花》(*Blossoms in the Snow*)（《现代中国》，卷10，第1期）对此都做了研究。

中我们还可以看到由于响应《新青年》伙伴们的努力而作的乐观调子,到二十年代中期,他的战斗精神就已消失了许多。正如第二个集子的书名所显示的,他的情绪已转向“彷徨”,转向波动的怀疑和烦恼的哀伤,调子是辛辣而痛苦的反讽。

对于鲁迅这两种斗争着的冲动——公众的训诲主义和个人的抒情,只能这样解释:他的小说写作同时也是一种“灵魂探索”的过程.既是探索他的民族的灵魂,电是探索他自己的灵魂。本书第一章曾论述他最初对文学目的的看法,按照那些论述,可以说在《呐喊》诸篇中鲁迅是在揭示他的中国同胞的集体的精神的病,亦即国民性,这种探索在《阿Q正传》中得到了某种失望的结论。而在《彷徨》诸篇中鲁迅已开始转向自己的内心,解剖了那种似乎是无法解脱的偏重主观的失败的深处。按此观点,鲁迅小说的技巧可说既是现实主义的,也是“超现实主义”的。虽是立足于中国的现实,从自己的家乡环境中取得素材,但集中起来,却呈现出一位主观性极强的作者所说出的一个民族的寓言。表面上的布景和人物都是现实的,隐藏在后面的却是从一颗困恼的心中发出的内心的声音。正因为有许多难于解决的紧张和冲突,鲁迅运用技巧是极其有意识的,似乎意在掩饰真正的意图,结果,由于艺术的或心理的原因,他达到了“虚构小说”的真正成就。

从一种现实的基础开始,在他二十五篇小说的十四篇中,我们仿佛进入了一个以S城(显然就是绍兴)和鲁镇(他母亲的故乡)为中心的城镇世界。周作人在《鲁迅的故家》和《鲁迅小说里的人物》这两本书中,曾对这个他和他的兄长亲密地共同生活过的传统的世界作了许多可爱的描绘。后一本书在追踪鲁迅某些小说人物的现实生活原型方面尤有价值。从这两本书可以看出,小说中的许多人物都是周作人所知所闻的真人。著名的咸亨酒家显然也是以一家曾有的酒店为模型的,这个酒店仿佛也是那些小说的中心人物之一。曾有批评家认为鲁迅"不能从他家乡以外的经验中取创作素材",并以此诟病鲁迅。[1] 对此我们也可以做另一种解释,把这种情况看作鲁迅有意安排在他的艺术中的一种"局限"。他想在这家乡的世界里寄寓更深广的意义,在他早年的见闻中找出象征。因此,鲁迅对他家乡和家乡人物的兴趣显然是超越了他所熟悉的现实之上的。它们表明了更多的意愿。

许多鲁迅研究者都注意到,经过虚构以后的鲁迅故乡,已经不再是绍兴或鲁镇这个具体地方,而是中国农村社会的一个缩影了。在这里行动的,是一系列生动难忘的人物形象,既有个性,又有代表性。人们都知道,鲁迅很注意人物的外形描写,特别是他们的眼睛。他的人物形象的来源是复合的,"往往嘴在浙江,脸在北京,衣服在山西,是一个拼凑起来的角色"(卷 4,第 513 页)。许多中国研究者认为这就是"典型化",把鲁迅的人物看作是社会类型的体现,把这些人物的行动看作是所属整个一群人的典型行为。在将典型化和阶级分析加在一起时,这种解释就更带有政治思想性质了,这些人物之间的关系甚至被解释为反映了阶级对抗,鲁迅的小说也被说成是穷苦者被封建阶级压迫和剥削的一幅总的社会图画。[2]

鲁迅的吹捧者在过分强调他的"阶级性"的同时,也歪曲了他创作方法的真正倾向。其实,他在人物写作上参考了不同地区的人,只是说明

---

[1] 夏志清:《中国现代小说史》。

[2] "现实主义"和"典型化"是马克思主义和苏联文学批评传统中两个主要准则,对几乎所有中国的鲁迅小说研究都留下根深蒂固的印迹。例子数不胜数。因为这个问题和本书研究无关,所以不在此处列举。1979 年以后的研究已开始和这个潮流相反,强调他的创新和技巧方面了。

了他对“国民性”问题的强烈兴趣，这是十九世纪末“民族文学”传统之一，鲁迅或许是从勃兰兑斯书中受到这种影响。但是鲁迅并没有仅仅成为一个一般的现实主义传统的“民族作家”，据韩南和佛克马的研究，鲁迅的文学趣味中现实主义与自然主义是少于象征主义和“象征现实主义”的。特别是在早期，正如韩南所说，鲁迅“对安德列夫的象征主义，果戈理、显克微支和夏目漱石的讽刺与反讽的趣味，证明他是在寻找一种根本不同的方法。”❶

鲁迅刻画人物，在现实主义之中，往往有意地带着某种不协调，表现一种触目的、怪异的意象。形体的残缺，如一颗黑痣，一块伤疤，一条断腿，那么突出地描绘出来，似乎是内在病的外部标志。这是和鲁迅所说的创作目的一致的。即意在揭出社会的病，以引起疗救的注意。但是他心中所关注的病其实是精神上的。刻画人物时对形体细节的注意是为了揭示封闭在不正常的社会中的民族的精神弱点。为了阐明这点，可用《孔乙己》的例子来分析：

小说一开始是对咸亨酒家格局的详细描写。这里短衫顾客站在柜台外喝酒，长衫顾客在里边房子里坐着喝酒，是隔开的。看起来是在阶级之间画了一条线。但是主人公孔乙己却并不属于这条线的任何一边。他是一个难于区分阶级的混合形象，是站在外面喝酒的唯一的长衫顾客。最先介绍他时，说明他是一个“身材很高大，青白脸色，皱纹间时常夹些伤痕”的人，这是现实的细节描写，却带有某种暗示：此人从形体到精神都是一个屈辱的残废人。旧伤痕上不断添上新的伤痕，更使他的面部织成了一面被社会排斥者的耻辱标记之网。当他最后用手爬着到酒

❶ 韩南：《鲁迅小说的技巧》；佛克马：《俄国文学对鲁迅的影响》。

店来要求再喝一碗酒时，他的屈辱和被排斥（既被长衫顾客也被短衫顾客排斥）的过程也就全部完成了。

因此我认为，孔乙己这个人物非常像塞万提斯（Cervantes）的吉诃德先生（Don Quixote）或冈察洛夫（Goncharov）的奥勃洛莫夫（Oblomov）。这类人物体现了一种思想类型，他们的行为特征恰恰是某一历史转折时期一代人精神问题的缩影。孔乙己也像吉诃德一样，执着于当时已不再被珍视的过去的价值观，因此在咸亨酒店顾客的眼中是可怜的。连他的名字也有意思。姓的是孔夫子的孔，"乙己"则似乎含有儒家"克己复礼"的意思。但具有反讽意味的是：他既不能克己，也不能复礼。吉诃德尚有一个"他人"作为一种理想使他的行为具有一点意义，孔乙己却是连自己和"他人"都一并被剥夺了的。他对一些传统价值的依附和他的有些斯文人的行为习惯（如"窃书"和饮酒）支撑着他可怜的存在，但都不能使他略有高贵之处。因此，虽然那样受苦，孔乙己却不是英雄，而只是咸亨酒店长衫短衫顾客都鄙视的失败者。

如果说鲁迅的人物刻画是描绘现实和体现关键性思想的主要方法，那么，他的叙述艺术，也就是表现人物以及人物之间相互行为的方法，就应是他的技巧的最重要的方面了。应当说，鲁迅是中国文学史上有意识地发展小说叙述者复杂艺术的第一人。[1]《孔乙己》技巧之妙不仅在写

---

[1] 中国研究者对鲁迅技巧的注意中心多在人物刻画，西方研究者却极为注意（或许过分了些）他小说中叙述者的作用和叙述艺术。除前面提到的黄金铭和 Huters 的文章外。还可参阅莱尔（William Lyell）的《鲁迅的现实观》（*Lu Hsün's Vision of Reality*）和 Charles Alber 刊于《东西方文学》（*Literature East and West*）中的对此书的评论。另外。Marston Anderson 的《形式的道德性：鲁迅和中国现代小说》（*The Morality of Form：Lu Xun and the Modern Chinese Short Story*）一文从鲁迅小说的道德含义来考虑他的叙述技巧，他对"现实主义"的定义比我所作的较宽，较理论化。

出了主人公这一难忘的形象,还在设计了一个不可信赖的叙述者。故事是由咸亨酒店一个小伙计用某种嘲讽口气叙述的。这个人在叙述当时的情况时已经是一个成人了。当年他做小伙计的时候显然也和那些顾客一样,是鄙视孔乙己的。现在他作为成人回忆往事,岁月却并没有改变他的态度。通过这种间接的叙述层次,鲁迅进行着三重讽刺:对主人公孔乙己,对那一群嘲弃他的看客,也对那毫无感受力的代表看客们声音的叙述者。他们都显得同样可怜,同样缺乏真正衡量问题的意识。鲁迅叙述技巧的另一个好例子是《祝福》。叙述者是一个消极被动的、无感受力的知识分子。他被作者用来和主人公的痛苦相对比。这主人公是个不识字的农村妇女,她的不幸激起她提出了那个重大的人生存在的问题,但这个问题本应是作为知识分子的叙述者更应当关心的。鲁迅在这里又一次通过叙述的艺术形式说明了启蒙的重要。

鲁迅的叙述者扮演的角色和所起的作用各各不同。有全知的,也有深思反省的;有主观地移情于小说中人物的,也有客观婉曲的。通过这些叙述者,鲁迅使他的主人公(狂人、没落文人、愤世者、被迫害的农村妇女、无所作为的现代知识分子等)的感情和行为鲜明地浮现出来。特别是对那些消极的、不可信赖的叙述者的运用,更是标志着鲁迅已经独特地离开了中国传统小说的常规。这种叙述技巧给他的小说结构增加了反讽的广度,提供了构成对立视界以及从主观角度作说明的基础。

但是鲁迅小说中的主观性却绝不是自传式的忏悔录,两者决不能互相混淆。鲁迅小说中虽然用第一人称叙述者,却并不直接表示自己的意见,这在"五四"一代作家中是无与伦比的。他的小说约有三分之二用了第一人称,其中有两篇是主人公自述(《狂人日记》和《伤逝》),其他第一人称都是叙述者。正如韩南所指出的:"作为一个经常使用第一人称的作家，鲁迅极少表现自我。”[1]小说中的“我”不但不是作者自己，反而是作者拉开自己和读者对自己的联想之间的距离的有效方法。韩南说：“对鲁迅这样一位充满道德义愤和教诲激情的内心自觉的作家来说，反讽和超然是心理的和艺术的必要。”[2]这些话，当然是正确的。叙述方法使他能在某些未解决的人的冲突方面极致地使用曲笔，在需要时，可以用第一人称来说教，如《一件小事》，或用一种主观的忏悔录作反讽的批评，如《伤逝》。《伤逝》中的涓生在叙述他和子君失败的浪漫史时极为伤感，实际上却并不明白自己作为典型的“五四”浪漫知识分子失败的深度，作为小说世界中的一个视像，透露出一种特别的浅薄。小说中使用的那种强调涓生愚蠢的脆弱感情的语言，使这一切更加明显了。因此，借助于主观的叙述方式，这篇小说也是对“五四”典型浪漫小说的嘲笑。正是这种将自我置于反讽的位置，这种主观紧张与客观距离的结合，形成了鲁迅小说现代化的主要之点。

四

因此，可以这样概括：鲁迅小说的基本结构原则是两种本质的东西的精妙结合。一是人物刻画和叙述方式的结合，一是中心人物和叙述者（未进入故事或半进入故事的）的结合。这两种本质的东西之间的关系提供了情节的动力。鲁迅和茅盾不同，茅盾创作的是宏伟的全景画，其中巨大的社会力量和经济力量较之“剧中人”占有更大的比重。鲁迅则无意于此。他的注意力集中在戏剧的前景或内景。至于背景的细节，除

[1] 见韩南：《鲁迅小说的技巧》。

[2] 见韩南：《鲁迅小说的技巧》。

非和人物行动紧密相关，总是精简到最少量。[1] 按照短篇小说篇幅的要求，焦点常是放在某些关键场景或插曲的戏剧行动上，而不是讲一个长而复杂的故事。因此，有些研究者把鲁迅的小说看做某种“小说舞台”，它像中国旧戏的舞台，布景是象征主义而不是自然主义的，虚构的叙述者或暗含的作者像是导演，来回移动于时空以便推动戏剧行动并掌握观众的注意力。[2] 鲁迅小说舞台的所在地当然是故乡绍兴，著名的咸亨酒店则是许多“幕”的中心。

不过，在鲁迅的小说中，特别是那些创作自我中私人的、内省的方面较明显的小说中，象征的舞台也可以解释为一种内心的戏剧。在这些作品中，叙述者和主人公的行为以及他们之间的相互行为，代表着一种作者清理自己感情的“舞台方式”。例如《在酒楼上》就是一个戏剧场景，主人公和叙述者在这里进行了一场持续的对话。主人公述说的往事中包含着那么多的鲁迅的亲身经历，而叙述者移情的询问又恰恰是引出鲁迅内心的思想和回忆的一种方法。在某种意义上，两人都是鲁迅自我的投影。他们的对话，实际上是由作者安排的一次内心独白的戏剧虚构。佛利民(R. Freeman)在谈波德莱尔的散文诗时曾说：“诗人使自己超然于场景，他自己的一部分以象征的姿态扮演道德的焦点，另一部分则作为

---

[1] 普实克：《抒情诗与史诗》(*The Lyrical and the Epic*)，第 60—62、123—124 页。

[2] 鲁迅自己在《我怎么做起小说来》中也曾谈到“中国旧戏上，没有背景”的方法适宜于他写小说的目的。对这个问题较充分的论述，可参阅莱尔(William Lyell)的《鲁迅的短篇小说舞台》(*The Short Story Theater of Lu Hsün*)(1971 年芝加哥大学博士论文)和朱彤的《鲁迅创作的艺术技巧》第 54—55 页。朱彤指出了在《肥皂》和《高老夫子》中，鲁迅怎样通过人物在前后台行为的对比来进行讽刺。

一个观察者，在那个他正被吸引向场景的时间里保持超然。”[1]这句话非常适用于《在酒楼上》的情景。

这种说法对鲁迅的某些散文诗和回忆文字也适用。他的散文诗隐喻地运用了“叙述者和主人公的分裂”，《朝花夕拾》中的回忆文章则虽以事实为根据，是一位中年作家在回顾往事中那些难忘的片段，但这些自称是自传性的述说中仍有艺术虚构成分。在《父亲的病》和《从百草园到三味书屋》中，幼年的鲁迅实际上已是一个作者带着颇为愉悦的心情去看的虚构的主人公了。通过巧妙的情绪的唤起和事实的编织，鲁迅创作了一部虚构的自传，将自己的过去处理为绝妙的文字。当然，这处理并不是像写小说那样着意去做的。

佛利民曾将欧洲从二十世纪初以来的小说新潮的特点指为“抒情长篇小说”，认为它是“一种杂交的体裁，用长篇小说达到诗的功能”，在其中，“常见的场景变成一片意象的组织，人物显得是作者的自我”。[2] 在现代中国作家中，只有鲁迅和郁达夫接近于这个海塞、纪德、伍尔芙，甚至某种程度上的乔伊斯的现代派传统，虽然他们两人或许都还不大了解这些欧洲的同时代人。或许正是由于这种联系，普实克发现中国现代文学和欧洲现代文学之间存在着某种“汇聚”。他说：“鲁迅作品突出的回忆和抒情特色，不仅将他引向十九世纪现实主义的传统，而且引向了两次世界大战之间欧洲那些有明显抒情色彩的散文作家。”[3]普实克这种不无夸张的看法是因为他强调鲁迅继承了中国古诗中主导的抒情意味，因而在

[1] 佛利民(Ralph Freeman)：《抒情长篇小说)(*The Lyrical Novel*)，普林斯顿，1966年，第32页。

[2] 佛利民(Ralph Freeman)：《抒情长篇小说》(*The Lyrical Novel*)，普林斯顿，1966年，第1页。

[3] 普实克：《抒情诗与史诗》，第109页。

写作中注意情绪、意象、抒情意味、隐喻景象等方面，不惜忽略作为现实主义特点的情节、背景的细节描写、系统叙述等方面。在鲁迅的小说中，这种抒情性在《彷徨》诸篇，特别是《在酒楼上》《孤独者》《伤逝》中表现得最突出。散文诗集《野草》中这种抒情性又比在小说中浸润得更深。

五

鲁迅非现实主义技巧的最后一方面可称之为“象征叙述”。就是说，在这种叙述结构中，“现实”故事的因素只有和较高层次的象征寓意结合起来读才有意义。这在鲁迅的小说中只是次要笔调，主要代表作只有两篇：《狂人日记》和《药》。《长明灯》也可以归入此类。

《药》是鲁迅所写的最复杂的象征主义小说。小说的结构是错综复杂地编织起来的几条象征之流。这几条象征之流合在一起，在一个似乎是现实主义的情节布局中述说一个寓意的故事，并最后汇集为一个有力的，但极为含混的结尾。从表面看，这只是关于一对乡愚老夫妇为病重的儿子求药的故事。只是这“药”很特别，是一个蘸了刚被处死的革命者之血的馒头。本来，人血可以治痨病的迷信在《狂人日记》里就已经提到过，现在鲁迅又利用这迷信行为作为象征结构的基础。那对老夫妇姓华，“华”是中国古称“华夏”的一半。他们的儿子（也是中国的儿子）病了，必须用革命者的血来治疗，这革命者恰恰又姓“夏”。这样，这两个作为象征的姓氏就表明了两个青年正是一对，为了一个“中国之子”使另一个“中国之子”无益地牺牲了生命。但是在小说的现实层次上，这一象征意义却是小说中的人物无法理解的。当华家的儿子用手撮起这个馒头看的时候，他“似乎拿着自己的性命一样，心里说不出的奇怪”。但是他那吃人的饥饿很快就驱除了心里这似乎明白的一闪,“不多功夫,已经全在肚里了,却全忘了什么味”。小说结束在两个母亲在坟前哀悼自己儿子的情节,那坟的形象也像馒头一样。就这样,通过微妙的象征的传达,鲁迅透露出内心深刻的悲观:烈士的革命目的在“典型的”中国人中已经完全失落了。

华小栓之死看来是不可避免的,由于父母的无知,使他成为迷信的受害者。夏志清认为:“从政治思想的层次说,华小栓之死象征着封建制度之死,在革命变革中不可能再生。”[1]但这里或许还有更震动人心的意思,就是:夏瑜之死象征着革命变革本身的失败。革命者本人是否也知道自己的血是白白牺牲的呢?小说中的康大叔复述夏瑜的行为时,曾说过他好像疯了,在狱中甚至对虐待他的狱卒表示“可怜”。但是这最后的怜悯表示却没有被他的同胞们注意。在小说的象征框架中,它提供了一个关于牺牲意义的重要线索:在肉体受虐待的高度痛苦中怜悯别人,显然是从基督受难的例子所得的启发。后来在散文诗《复仇之二》中,鲁迅曾进一步运用了这个题材。《药》中的革命者也如基督一样,正因为自己无知的同胞不理解自己,虐待自己,所以怜悯他们。这革命者死了。看来,他对自己从容就义之并无效果是充分了解的。他知道自己为之牺牲生命的同胞们并不能掌握这件事情的真正意义。但是这革命者又和基督不同,他不能依靠那更高的权威——神,不能凭借任何超现实的来源解决终极意义的问题。这也是鲁迅人道主义的最后悲剧。

在小说最后一场,两个母亲在坟场相遇时,这个关于牺牲意义的问题又一次被提出来了,而且似乎也以某种方式解答了。这著名的、并且

---

[1] 夏志清:《中国现代小说史》,第 34 页。

有极浓重象征意味的场景,引起了许多解释和争论。[1] 当然,最后一个场景中确实有一些表示希望的笔触(否则那气氛就太阴沉了)。首先,华、夏两家儿子的坟是并排堆着的,表明那血已经给予了两个死者以密切的兄弟关系。虽然中间还隔着一条作为社会习俗标志的小路,但两位忧伤的母亲毕竟还可以交流人类共有的苦恼。其次,夏瑜坟上出现了花环,这是鲁迅为响应他《新青年》的同事们的乐观精神而加上的曲笔。但是,发现这个花环的烈士母亲却是从世俗迷信的角度去理解它的。

> "瑜儿,他们都冤枉了你,你还是忘不了,伤心不过,今天特意显点灵,要我知道么?"他四面一看,只见一只乌鸦,站在一株没有叶的树上,便接着说,"我都知道了。——瑜儿,可怜他们坑了你,他们将来总有报应,天都知道;你闭了眼睛就是了。——你如果真在这里,听到我的话,——便教这乌鸦飞上你的坟顶,给我看罢。"(卷1,第448页)

这位母亲是按照习惯的迷信想法,祈求上天对她儿子不公正的处死给以报应。这时,乌鸦的动作成了关键的象征信号。但是,它却只是"在笔直的树枝间,缩着头,铁铸一般站着"。而当两位母亲终于慢慢离去时,它却又在后面"哑"地大叫一声,"直向着远处的天空,箭也似的飞去了"。

这最后的一飞是意味着希望还是失望?按传统迷信,乌鸦当然是恶

---

[1] 多数研究者把这一场景当作革命希望的表现。李希凡最近出版的《〈呐喊〉〈彷徨〉的思想与艺术》一书中也仍然坚持这种观点,认为按中国传统习惯,乌鸦本是和猫头鹰一样不祥的鸟,但在鲁迅笔下,这只乌鸦却是用来表达革命的呐喊的(第344页)。M. D. 维林吉诺娃从不同的角度("活力对立的结构原则"角度)也得出同样积极的结论(见《五四时期的中国现代文学》中维林吉诺娃关于《药》的论文)。

兆。它没按照烈士母亲所要求的那样行动,也可以说是否定了迷信,并不构成那个传统的恶兆。另方面,这“直向着远处的天空”的一飞是否一定暗示革命的希望呢?据我看,“是”或“否”这两种答案都是对鲁迅含糊的结尾艺术的简单化。事实上,人们可以从各个角度来看这个场景。但是乌鸦的意象却把人提到一种宇宙的高度,并且引入一种道家的反讽意味,即所谓“天地不仁”。用这样的尺度衡量,某一个人的痛苦和牺牲在这世界上终究是没有什么意义的。也可以说,这乌鸦并不顾及任何想从它那里得到轻易的解答和安慰的人们(也包括那些渴望得到政治思想方面的解答的读者)的愿望,而自顾自地飞去了。作者赋予乌鸦的含义,我以为是完全不确定的,不过,它显然排除了加在结尾的那个花环所带来的世俗的乐观。

因此,在“抽象”层次上,人们可以说鲁迅似乎是在做另一种精神探索。像《药》这样一些小说,因为其中含有多重意义,所以比其他的要“隐晦”一些。

关于鲁迅小说的现实主义、政治思想、讽刺等诸方面,已经有许多研究者做了极多的阐释。[1] 因此,留给我的,只有从寓意方面的研究来寻求组成它的精神结构的类型学。这就是说:研究在鲁迅小说中常出现的那些由某些隐喻或抽象主题所组成的关系的结构。它们也可以叫做鲁迅“在哲学上的专注”,存在于他通过艺术对自己、对社会的思想探索的内在核心。

---

[1] 在这些研究中,中国大多数研究的特点是庸俗现实主义和政治思想方面的研究。在西方,夏志清和韩南是两位大师,他们分别分析了鲁迅小说的讽刺与反讽方面。另一位较年轻的研究者安德逊(Marston Anderson)又从现实主义的新的理论角度作了很有见解的分析。我从他们的著作中获益颇多,但不想完全重复他们的劳动。因此,在下一章我想增添另一方面,以指出鲁迅艺术的丰富和复杂,以求在鲁迅研究中另辟一蹊径。

第四章　短篇小说之二:“独异个人”和“庸众”

《狂人日记》发表数月以后,在《随感录三十八》上,有一段很能说明鲁迅思想的话:

> 中国人向来有点自大。——只可惜没有“个人的自大”,都是“合群的爱国的自大”。这便是文化竞争失败之后,不能再见振拔改进的原因。(卷1,第311页)

按照鲁迅自己的解释,这种“个人的自大”,“就是独异,是对庸众宣战”。“独异”的人大抵有“几分天才,几分狂气”。

> 他们必定自己觉得思想见识高出庸众之上,又为庸众所不懂,所以愤世嫉俗,渐渐变成厌世家,或“国民之敌”。但一切新思想,多从他们出来,政治上宗教上道德上的改革,也从他们发端。

至于“合群的爱国的自大”则相反,“是党同伐异,是对少数的天才宣战”。

> 他们自己毫无特别才能，可以夸示于人，所以把这国拿来做个影子；他们把国里的习惯制度抬得很高，赞美的了不得；他们的国粹，既然这样有荣光，他们自然也有荣光了！倘若遇见攻击，他们也不必自去应战，因为这种蹲在影子里张目摇舌的人，数目极多，只须用 mob 的长技，一阵乱噪，便可制胜。（同上）

人们可以从这一段话里读出对赞美“国粹”的保守思想的批评，但是在这里还不仅是流行于“五四”时期的一般反传统思想，即把“独异个人”和“庸众”并置。值得注意的是，中国人说“众”，往往称“群众”，当然有革命的含义。鲁迅这里说的却是“庸众”，抽象地或具体地说，都不是革命的。❶

这一哲学思想也见于鲁迅的小说，是他小说原型形态之一。事实上，“独异个人”和“庸众”正是鲁迅小说中经常出现的两种形象。我们完全可以为他们建立一个“谱系”(genealogy)，从而寻找出在鲁迅小说叙述的表层下面的“内在内容”。这样读出的作品意义虽然有异于人们常做的对鲁迅小说的肯定，它们却可能更真实地表现出作为创造性的作家鲁迅特点的某些侧面。

二

要认识鲁迅将“独异个人”与“庸众”并置的这一原型形态，必须上溯

---

❶ 关于鲁迅对个人和群众的看法，近来仍有相当教条的看法。参见张琢：《鲁迅哲学思想研究》(武汉，1981 年)，第 159—176 页。

到他 1907 年的一些著作。在《摩罗诗力说》里,鲁迅歌颂了一批西方的“精神界之战士”,他们以孤独的个人的身份,与社会上的陈腐庸俗作斗争,并在这斗争中证明自己的声音是形成历史的先觉的声音。在《文化偏至论》中,鲁迅提出要以反“物质”和“众数”来推动“文化偏至”的钟摆,那些推动者也正是少数孤独的“精神界之战士”。这些文章的中心主题是强调这些独异个人的预兆的重要性以及他们反对旧习的知识的力量。其中闪耀着鲁迅青年时期的理想主义,它给西方历史的这一方面投上了积极的光彩。鲁迅相信他所说的这些独异的个人有力量把历史拉向自己方面,并且事实上已经胜利地改变了历史的行程。或许鲁迅自己也想效法这些人,通过文学活动让中国读者听到与拜伦、雪莱、普希金、裴多菲等人相似的声音,引起改革的思想。

《狂人日记》中的“狂人”,是鲁迅小说中“摩罗诗人”们的第一个直接后代。但是故事讲述的方式却使我们难于肯定这位叛逆者和“精神界之战士”的思想见解可能被他的听众所接受,因为在小说中它是只被视为精神病人的狂乱呓语的。“狂人”的见解越是卓越超群,在别人的眼中便越是显得狂乱,他从而也越是遭到冷遇并被迫害所包围。因此,“狂人”批判意识的才能,并不能使自己真正从吃人主义的庸众掌握中解放出来,相反,只是使他在明白了自己也曾参加吃人、现在又将轮到自己被吃以后而更加痛苦。这篇小说的外在的意义是思想必须启蒙,但结论却是悲剧性的。这结论就是:个人越是清醒,他的行动和言论越是会受限制,他也越是不能对庸众施加影响来改变他们的思想。事实上,“狂人”的清醒反而成了对他存在的诅咒,注定他要处于一种被疏远的状态中,被那些他想转变其思想的人们所拒绝。

这篇小说主要的篇幅是“狂人”的日记,但前面还有一则引言,说明这位“狂人”现在已经治愈了他的狂病并且赴某地“候补”去了。这就说明他已经回到了“正常”状态，也已经失去了原来那种独特的思想家的清醒。引言中既由暗含的作者提供了这种“团圆结局”，事实上也就指出了另一个暗含的主题，即“失败”。“日记”的最后一句“救救孩子”是试图走出这个死胡同的一条路。但是这一呼吁是由病中的“狂人”发出的，现在这人既已治愈，就连这句话的力量也减弱了。这本身就是一个复杂的反讽。小说的真正结尾其实并不是“救救孩子”，而在那后面的向读者表示不完全之意的几个虚点——“……”。

在《药》里，“独异个人”的主题更是小说的内核。从华老栓在神秘的暗夜中买馒头开始，到天亮后茶馆开门、茶客们进馆喝茶闲谈，直到康大叔走进茶馆点出华老栓买的是蘸了刚被处死的革命者的血的馒头，是用来给小栓治痨病的时候为止，在小说前台活动的都是“庸众”；那孤独的烈士则始终被置于后台。他的痛苦是人们所不知道的，只能从康大叔的三言两语中加以推测。但小说的叙述却加强了烈士和人民（他为他们牺牲了生命）之间的隔绝不通的关系的反讽意义。甚至他对虐待者表示怜悯和原谅的话，也不能被人们所理解，被认为“简直是发了疯”。或许人们认为他连“狂人”也不如。

这篇小说还有另一层悲剧意义：烈士被庸众所疏远和虐待，成为孤独者；但这孤独者却只能从拯救庸众、甚至为他们牺牲中，才能获得自己生存的意义，而他得到的回报，又只能是被他想拯救的那些人们关进监狱、剥夺权利、殴打甚至杀戮。他们看着他死去，然后卖他的血和买他的血去“治病”。

如果说这两篇小说中的孤独者体现的是鲁迅所说的“个人的自大”，那么，那些疏远孤独者并为孤独者所疏远的人们体现的就是“合群的自

大”。这是深植于鲁迅之心的对他的国人的双重情绪的艺术表现。在1923年的一次讲演中,鲁迅还有一段对中国群众的描写:

> 群众,——尤其是中国的,——永远是戏剧的看客。牺牲上场,如果显得慷慨,他们就看了悲壮剧;如果显得觳觫,他们就看了滑稽剧。北京的羊肉铺前常有几个人张着嘴看剥羊,仿佛颇愉快,人的牺牲能给予他们的益处,也不过如此。而况事后走不几步,他们并这一点愉快也就忘却了。
>
> 对于这样的群众没有法,只好使他们无戏可看倒是疗救……(卷1,第163页)

这段话表现了鲁迅对群众行为的描写中某些常见的特点:这些群众往往是些松散地聚集起来的“看客”,他们需要一个牺牲者作为娱乐的中心,这很自然地使我们联想起了那张著名的幻灯片。这些“看客”不仅是消极被动的,而且有着残暴的恶癖。这段话里所写的人们“看剥羊”时的那种关注的神态就暗示了这一点。

二

鲁迅小说里被“看”的牺牲者有两种,一种就是上述的“独异个人”,另一种却是庸众中之一员。这人由于某种情况被置于舞台中心,处于与其他庸众相对立的孤独者地位。作者似乎是以此来探测庸众的反应。在写这两类孤独者与庸众的关系时,鲁迅的态度有所不同,在写前一种时,距离较短而有更多的抒情性,这些作品除极少数外,往往写于他本人的情绪处于低潮时;在写后一种时,他着重表现庸众,常用他的叙述技巧来造成反讽的距离。

孔乙己就是一个庸众中之一员的牺牲者。他和"狂人"正相反。"狂人"思想超前于现实,孔乙己却落后于现实。他实际上已被抛进了下等人之中,却还自以为是长衫阶层的上等人。长衫的上等人又揶揄嘲弄他。甚至在他被打断了腿只能在地下爬行时,也还得不到同情,因为庸众正是以他的痛苦为代价来取乐的。在小说结束处叙述者说到酒店掌柜已好久不提孔乙己的欠账时,这个酒店小伙计可能已经长大了,但他也只说了一句:"我到现在终于没有见——大约孔乙己的确死了。"语气是那么平淡麻木,毫无同情。这既说明孔乙己的彻底失败,又说明叙述者的不觉悟状态。作为正在回忆一个受害者的成年人,他仍然只是庸众中之一员。

《明天》的女主人公单四嫂子是另一例。她是个粗笨女人,是庸众中的一员。在她死了唯一的儿子后,她似乎成了镇上人们关心的对象,所遇见的人也都多少给了些帮助(蓝皮阿五当然也还有性感的因素在内),然而他们的言语和行为也只是更加深了她的孤独。但是在埋葬宝儿时,她因过于悲痛,不肯死心塌地盖上棺木,邻居们就"等得不耐烦,气愤愤的跑上前,一把拖开她"。小说中把单四嫂子的家和咸亨酒店这两座仅有的"深更半夜没有睡"的房子相并置,写了这一边的单四嫂子的思想和那一边的酒客们的表现。由此可以看到:单四嫂子的不幸实际上已把她在群众中孤立起来了,并没有人真正关心她。

庸众中的成员之一被他的同类迫害成为孤独者的主题在《祝福》中达到高峰。主人公祥林嫂是单四嫂子更丰富的发展。她也是个寡妇,而且是两次嫁人又守寡,"败坏了风俗",所以是双重的不祥之人。她也死了儿子,而且死得更惨。对于一个普通农村妇女来说,这不幸本来已经够沉重的了,但社会还要因这不幸而附加给她更多的痛苦,使她在迫害中一步步走向死亡。

小说中细致描绘的情节很清楚地说明了祥林嫂之被排斥是来自全镇的人,既有上层阶级的士绅,也有普通群众。在她述说儿子惨死的不幸时,人们最初的反应似乎是同情,但他们的同情之泪和咸亨酒店中对孔乙己的嘲笑并没有什么不同,都是以别人的痛苦为代价来求得自己廉价的宣泄。而且,鲁迅以圆熟的技巧显示出,虽然孩子死得很惨,听众们在多次重复以后也变得厌倦了(虽然在小说中这个故事只重复了两次)。他们的视线于是又转向另一件令人感兴趣的东西,那就是她头上的伤疤。因为这伤疤是她不能守节到底,最后还是屈从了第二个丈夫肉欲要求的证明。于是,人们用讥讽和戏弄代替了怜悯。再加上迷信死后要被阎王锯开身子分给两个丈夫的恐惧,还加上虽然捐了门槛让万人践踏仍不能赎罪的感觉,就这样,祥林嫂在众人的排斥和践踏下彻底孤立,终于死去了。恰恰死在新年,成了“祝福”的第一个祭品。

祥林嫂可能是鲁迅小说中最不幸的一个孤独者,但她并不具有鲁迅所说的“个人的自大”。她没有独见,受迫害却并不真知迫害她的群众之残酷。她一再回到那个冷遇她的镇子里,既是因为无处可去,无以为生,也是因为她希望成为群众中之一员。直到她已失去一切,并被逼迫到近于疯狂时,才开始想寻求当前现实以外的精神上的安慰。她向“我”提出的问题虽然是从迷信出发的,却有一种奇怪的思想深度的音响,因为这是以和作为知识者的“我”的对话形式出现的:

“一个人死了以后,究竟有没有魂灵的?”

“也许有罢，——我想。”我于是吞吞吐吐的说。

“那么，也就有地狱了？”

“阿！地狱？”我很吃惊，只得支吾着，“地狱？——论理，就该也有。——然而也未必，……谁来管这等事……。”

“那么，死掉的一家的人，都能见面的？”

祥林嫂的问题是从她想和死去的儿子重聚而激发出来的。尽管如此，仍然和“我”的模棱的、空洞的回答形成惊人的对比，因为作为知识者的“我”本是更有可能去思索生死的意义的。小说在集中注意于祥林嫂的痛苦的同时，也反映了作为知识者的叙述者的致命弱点，写他不带感情也不愿深思。这位知识者奇怪地处在和其他小说相反的地位。他与庸众并无区别，也是一个消极的“看客”。

《祝福》是鲁迅小说中最强烈的悲剧描写的作品之一。他的另一些讽刺小说却比较温和、轻松和富喜剧性。这类小说中没有造成孤独者和群众紧张相遇的场景，却围绕一个人物或一批人物构建情节，从而显示他们可笑的特色，当然，其中仍有反讽的锋芒。这类小说中往往不存在任何与故事有关或无关的叙述者，只有一个采取外在的观察者视角的暗含的作者。这样，小说中那些好奇的“看客”本身，也就在被这暗含的作者所“看”。《风波》和《离婚》都是典型的例子。在《风波》里，在谣传清廷即将复辟的背景下，没有辫子的航船七斤和他的因恐惧而争吵的一家被放在场景中心，从村人们的种种反应中显示了他们的特色，总起来说就是愚昧无知。

《离婚》可能是《风波》基础上的发展。这里有一位更成熟了的七斤，叫做“七大人”，他出来干涉一个村妇的离婚纠纷。

离婚的当事人爱姑被放在场景的中心,似乎鲁迅是想用一个与所有在场的人对立的人物来看那些庸众的反应。因此爱姑又是一个反映者,用她的纯朴无知衬托那些在场的大人物们的装腔作势和伪善。

可以归入这一类的讽刺小说还有《肥皂》《幸福的家庭》和《高老夫子》。这些小说的中心人物较少纯朴,但是比爱姑更可笑。在运用了韩南所说的“用似乎是抬高的手法而贬低人物”的技巧[1]。鲁迅表现了这些人物的虚伪与愚蠢。例如:《肥皂》中那个伪善者对一位贫女的奇怪的关注;《幸福的家庭》中那位想做作家的人愚蠢的小说构思;《高老夫子》中那位女校老师的妄摆花架子。但是,这些人虽是小说叙述结构中的中心人物,却完全没有真正的意识,迥异于鲁迅所说的“独异个人”。他们甚至根本不知道自己的缺点,也不愿承认它。例如四铭,他就并不明白自己突然想到要买一块肥皂的真实动机。这里也反映了庸众在自我反映上的无能。

作为庸众之一员的孤独者与庸众对立的这种原型形态,在《阿Q正传》中得到最成熟的处理,也可说是一次思想上的总结。

阿Q当然不是一个随意地、偶然地写出的农村人。据《〈阿Q正传〉的成因》,鲁迅在写这篇作品的前几年,心里就已经有了这个人物的影像。在小说前面,也如《狂人日记》一样,有一篇精心写的引言,暗含的作者不厌其烦地在其中说明他为什么不能确定阿Q的姓,又为什么也不能确定他的名字,等等。又据周作人说:Q字像是一个无特点的脸后面加一根小辫,这正是鲁迅用这个字来命名的用意。由此可见,从文义和字形两方面,阿Q都是一个中国农村中的“普通一人”,是鲁迅当做国民

[1] 韩南:《鲁迅小说的技巧》。

性代表的一个复合的人物，也是鲁迅创造的人物中最缺乏思维能力的“典型”。

小说的反讽结构很像是对显克微支的《炭画》和《巴特克的胜利》的模仿，因为它是对中国旧式传统传记的嘲笑。在一篇长序以后，通过正文的五个章节中所写的许多生活琐事表现出阿Q的复合性格。这些事都不够作者所谓的入传“行状”的资格，无非是吃、住、干活、性欲等动物本能，也就是他生存在这他并不了解的环境中的生活方式。由此而表现出的阿Q的性格，正如许多研究者所指出的是：怯懦、贪心、无知、无骨气、骑墙、欺软怕硬，以及著名的“精神胜利法”。❶

很清楚，阿Q也就是鲁迅所看到的那个幻灯片中被杀者的肉身，是一个没有内心自我的身体，一个概括的庸众的形象。他的灵魂恰恰就是缺少灵魂，缺少自我意识。作者选择了这个小人物的无意义的生活，纳

---

❶ 在某些研究中，把马克思主义观点的“典型”庸俗化了。把阿Q看做中国农村无产阶级的代表，因而是“革命的”(基于同样的思想方式他们也认为“狂人”是反封建战士)。但如果这样理解，就无法解释何其芳等人提出的问题了：“既如此，阿Q为什么这样卑鄙呢?”早期有一种看法是说阿Q的思想悲剧来自辛亥革命的性质(见王西彦《论阿Q和他的悲剧》)；另一种看法是阿Q因被上层阶级压迫，也从上层阶级学坏了。因此，“阿Q主义”是所有各阶级共有的(见冯雪峰《论〈阿Q正传〉》和朱彤《鲁迅创作的艺术技巧》第160—170页)。在近期的关于“国民性”的讨论中，这种僵化的阶级分析法又更精炼了。有人认为阿Q的“精神胜利法”只属于“国民性”，而。国民性”和“人民性”是有区别的(见《鲁迅“国民性思想”讨论集》中李何林等人的文章和林非《鲁迅小说论稿》第110－130页)。再一种是苏雪林的非马克思主义观点，他认为阿Q的“奴隶化”是外国长期侵略所致(《见苏雪林《〈阿Q正传〉及鲁迅创作的艺术》)。但在许多研究中却极少有人抓住了鲁迅关于阿Q这个人物本身真正的“精神”反讽观念，即：中国人的集体的灵魂即“无灵魂”。而这一点，鲁迅本人在《俄文译本〈阿Q正传〉序》中即已提及，他说：“我虽已经试做，但终于自己还不能很有把握，我是否能够写出一个现代的我们国人的灵魂来。”

入一个滑稽的史诗结构,在最后四章更将他投入革命的骚动中,并必然地成了这骚动的牺牲品。在“大团圆”一章里,写到阿Q作为一个孤独的受害者被一群兴高采烈嬉笑着的庸众围观时,有一刹那,脑子里忽然像旋风似的回旋着真正的“思想”了,他对那些“又钝又锋利”“连成一气,已经在那里咬他的灵魂”的眼睛感到害怕了。他想喊“救命”,这是“狂人”对吃人社会的呐喊在阿Q耳中微弱的反响。但是已经太迟了,阿Q终于没有喊出声来,在他开始可能明白自己是庸众的牺牲祭品时,他已被枪毙了。

鲁迅有一次曾说他之所以枪毙了阿Q是因为应付报纸的连载已经厌倦了。这或许是戏言,像鲁迅这样有心的艺术家是不会把一个在心中酝酿了很久的小说随意地断然结束的。他这样做,肯定是经过了细心的安排。一方面是以此讽刺传统小说中的“大团圆”结局的俗套,另一方面,也为了戏剧化地传达出自己的思想。从较明显的层次看,小说回答了他早在日本就提出了的问题:中国国民性中最缺乏的是什么?阿Q消极方面的特点综合起来是“奴隶性”。据许寿裳说,鲁迅认为这是因为中国人曾两次被野蛮的异族(元代和清代)所奴役和迫害。许寿裳的回忆中还说,这种奴隶性缺少两种根本的道德因素:诚和爱。但这篇小说对庸众的象征的表现却似乎更深刻。阿Q的命运似乎说明:这在历史上被奴役被迫害的中国群众,也是非常善于奴役和迫害自己的同类的。

我在这里对《阿Q正传》说得比较多,不仅因为它是鲁迅小说中篇幅最长的,也因为它标志着鲁迅用小说探索国民性的某种结束。在这次概括性的处理以后,鲁迅在其他小说中便只选取国民性中的某一两点来讽刺,如《肥皂》《高老夫子》和《离婚》。只是最后,在最独特的一篇《示众》中,才有了又一次的对庸众“看客”的集体的描写。《示众》几乎是《阿

Q正传》中示众场面的重复，只是写得更细致。或许是因为这时鲁迅对自己技巧的圆熟已经更有把握，特地要向自己挑战并超越自己。《示众》完全舍弃了情节和心理分析，写的只是外部的表面现象，是鲁迅“白描”技巧的光辉典范。“看客”形形色色，有小贩、学生、怀抱婴儿的女人、儿童、警察，各以自己的怪异形象被摄入特写镜头。有意的表面形象的描写恰恰反映了这些人内心的空虚。他们似乎并不注意那示众的犯人究竟犯了什么罪，却只是在“观景”。当他们再看不见会有什么新鲜事发生时，就失去兴趣，走开去看一个跌了一跤的洋车夫去了。这是对中国庸众的典型叙述，它再次使我们回想起鲁迅著名的关于庸众观看剥羊的比喻。

三

当小说中的孤独者不是庸众中之一员而是真正的“独异个人”时，情况就不同了。鲁迅的这些小说较少用反讽的、造成距离的技巧，却加入了较多的抒情。在写“个人”与“庸众”之间的关系时，在《呐喊》和《彷徨》中似乎也有区别。在《呐喊》中，往往是将两者并置创造出一种戏剧性的紧张局面，《彷徨》中虽然也还有这种情况，更多的却是分别地探寻那孤独者的命运和庸众的行为。小说中对孤独者的态度也是有变化的。早期作品中那尖锐的、挑战的狂人和烈士逐渐为痛苦的愤世者、中年的往事追忆者，以及失去了往昔的自信、失望而伤感的厌世者所替代。这些不同的画像似乎反映了他的情绪，从“呐喊”日益走向了“彷徨”。

“独异个人”变化的迹象在1920年写的《头发的故事》里就已初见端倪了。这篇小说发表于1920年的“双十节”。这个纪念辛亥革命的“国庆日"似乎只是引起鲁迅的极端反感，他把对国民党的厌恶从杂文移到小说中来了。小说读来也很像杂文，只不过用了一种未进入故事的叙述者来转达主人公"独白"的小说形式。小说的主人公 N 先生看来是一位幸存的革命知识分子[1]，《药》中烈士的同时代人。但是在所谓"国庆"的节日里，他的感想已不是重新肯定当年的革命理想，相反，却透露出复杂的失望。事实上，N 先生已经失去了"狂人"那种向现实抗议和向人们提出警告的热情，变成了一个上了年纪的愤世者了。在他长篇议论的最后，他竟"越说越离奇"，引用阿尔志跋绥夫的话向人们提问："你们将黄金时代的出现豫约给这些人们的子孙了，但有什么给这些人们自己呢？"这话，和"狂人"最后呼吁的态度正相反，N 先生是一位向过去的告别者，他不相信任何对于未来的许诺。

在 N 先生身上使人还能感到的热情只是对那些已经死去的先驱（较早一代的孤独者）的怀念。但那是怎样的怀念啊："他们都在社会的冷笑恶骂迫害倾陷里过了一生；现在他们的坟墓也早在忘却里渐渐平塌下去了。我不堪纪念这些事。"这确已不是"纪念"，而是对往日所作的努力无效的悼词了——这正是一切愤世者的特征。读了这些话，我们会自然地想起《药》中所描写的烈士之坟，不仅坟上的花环早已不在，就是那坟本身大约也"早在忘却里渐渐平塌下去了"吧。我们也会想起鲁迅在《呐喊・自序》里所说的："所谓回忆者，虽说可以使人欢欣，有时也不免使人寂寞。"在他那些用抒情的调子和回忆方式所作的对孤独者的描绘中，便透露出这种牵萦着他内心的沉重的寂寞。

---

[1] 我下面的议论有异于中国研究者们经常争论的所谓"知识分子形象问题"。我这里说的"孤独者"指的是一种知识分子的特殊类型，他们的"谱系"只能在鲁迅的小说中见到。我不追索他们的阶级背景或对他们做思想价值的判断。

这类小说共有三篇:《故乡》《在酒楼上》和《孤独者》,都是写叙述者回到家乡,遇见故人触发回忆的。那种怀旧的、往往是痛苦的、关于叙述者和主人公共有的对过去回忆的倾诉,是这几篇小说情节的中心。

在《故乡》里,叙述者遇到的故人是儿时的玩伴闰土。记忆中的这个闰土是个天神一样的小英雄,曾将儿时的叙述者引进一个非常简朴明净的农村生活的欢乐之中。一提闰土的名字,叙述者脑中立刻闪出一幅神奇的图画,那深蓝色的天空,金黄的圆月,一望无际的碧绿的海边瓜地,以及那个项戴银圈手捏钢叉,"向一匹猹尽力刺去"的少年闰土本身。这样神美的田园风光,是鲁迅所有对往事的描写中最诱人想象的了。但是,当现实的、已经成人的闰土一出现,色彩鲜明的幻景就立即被打成碎片,转为暗淡的现实了。记忆中的小英雄变成了呆钝的人、农村环境的受害者、典型的庸众中之一员。这现象似乎是在冷静地提醒:和现实相对的往昔不过是一种幻觉。叙述者的疏远感不仅来自自己和闰土的社会地位不同,也来自时间和记忆的反讽。环境或许并没有多少改变,改变了的其实是叙述者自己的感知。小说的后半部分是叙述者本人的思索:他看到今日的闰土已经陷入一个世界,这世界是自己所不能进入的,他也无法使这个旧日友人从中解脱出来。叙述者虽在苦苦思索,但人们从这苦思中已看不到"狂人"那改变这世界的激情。这个叙述者的疏远感和"狂人"的疏远感有质的区别,因为他虽移情于像闰土这类人,却已感到无力去采取什么行动。其结果是压抑感:"我只觉得四面有看不见的高墙,将我隔成孤身,使我非常气闷。"

在小说结束时,叙述者勉强将希望寄托于下一代:"他们应该有新的生活。"同时,又写出了"路是人走出来的"的名句。这句话曾被许多人引用，认为是鲁迅有肯定的信念的证据。[1] 但是整篇小说的情绪（以及鲁迅后来诸作品的情绪）是失望的，对比来看，总觉得对"路"的形象的那种积极的解释有些勉强。这是"救救孩子"的呼吁的重复，却缺少"狂人"作这呼吁时的思想上的信心。

《在酒楼上》写于《故乡》后三年。这里的叙述者遇见的故人不同于闰土，是一个和他自己非常相似的人。他们过去是同窗同事，都是激进的理想主义者，现在又都减退了过去的雄心。叙述者引出了主人公吕纬甫的独白，他所倾诉的似乎正是这两个孤独者的共同的经验。周作人曾设想吕纬甫是鲁迅本人和范爱农的综合形象，吕纬甫所说为他弟弟迁葬的事也和鲁迅的经历相似。这种个人因素使这篇小说更给人以在其他反讽作品中不常有的亲切感。当然，它不是作者的自传性回忆，相反，却表现了一种独特的小说结构，其中对往事的重述变成了叙述者和主人公双方对生活意义的内心探索。

这篇小说与《故乡》前后呼应，似乎是前一篇当中的一个情节。吕纬甫甚至说道："前年，我回来接我母亲的时候，长富正在家……"他和《故乡》中的叙述者一样，都是为了母亲的缘故回到故乡，并因此遇到故人。吕纬甫谈到他在长富家里吃荞麦面以及这次带着剪绒花去访长富女儿阿顺的细节时，也都带着《故乡》中叙述者遇见闰土时的那种温情。但是，吕纬甫和前一篇的叙述者又还存在着差异。他在温情地叙述了上次吃了阿顺所做的荞麦面后虽然饱胀得一夜睡不稳，仍然为她祝福，"愿世界为她变好"，但立即又为这"不过是旧日的梦的痕迹"而自笑，并且"接着也就忘却了"。

---

[1] 许杰：《谈〈故乡〉》（《六十年来鲁迅研究论文集》，北京，1982 年）。关于鲁迅作品中"路"的形象我在本书第五章再谈。

按照吕纬甫的自述,他回乡后为母亲做的两件事都没有顺利完成。他给小弟弟迁坟,发现死者早已尸骨无存,他只得把旧坟的泥土包一些放到棺材里迁到父亲墓旁,做了本来没有必要做的事情。他送剪绒花给阿顺,发现阿顺也已死去了,只得无可奈何地把花送给他本不愿送的阿顺的妹妹。这两件事的真实情况吕纬甫都不准备告诉母亲,只想去"骗骗母亲,使她安心些",认为"这样总算完结了一件事"。这里表现了吕纬甫的孝思,也就是林毓生所说的鲁迅所珍视的传统道德感之一的"念旧"。但是从外人看来,吕纬甫的行为可能确是没有什么意义的,而在他的回忆的世界里,他是否仍然要为下面的问题而苦恼呢?他究竟只是欺骗他的母亲还是同时也在自欺呢?在结束了他的故事以后他又将做些什么呢?

在吕纬甫倾诉的过程中,有一处写到叙述者看见他"眼圈微红"了,但立即又把这解释为"有了酒意",说明叙述者已感到吕纬甫动了感情但自己却不愿卷入这感情中去。但读者却明白:这倾诉已经织成了一张惆怅的网,笼罩着两个孤独者,把他们和冷酷的外部世界隔开了。

吕纬甫最后还说:"这些无聊的事算什么?只要模模胡胡。"无聊,就是没意义,可厌。这里已经不再有"狂人"的理想,不再有《故乡》中所表示的虽然微弱但仍然存在的对下一代人的希望,甚至也不再有《头发的故事》里N先生那种借以肯定自己的愤激。他对生活已经厌倦了,他将在"模模胡胡"的教学生涯中,走上厌世者的道路。

写于1925年的《孤独者》中的主人公魏连殳就正是这样一个"厌世者"。这篇小说在技巧上虽然不是鲁迅最好的,篇幅仅次于《阿Q正传》。它精心地述说了一个过去的激进者"堕落"的过程,提供了一个独异个人转变成厌世者的丰满侧像。因此,尽管艺术上尚有缺点,它占有

一种堪与《阿Q正传》相比的重要地位,具有概括的意义,值得仔细分析。❶

《孤独者》的主人公魏连殳和鲁迅本人有许多相似的地方。他也是现代知识分子,学生物,却教历史课(鲁迅学医,教文学)。魏连殳也爱书,还在杂志上写稿,为此被人散布流言,遭受攻击。甚至他的外貌也和鲁迅相似:短小瘦削,头发蓬松,须眉浓黑,两眼在空气里发光。

这一形象是从去参加魏连殳祖母丧葬仪式的叙述者眼中描画出来的。这个魏连殳,人们本来认为作为新派的知识分子,在丧殓形式上是“一定要改变新花样的”,已经准备好了要和他斗争,谁知他却全部服从人们老例的安排。在整个丧殓过程中,在大家哭拜时,他一声不哭,在人们准备走散时,他却像一匹受伤的狼似的长嚎了。那声音,是“惨伤里夹杂着愤怒和悲哀”,人是兀坐着“铁塔似的动也不动”。这模样,却是“老例上所没有的”。

周作人曾评论说,鲁迅所有的小说、散文作品中没有一篇和他生活中的真实这么相像。❷ 这显然是鲁迅生活中曾经震撼过他内心的极少数场景之一。值得注意的是:这一场景也具有独异个人被庸众围绕的原型结构。庸众的反应也是典型的,他们不能理解魏连殳感情深处的孤独悲怆。

但魏连殳的孤独和上述所有孤独者的都有所不同。“兀坐着号咷,铁塔似的动也不动”,说明他和庸众的疏远更完全彻底,他已不再像“狂

---

❶ 这篇小说中国研究者们不甚喜欢,因为它压抑的调子以及失败主义的态度。近年来它得到较高评价。如陆耀东、唐达晖《鲁迅小说独创性初探》(湖南,1984年)就认为对魏连殳的人物塑造仅次于阿Q,并且不同意所谓“失败主义”的指摘。

❷ 周遐寿:《鲁迅小说里的人物》,第187页。

人"那样有那种主动对立的精神,或有任何唤醒庸众的愿望,甚至不像N先生那样感到有愤激的必要。他的孤独与其说是外界强加的,毋宁说是他自己制造的。正如小说中叙述者所说的那样:"你实在亲手造了独头茧,将自己裹在里面了。"小说中的大部分,从叙述者的视角描写了魏连殳在越来越觉得生活无意义的情况下仍想"活几天"的感情。他曾寄热望于孩子,认为"孩子总是好的,他们全是天真……"他也还曾有过一个"愿意我活几天"的人。但是在他最后的生活目的也被夺去了时,他终于走上自我毁灭的道路。他最后的"堕落"也有些像"狂人"的结局。"狂人"治愈狂疾"候补"做官去了,他也做了杜师长的顾问,过着那种虽生犹死的生活。那封声称"快活极了,舒服极了""我已经真的失败,然而我胜利了"的给叙述者的信,实际上已经是他死前向生活的诀别。在《孤独者》以后,鲁迅的小说中就不再写孤独的个人了。魏连殳之死似乎结束了从"狂人"开始的孤独个人的谱系。《两地书》中有如下一段话:"这一类人物的运命,在现在——也许虽在将来——是要救群众,而反被群众所迫害,终至于成了单身,忿激之余,一转而仇视一切,无论对谁都开枪,自己也归于毁灭。"这实际上是对这类"独异个人"命运的概括。

《孤独者》的故事是由一个参与到故事之中的叙述者来讲的。这个叙述者移情于主人公,几乎到了与之认同的程度。叙述者踏着魏连殳悲剧的一生的步子前行,变成了他的"第二人",似乎自己也将成为厌世者。情节隐然有着双重结构,其中至少包含着两环:以丧礼始,以丧礼终。最初是魏连殳回家参加他祖母的丧事,叙述者因而认识了他。结束时是叙述者参加魏连殳的丧事。这说明"孤独者"是以祖母——魏连殳——叙述者这样一条线在重复着。魏连殳本人似乎也觉察到了这种奇怪的孤独者的命运的"连续回归"。他对叙述者责备他不应自设一个"独头茧"

时的回答就说明了他的这种感觉,他说:“我虽然没有分得她的血液,却也许会继承她的运命。”看来,这“孤独者”的谱系竟几乎是神话式的了。它的神秘的联系跨越了若干代。人们由此可以感到尼采的影响,也会联想起作者四个月前写的散文诗《颓败线的颤动》。这是鲁迅的特殊的主观性的例子,他将最切近的个人经验(自己祖母的死)转为“幻象”,怪异地体现出某种哲学思想。可以说《孤独者》所涉及的不仅是两种社会思想的冲突,同时还涉及了关于人的存在本身意义的某种抽象的思想。这是超出具体的现实和现实主义的训诲要求的层次之上的。《孤独者》是鲁迅作为一个陷于夹缝中的、必然会痛苦并感觉到死之阴影的笼罩的、觉醒了的孤独者的自我隐喻。

四

我对鲁迅的短篇小说作了如上寓意式的读解,显然是从著名的“铁屋子”的隐喻得到启发。“铁屋子”当然可以看作中国文化和中国社会的象征,但必然还会有更普遍的哲学意义。它形成了鲁迅写作的某种特殊要求,就是在作品中赋予那“少数清醒者”以生命。“五四”时期,描写并提倡那种不为无知的群众所理解并被他们所拒绝的少数有远见的改革者和革命者,是符合总的潮流的。例如胡适,就也曾提倡过易卜生,并使其“人民公敌”这种独特的个人形象得以广泛流传。在当时社会普遍的中庸和保守的潮流下,这种立场(或姿态)也确实表达了某种自我肯定的崇高。但鲁迅“铁屋子”的隐喻却和胡适的实证主义完全不同。我认为,“铁屋子”意指那种被骚扰着的暗淡的内心,那“较为清醒的几个人”则是和鲁迅的心相近的,体现着他本人的经验和感情中的某种气质。

上述鲁迅小说中两类人的总的状况是:少数清醒者开始时想唤醒熟睡者,但是那努力导致的只是疏远和失败。清醒者于是变成无力唤醒熟睡者的孤独者,所能做到的只是激起自己的痛苦,更加深深意识到死亡的即将来临。他们中的任何人都没有得到完满的胜利,庸众是最后的胜利者。“铁屋子”毫无毁灭的迹象。

我们都知道,在《呐喊·自序》里,“铁屋子”的比喻提出来后,接着就写了鲁迅和钱玄同的不同见解。钱玄同认为:既然有几个人醒来了,就不能说没有毁坏这黑屋子的希望。鲁迅则“虽然自有他的确信”,却仍然不愿“抹杀希望”,终于答应了他写文章的要求。这种对“未来的许诺”的热忱,当然是以进化论为基础的。但是,鲁迅虽然用写文章的实践给予了现实中的孤独者们少许安慰,对他小说中的孤独者,却似乎不能给予同样的安慰。在小说中,鲁迅似乎是将N先生所怀疑的“将黄金时代的出现豫约给这些人们的子孙”的“未来许诺”的信心置于不断的考验之前:怀疑,又再肯定,又进一步怀疑。正因此,在《狂人日记》绝望的噩梦之后,他加上了带有希望的“救救孩子”的呼吁;在《药》中的革命者被处死以后,他认为有必要在坟前放一个花环;在《明天》中,他以“暗夜为想变成明天……仍在这寂静里奔波”为结尾;在《故乡》中,描写了与儿时旧友的疏远感以后,又提出了著名的“路是人走出来的”的比喻。

关于经常被引用的这个“路”的比喻还应当再说几句的是:鲁迅的作品中并不只有这一个“路”的形象。鲁迅作品中还有其他的“路”的形象,其中最后的一个是写在四年以后的《伤逝》中。那是涓生在摆脱了子君以后所看见的他的未来的“路”。这条路“就像一条灰白的长蛇,自己蜿蜒地向我奔来,我等着,等着,看看临近,但忽然便消失在黑暗里了”。因此,他“还不知道怎样跨出那一步”。

可见，鲁迅在小说中并没有体现出钱玄同所预言的希望。

这种信心与不信之间、希望与失望之间的摇摆，似乎贯穿在鲁迅整个二十年代各种体裁的作品中，不仅反映了他个人情绪的起伏，同时也反映了他思想上的犹豫不决：一种对于认识的取舍和未来行动的不确定性。只是在经过了一段苦闷的自我探索的过程，并在陷入了一种完全绝望与虚无的深渊以后，他才在三十年代，在左翼文化阵线中，重新成为一个为确定目标而斗争的作家。关于三十年代的这一段我将在后面论及。在此以前，我想应先研究他的散文诗集《野草》。在这一体裁中，他天才地注入了自己当时内心的暗淡。

第五章 《野草》:希望与失望之间的绝境

《野草》是鲁迅创作中一个独特的集子。其中的二十三篇散文诗不但是鲁迅最具灵感的作品,也是中国现代文学中独具一格的一种体裁。鲁迅自己也非常珍爱这些篇章,称之为“废弛的地狱边沿的惨白色小花”(卷4,第356页),是由他的黯淡的情绪和受苦的感情所组成的潜意识超现实世界的文学结晶。这样一种试验性的力作,他在晚年已不能再做,后来也没有任何一位中国现代作家能做到这样。已故夏济安教授认为这个集子中的大多数内容是:“萌芽中的真正的诗:浸透着强烈的情感力度的形象,幽暗的闪光和奇异的线条时而流动时而停顿,正像熔化的金属尚未找到一个模子。”[1]鲁迅对形式试验和心理剖析的两种冲动的结合,形成了象征主义艺术的一次巨大的收获。

这个集子的形式和感情的独特同鲁迅写作时的个人心情是有关系的。从1924年9月到1926年4月,是鲁迅一生中相当痛苦的时期。这时,“五四”运动的高潮已经低落,他已失去了许多作为早期写作特色的战斗精神。在主持《新青年》的人们分裂以后,他把自己描写为一个在旧

---

[1] 夏济安:《黑暗的闸门》,第150页。

战场上徘徊的余零的兵卒，将当时出的第二个小说集题名为“彷徨”，又将当时的两个杂文集题名为“华盖”。这些表明，鲁迅已又一次陷于抑郁之中。

和周作人的失和以至决裂可能也是鲁迅这段时间情绪不好的原因之一。在鲁迅本人的日记以及许寿裳、许广平的回忆录中，都可以看到这件事对鲁迅情绪的影响。可以说，他的心灵受到极大的震动。这件事发生在1923年8月，从9月起他就大病一场，延续了三十九天。为此，他于翌年5月搬出与周作人同住的家，移居西三条胡同。《野草》的大多数篇章就是在那里写的。

这一时期发生的女师大事件也对鲁迅的情绪有所影响。这是鲁迅首次卷入学生的政治活动，当时的斗争深深扰乱了他。8月份他被教育部解聘。据说1925年整个夏天他喝酒抽烟很多。《野草》中最灰暗的那些篇章就是这段时间写的。当然他在这一事件中同时也得到了来自许广平的安慰，她是学生领袖之一，后来与鲁迅结合同居。1926年1月以后，女师大重新开学，他在教育部的职位也恢复了，他的情绪似有好转。写于1925年12月至1926年4月的那些篇章就表现了较少的内省情绪和较多的战斗思想。按照大多数左翼研究者的看法，鲁迅此时已经解决了精神上的“虚无”困境，从抑郁中解脱出来，再次成为坚强的战士。[1]

---

[1] 中国学者用种种方法试图按既定看法解释《野草》，尽量减弱这个集子中主导的抑郁情绪。较早的如冯雪峰，他把集子中的二十三篇散文诗分为三类，其中五篇是尖锐讽刺作品，七篇是抒情诗，表现了“诗的感情”，它们的主要精神是“健康的、积极的、战斗的”。余下的十一篇，冯雪峰不得不承认它们“特别明显地反映着作者的空虚和失望的情绪以及思想上深刻的矛盾”。

一

鲁迅1931年在《野草》英文译本的序中，说到写作这些作品时北京的情况："那时难于直说，所以有时措辞就很含糊了。"(卷4，第356页)当时鲁迅已完全进入左翼阵线。这是关于这个集子的公开说明。但是，《野草》中作品的艺术美却表明了：那些"含糊的措辞"绝不仅仅是为了避开审查的伊索式语言。它们不仅揭示出他对当时社会环境的不满，更重要的是，还揭示了他本人内心紧张的某种状态，显然是现实的政治和政治思想范畴以外的内容。正如许寿裳所说，《野草》不是别的，"可说是鲁迅的哲学"[1]

鲁迅是怎样把他的感情转化为艺术的呢？这样一位认真的艺术家是不会像当时的青年作家那样直抒自己受挫折的感情的，他必须找到能够包容他哲学沉思的适当形式，必须构筑起适合于这一目的的语言。这就是我分析《野草》的起点。

鲁迅谦虚地否认《野草》是自己创作的一种新的文学体裁。只说："有了感触，就写些短文，夸大点说，就是散文诗，以后印成一本，谓之《野草》。得到较整齐的材料，则还是做短篇小说。"(卷4，第456页)其实，也如他的其他创作一样，这种"小感触"并非一时的冲动。有些思想早在1919年就已开始萌发，当时已经写成简短的"随感"，如总题为"寸铁"的四则和总题为"自言自语"的七则都是。(卷8，第89—96页)其中的四则后来被赋予更丰富的血肉而成为散文诗，在《野草》上发表。或许正是由

---

[1] 许寿裳：《我所认识鲁迅》，第42页。

于这些"小感触"的不寻常的性质,鲁迅才着意寻找承载它们的不寻常的文字形式。

"散文诗"是现代名词,是将中国古代文学中的散文和诗相结合的一种新体裁。正如西方的"抒情小说"一样,是摆脱诗的韵律节奏的束缚,用散文来实现诗的功能。可以把鲁迅的散文诗看作散文的一种特殊类别:个人杂感的诗意的变体。他在写《野草》时正好在译厨川白村的《苦闷的象征》《野草》的写作中也可能有厨川的影响。厨川认为散文是作家自我的产物,散文的本质是作家丰富地表现了自己的个性,"其兴味全在于人格的调子"。他还认为散文中最具个性的一类读来应当像诗,因为它既有诗的抒情因素,用散文来表现,又无须劳精敝神于诗的艺术技巧的拘束,实际上是诗与散文之间的桥。(1973 年《鲁迅全集》,卷 13,第 165 页)此外,厨川《苦闷的象征》的弗洛伊德艺术观给鲁迅的印象似乎更深。他将文艺的根源归之于心理的创伤,正如鲁迅在译序中所说:"生命力受了压抑而生的苦闷懊恼乃是文艺的根柢,而其表现法乃是广义的象征主义。"因此,艺术创作的功能和梦的功能非常相似,在两者中,显层的内容都只不过是人的潜意识的渴求的一种扭曲的转化。下面一段厨川的陈述是很重要的(鲁迅的原译文):

> 艺术的最大要件,是在具象性。即或一思想内容,经了具象底的人物、事件、风景之类的活的东西而被表现的时候;换了话说,就是和梦的潜在内容改装打扮了而出现时,走着同一的径路的东西,才是艺术。(1973 年《鲁迅全集》,卷 13,第 51 页)

这里的关键之点是厨川对艺术地"改装打扮"的强调,也就是将个人经验的原料创造性地调整为象征的结构。正如在梦中一样，这种调整目的不在直接反映，而在以艺术方式的意象扭曲投射出内在心理被压抑的创伤。为此，它要求象征的技巧。《野草》在某种意义上也是实现厨川艺术理论的试验，是非常西方化的。散文诗中召唤出了一系列受折磨的形象，徘徊在梦似的境界里，散发出现代的光华，独立地远离于中国传统之外。

中国文学传统中的赋也可以算作散文诗，它可以召唤出意象，可以谈论问题，甚至可以讲故事。但是鲁迅的散文诗却显然和赋的传统无关，不仅由于他突出的对心理的兴趣，也由于他创造了前所未见的一系列的诗的意象，它们成功地变幻出了“一种恐怖和焦虑，一种我们可称之为现代化的经验”[1]。他还在散文诗中结合进了一些现代小说的手法，如性格刻画、对话、视觉变换、叙述者呈现的复杂角色等。有些最有力的篇章是小说式地写出的。如寓言式的《失掉的好地狱》，首先由暗含的作者叙述（在梦中），然后再由自称魔鬼的人物来说话。在《死火》中，是在叙述者（梦幻者）和主人公（冻结在冰里的奇异的死火形象）一长串玄奥的对话中描绘出的一种悖论的世界。通过这段长长的对话，鲁迅成功地将文章开始时的一般描写转向热切的小说味的散文诗。集中最长的一篇《过客》，则是用浓重的象征剧形式写出的。剧中的三个人物进行了一长串富有哲理的对话。

在《野草》中极易发现三个交织着的层次：召唤的，意象的，隐喻的。鲁迅像中国古代诗人一样，很能在咏物中作召唤性的、即引起联想的描写。但他的语言却很少是直接的，词语往往是由奇异的形象组成，整篇的语境有时也可从超现实的隐喻的层次会意。夏济安曾观察到鲁迅能

[1] 夏济安：《黑暗的闸门》，第151页。

使白话“做到以往从来未做到过的、连文言也做不到的事”[1]。并引用给人印象最深刻的《墓碣文》为例,说明鲁迅将文言风格和现代白话结合起来产生特别适合于强调诗的幻觉梦境及其混合的时态结构的极好的视听效果。夏济安还指出在《影的告别》里,鲁迅怎样通过从文言中取来的“然而”一词的重复,达到了一种“迂缓结缺”的节奏。显然,这种赋予散文以某种节奏和适合于较抽象内容的哲理调子的文言词组和句法的插入,对鲁迅的风格是有所丰富的。为此目的,鲁迅甚至借用佛家语(如“三界”“大欢喜”),并不惮于自己铸造新词(如“无地”“无物之阵”)。这种古语奇句的运用创造了一种复杂的文学效果,是其他中国现代作家极少达到的。两篇《复仇》也是鲁迅语言奇巧的例证。第一篇呈现出视觉的复杂(特别是开始一段关于人的血与肉的浓重的描写),第二篇则偏于听觉,似乎是某种迷人的宗教布道。总之,凭着那种新奇的意象组成的既是潜藏的又是揭示着的语言,《野草》确已达到真正的现代“非通俗化”的效果。当时中国的文学作品大都是限于现实主义,这个集子却放射着独特的意味。从这意义上说,我们可以认为《野草》比鲁迅那两个小说集竟是“非典型”的。

二

《野草》的第一篇《秋夜》是鲁迅散文诗召唤力的最好说明。第一段是平实的具体后园场景的描写:“在我的后园,可以看见墙外有两株树,一株是枣树,还有一株也是枣树。”这种看来平实的句子其实是障眼法,因为随着作者想象的飞翔这种实境立即就转化为仙境了。所有的自然

---

[1] 夏济安:《黑暗的闸门》,第 151 页。

界实物:夜空、星星、月亮、粉红花、小青虫,都被织进了幻想中去,并且都取了拟人的形式,和作者的幻想交织在一起。夜空变得“奇怪而高”,“仿佛要离开人间而去”,而且“口角上现出微笑,似乎自以为大有深意”;小粉红花开始“梦见春的到来,梦见秋的到来”;两株落尽了叶子的枣树“也知道落叶的梦”。这时,读者才知道这自然的“后园”不是别的,它只是诗人在狂想中失落了自己的一所梦的花园。

人们可能说鲁迅在这里所用的技巧仍然有中国传统自然诗的味道,正如中国古诗那样,诗人的感情和外界自然的情态微妙混合,达到一种抒情境界。但是鲁迅的抒情却并不是典型的中国“情境”理想的重现。因为在中国古诗里,情与境并非完全分开的两个实际,宁可说,自我和自然是相互作用并相互共鸣的。虽然诗人是从他自己的感受角度看自然,但并不通过自己的意识去扭曲它。自然和诗人的主观视像由是而在诗意的融合中相互交流。

鲁迅的诗篇却相反,这里是现实在和幻想相争。《秋夜》之奇不仅来自诗意的想象,同时也来自鲁迅对主观境界着意的精巧的处理。在诗篇将近结束时有如下一段:

> 我忽而听到夜半的笑声,吃吃地,似乎不愿意惊动睡着的人,然而四围的空气都应和着笑。夜半,没有别的人,我即刻听出这声音就在我嘴里,我也即刻被这笑声所驱逐,回进自己的房。灯火的带子也即刻被我旋高了。(卷 2,第 163 页)

笑声显然是表示突然向现实的回归:痴迷已经打破,诗人的狂态也停止了。但这种突然的转化也包括两个方面:是作者的一方面在笑作者的另一方面。在《野草》中还有许多篇也用了这种小说技巧。而且，狂想只是被笑声暂时打断，当诗人开始欣赏那些扑灯的小青虫时，狂想又重新开始了。或许正是对刚才诗人幻想飞翔的微妙提醒吧，诗人的自我又开始做梦，又一次被笑声所打断。诗篇最后结束在现实的调子里，但仍带有抒情召唤的意味："我打一个呵欠，点起一支纸烟，喷出烟来，对着灯默默地敬奠这些苍翠精致的英雄们。"

以夜和梦的情绪为背景的《秋夜》是《野草》中最适宜的将读者引入整个集子的首篇。实际上，《野草》的世界也就是诗人狂想的幽暗花园。读者进入这世界以后就会发现这种情绪在许多篇章里都持续着。这些篇章有着类似《秋夜》的抒情结构，并将诗人的自由联想扩展到更加虚幻的领域。在《好的故事》里，诗人深夜坐在一盏灯旁，在朦胧欲睡的状态中，看见一个美好的乡村。这个"好的故事"（它是这个梦魇似的集子里提供的唯一好梦）正在展开时突然因诗人的醒觉而被打断，美丽的形象于是化为难于补缀的碎片，似乎说明这混合融汇着一切美丽事物的完满世界只是幻想，在有着不可解决的两极的现实世界中是不可能存在的。因此，诗人一旦醒来，就不可能追回和完成这个故事。

有时，诗人的主观视像也可能贯穿全篇而不被现实的、常识性的思考所打扰。在《腊叶》中，是一件自然物（病态的、腊黄的枫叶）触发了诗人长时间的默想，因为在诗人的注视下，它此时的"眸子"已"不复似去年一般灼灼"。隐藏在这镜子似的双重形象的相互注视后面的，是诗人自己有病的、萧瑟的情绪。[1] 集子中写得最好的抒情篇章或许是《雪》，这

---

[1] 据许广平回忆，《腊叶》是鲁迅的自况，鲁迅本人在《〈野草〉英文译本序》里说："《腊叶》是为爱我者的想要保存我而作的。"（卷 2，第 220 页）看来，"爱我者"是指许广平。本文没有从这种角度强调，而是想从中揭示一种不同的个人视像。

里抒情场景围绕着南方和北方两种雪的对比而给以启示：雪的两种形象，成为诗人往昔青年时代和当前的他的隐喻。对南方雪景的描写是色彩丰富的：血红的山茶花，白中隐青的梅花，深黄的蜡梅，冷绿的杂草，以及作为中心形象的、孩子们堆塑起来的有着鲜明色彩的雪罗汉。但是诗人现在居住在那里的北方的雪，却是没有色彩的，如粉、如沙，决不粘连。这些描写可以说都是实景，但是在雪化为雨时，所写的景象就是不那么现实主义的了：

> 在无边的旷野上，在凛冽的天宇下，闪闪地旋转升腾着的是雨的精魂……
>
> 是的，那是孤独的雪，是死掉的雨，是雨的精魂。（卷 2，第 181 页）

在这些抒情诗里，自然景象的描写似乎已经浸透了幻想的、隐喻的意象。这不仅赋予鲁迅的散文以诗意，而且由于大胆地离开了中国古诗中自然意象的运用，决定了鲁迅散文诗的“现代性”。普实克曾论证鲁迅的散文诗读来很像波德莱尔的《散文小诗》。[1] 如果说，鲁迅的小说虽有许多象征主义的属性，却仍然是立足于现实主义的，他的散文诗却绝对地属于象征主义的结构，再加上许多小说和戏剧的手法，似乎是在讲述一个梦或寓言领域内的虚构的“故事”。

《野草》中多数篇章完全离开了现实并投入一个梦或梦似的世界。

---

[1] 见普实克：《抒情诗与史诗》，第 56 页。厨川白村在书中曾引用波德莱尔的《散文小诗》，或许使鲁迅被这位法国象征主义诗人所吸引。在情绪和文字方面，《野草》和波德莱尔的《散文小诗》确有某些相似之处，但在意义和观念方面两者却有本质的差异。

这些梦是“如此奇丽,如此狂乱的恐怖,使得它们简直成了梦魇。就是那些没有点明是梦的篇章,也有着那种不连贯的和使现实错位的梦魇的性质”。[1] 这些关于梦的诗不一定是真梦的重述,相反,可能倒是一些在艺术上倾向于潜意识,但实际上是有意识的创造。集中有七篇是以“我梦见……”开始的。它的作用可以和《狂人日记》中那段伪托的作者前言相比,都在提醒读者:这不过是一个梦,从而将读者从现实通常的感觉推开。作者由是便得到一种诗的特许权,可以放任自己的艺术想象浮游于超现实的怪异领域。例如《死后》的开始:

> 我梦见自己死在道路上。
>
> 这是那里,我怎么到这里来,怎么死的,这些事我全不明白。总之待到我自己知道已经死掉的时候,就已经死在那里了。(卷 2,第 209 页)

又如《失掉的好地狱》的开始:也是在死后,作者发现自己处于“地狱的旁边”。“一切鬼魂们的叫唤无不低微,然有秩序,与火焰的怒吼,油的沸腾,钢叉的震颤相和鸣,造成醉心的大乐,布告三界,地下太平。”在这篇诗里,那些同时引起平静和恐怖感的语言很多引自佛经形象,这是鲁迅曾在 1914 年至 1916 年之间孜孜研究的。[2] 但是这一梦魇的篇章中的“奇丽和狂乱的恐怖”所引出的还不仅仅是预想中的“现实的错位”,同时也是一个由魔鬼说出的喜剧性的寓言。魔鬼悲悼人类征服了地狱,并使

---

[1] 夏济安:《黑暗的闸门》,第 152 页。

[2] 鲁迅日记中 1914—1916 年的购书单说明,这时期鲁迅购买了大量佛经和有关书籍。见《鲁迅全集》,卷 14,第 141—147、194—202、245—260 页。

地狱变得更坏了。魔鬼的意思实际上是价值的对换，因为通常认为人比魔鬼、野兽好，但在这里，人却比魔鬼坏。在另一篇以梦开始的《狗的驳诘》中，主人公是一条狗，诗人在梦中和狗相遇后进行了一段长长的辩论，最后是狗获胜。这里又出现了价值对换，说明狗并不势利，它比人要好些。后两篇中这种角色与价值的对换是鲁迅梦诗的中心手法，似乎是为了实现厨川所提倡的那种"尼采对价值的再评价"。

七篇梦诗中，有四篇写诗人在最后突然醒来了，似乎是再次告诉读者这只是一个暂时的梦魇，是非现实世界。梦中叙述者提供的那一点点与现实的联系，充其量也只是消极的，短暂的。体现了鲁迅内心关注的，显然并非那作为普通人的诗人叙述者，而是那些非人或超人，如狗或魔鬼。可以把这些形象看作鲁迅内心痛苦的拟人化，其中有些或正是他精神的心理的"第二个我"。这些形象在诗篇中有种种形式的行动，种种形式的与诗人叙述者的对话，浮游于鲁迅心中一个艺术的、"特定内在的""荒凉颓败的风景"[1]之中。因此，也可以说在大多数诗中是诗人和自己做了一系列的对话，其中包含的问题和冲突组成了作品意义的范围。

三

前已指出，鲁迅将具体形象转为抽象的隐喻的艺术手法是很复杂的。阿伯在他论《野草》的一篇文章中[2]曾归纳其主要的结构原则包含

---

[1] 夏济安：《黑暗的闸门》，第 162 页。

[2] 阿伯(Charles Alber)：《野草：鲁迅散文诗中的对称和平行》，见尼恩豪瑟(Wiliam H. Nienhauser, Jr.)编《中国文学批评论集》(*Critical Essays on Chinese Literature*)，第 1—29 页，香港中文大学出版社 1976 年出版。

着对立的两极的相互作用,即“对称和平行”。鲁迅本人在集子完成以后的“题辞”中,也将集子内容概括为以下一些成对的形象和观念:空虚和充实,沉默和开口,生长和朽腐,生和死,明和暗,过去和未来,希望和失望。这些都被置于互相作用、互相补充和对照的永恒的环链里:朽腐促进生长,但生长又造成朽腐;死肯定了生,但生也走向死;充实让位于空虚,但空虚也会变成充实。这就是鲁迅的矛盾的逻辑,他还给这逻辑补充上染上感情色彩的另一些成对的形象,爱与憎,友与仇,大欢喜与痛苦,静与放纵。诗人似乎是在对这些观念的重复使用中织成了一幅只有他自己能捉住的多层次的严密的网。就这样,他的多种冲突着的两极建立起一个不可能逻辑地解决的悖论的漩涡。这是希望与失望之间的一种心理的绝境,隐喻地反照出鲁迅在他生命的这一关键时刻的内心情绪。

对于这种矛盾的情绪,集子中的第二篇《影的告别》是最好的说明,它提供了以下奇异的独白:

> 人睡到不知道时候的时候,就会有影来告别,说出那些话——
>
> 我不过一个影,要别你而沉没在黑暗里了。然而黑暗又会吞并我,然而光明又会使我消失。然而我不愿彷徨于明暗之间,我不如在黑暗里沉没。
>
> 呜乎呜乎,倘若黄昏,黑暗自然会来沉没我,否则我要被白天消失,如果现是黎明。
>
> 朋友,时候近了。

我将向黑暗里彷徨于无地。

你还想我的赠品。我能献你什么呢？无已，则仍是黑暗和虚空而已。但是，我愿意只是黑暗，或者会消失于你的白天；我愿意只是虚空，决不占你的心地。

我愿意这样，朋友——

我独自远行，不但没有你，并且再没有别的影在黑暗里。只有我被黑暗沉没，那世界全属于我自己。（卷2，第165—166页）

这篇诗是对一种中心的矛盾的一系列变化的说法。“影”的形象显然是代表着诗人的另一自我，这是一种自喻的手法。“影”的两件赠品，黑暗和虚空，应视为不仅是“影”的自然属性，也是用以刻画诗人内心自我的隐喻的代称。使这内心自我陷入矛盾的情境是一种时间的错乱：它彷徨于黄昏与黎明之间，前者表示过去的黑暗，后者允诺未来的光明。诗人的内心自我也如那“影”一样，在两难的绝境中难于找到出路，失落在现在的暂时的、空幻的幽冥国土之中，这就是“无地”，无所有的地方，为说明时间的两难境地的空间隐喻。“影”陷在这光明与黑暗、过去与未来之间的恶性矛盾中，只得像它在“自然状态”中所做的那样，选取了逃离的办法：“我独自远行，不但没有你，并且再没有别的影在黑暗里。”这是自我毁灭的结束形式，传达出一种浓重的悲观失望。

在完成《影的告别》约半年后，1925年3月18日，鲁迅在给许广平的信中有如下一段话：

我的作品，太黑暗了，因为我常觉得唯“黑暗与虚无”乃是“实有”,却偏要向这些作绝望的抗战,所以很多着偏激的声音。其实这或者是年龄和经历的关系,也许未必一定的确的,因为我终于不能证实:唯黑暗与虚无乃是实有。

鲁迅很少有的这种自白使我们能对他的心理状态投以本质的一瞥。这里潜藏着他内心痛苦和自我怀疑的“影”。这篇诗可以理解为他在“实有”和“虚无”问题上挣扎的产物。

随着情绪的变化,他也可以赋予这种根本矛盾以另一种色彩。如果《影的告别》是悲观的、虚无的,另一篇《死火》却有着较积极的光彩。这里不再是独白,采取了梦幻中的诗人和“死火”形象的有趣的对话形式。诗人是在冰谷中遇见这“死火”的,他用自己的体温温暖并唤醒了它:

“唉,朋友!你用了你的温热,将我惊醒了。”他说。

我连忙和他招呼,问他名姓。

……

“你的醒来,使我欢喜。我正在想着走出冰谷的方法;我愿意携带你去,使你永不冰结,永得燃烧。”

“唉唉!那么,我将烧完!”

“你的烧完,使我惋惜。我便将你留下,仍在这里罢。”

“唉唉!那么,我将冻灭了!”

“那么,怎么办呢?”(卷2,第196页)

“死火”的未来道路是在绝灭与自我牺牲两者之间的选择。它不像那“影”,选择的是后者:“那我就不如烧完!”大多数左翼研究者抓住了这个更积极的“死火”形象，视为革命的完美象征，它只是在白色恐怖中暂时被冻住了，只需要有如诗人体温的热忱就可以燃烧起来。[1] 尽管这种乐观的解释可以说得通，毕竟为时过早。[2] 比较恰当的理解是：“死火”隐喻着鲁迅的内心状况，陷入自己心中那冷的、荒芜的深处是一种受难，他并不愿永远蛰伏下去，因而呼唤一种有行动的生活。但是按照诗中矛盾的逻辑，这行动又终将导致死亡。看来，这些诗篇是一种矛盾心情的反映：诗人一方面是消极的、抑郁的，另一方面又悸动不安地要求行动。

这种冲突着的情绪在著名的《希望》里表达得最具抒情意味。诗篇开始时是以一种平静的调子诉说着老去的寂寞，这种平静的哀伤的内心世界是用一种镜子似的隐喻——希望的盾——来和外部世界相对照的：

> ……希望，希望，用这希望的盾，抗拒那空虚中的暗夜的袭来，虽然盾后面也依然是空虚中的暗夜。然而就是如此，陆续地耗尽了我的青春。
>
> 我早先岂不知我的青春已经逝去了？但以为身外的青春固在：星，月光，僵坠的胡蝶，暗中的花，猫头鹰的不祥之言，杜鹃的啼血，笑的渺茫，爱的翔舞……虽然是悲凉漂渺的青春罢，然而究竟是青春。（卷 2，第 177 页）

接着，诗人表现了双倍的苦恼，因为身外的青春也逝去了，这是内心

---

[1] 克列伯索娃(Krebsová)：《鲁迅和他的〈野草〉》，第 33—34 页，及其《鲁迅生平与作品》，第 89—95 页。冯雪峰以为冰谷是封建主义的象征，见《论〈野草〉》，第 30 页。卫俊秀以为“死火”是“战士”的同义语，见《鲁迅〈野草〉探索》，第 133 页。

[2] 这篇诗写于“五卅”事件前一个月的 1925 年 4 月 23 日，鲁迅本人很久以后才成为左翼作家。

世界惨淡的对照:

> 然而现在没有星和月光,没有僵坠的胡蝶以至笑的渺茫,爱的翔舞。然而青年们很平安。(卷2,第178页)

这种有意的重复将过去的充实和现在的空虚相对比,造成一种空茫失落的效果。那么,身外的世界果真也像他身内的世界那样黑暗和空虚吗?“希望的盾”仅仅是反映那空虚和苦恼的透明镜吗?人们可以从这后面找到那“影”里的主要的东西:一个老人的虚无和失望感。但正是在这最低点,诗人最后决定进行一场与这空虚暗夜的“肉薄”,“纵使寻不到身外的青春,也总得自己来一掷我身中的迟暮。”就这样,悖论地,极深的失望将他引向了希望,即匈牙利诗人裴多菲的诗句:“绝望之为虚妄,正与希望相同。”这也正和1918年他答应钱玄同为《新青年》写文章时说的话是同一个意思:“是的,我虽然自有我的确信,然而说到希望,却是不能抹杀的,因为希望是在于将来,决不能以我之必无的证明,来折服了他之所谓可有。”

显然,这一系列相悖的两极正是鲁迅探测他的内部紧张的方法。他似乎是在这希望与失望的两极之间徘徊与挣扎。他将怎样划清内在的自我和身外的现实之间的界限,又怎样在陷入矛盾漩涡的存在中找到意义呢?这个问题存在于鲁迅个人“哲学”的中心。

《野草》中的唯一诗剧《过客》,或许是对这种探索的最好说明,也可看作鲁迅的自喻。[1] 剧中的主人公“过客”显然是他的自我画像:“约三

---

[1] 据说此文酝酿了十多年(见荆有麟《鲁迅回忆》,第63页)。

四十岁,状态困顿倔强,眼光阴沉,黑须,乱发。"同时,鲁迅似乎也想把他写成一个中年的"每一人"。这位"过客"连自己该怎么称呼也不知道,因为:"我一路走,有时人们也随便称呼我,各式各样的,我也记不清楚了,况且相同的称呼也没有听到过第二回。"因此,他是别人对他看法的复合的反映。

诗篇开始时写了一般简单的"舞台说明"。时间,是"或一日的黄昏";地点,是"或一处";舞台布景,是几件简单破败的东西:"东,是几株杂树和瓦砾,西,是荒凉破败的丛葬;其间有一条似路非路的痕迹。一间小土屋向这痕迹开着一扇门;门侧有一段枯树根。"初一瞥,很容易误认为是荒诞剧的舞台,或许可以和贝克特(Samuel Beckett)的《等待戈多》(*Waiting for Godot*)相比,只不过《过客》比《等待戈多》还早写了约三十年。也如贝克特一样,鲁迅想引发出一种人的存在的荒诞感。戏剧的背景本质上是时间的两难境界在空间的表现。"过客"沿着那条"似路非路的痕迹"从过去走向未来,停在"现在"荒凉破败的景色中。此人已经走到了他的人生的黄昏。在途中他遇见了两个人,一个是七十岁的老翁,另一个是十岁的女孩,各自代表着过去和未来,或老的一代和新的一代。❶ 当"过客"向他们询问"前面是怎么一个所在"时,老翁的答复是:前面是坟;小女孩却说:不,那里有许多许多野百合、野蔷薇。老翁劝"过客"走回去,小女孩却给他水喝,给他一片象征着"布施"的布裹伤。而主

---

❶ 老翁和女孩子的象征性有许多解释。日本学者吉田富夫认为,他们是表现"过客"内心的斗争的"外在工具"(见其《鲁迅〈野草〉论》)。竹内好认为这两个人是鲁迅的"内心的释放",老翁代表"过去",小女孩象征"希望"(见其《鲁迅入门》,第186页)。木山英雄作了详尽的分析,说明老翁、小女孩实际上是概念的工具,三人之间对话实际上是"过客"的自我独白(见其《〈野草〉形成的论理和方法》)。大多数日本学者都认为"过客"表现鲁迅自己。胡风也是这样看(见其《剑·文艺·人民》,第126页)。

人公,在经过一番思想斗争以后,还是决定要继续向前走,这里采取的是对话问答的形式。回答老翁转回去的劝告时,他表示不愿意,因为原来的地方,“没一处没有名目,没一处没有地主,没一处没有驱逐和牢笼,没一处没有皮面的笑容,没一处没有眶外的眼泪”。这是这篇诗剧中唯一点明了全文主旨的地方。来处是东方,只能是指中国及其旧传统。另方面,小女孩的理想主义他也难于接受。她给的布“太小”,难于裹伤,只好“挂在野百合野蔷薇上”,用以装饰她对未来的美好想象。

最后,“过客”还是继续“向野地里跄踉地闯进去,夜色跟在他后面”。因为,“从我还能记得的时候起,我就是这么走”。生活就是一个走的过程,一直走下去,好完成那走向死亡的行程。因此,“走”成为在“无意义”威胁下的唯一有意义的行动。和《影的告别》相比,这位主人公的决定似乎较少那种存在主义的虚无。我们感到:在这“走”的隐喻中鲁迅赋予了不寻常的重大的意义,在他自己对生命意义的思索中一定也占有中心地位(否则这个小小的“荒诞剧”就真会使他成为贝克特一流人了,但《等待戈多》的主人公们却是直到最后也没有移动和走去的)。

鲁迅在《两地书》中也曾用过“路”的隐喻,正是在写完《过客》的九天以后。这封信里提到两种路,就是“歧路”和“穷途”:

> 走“人生”的长途,最易遇到的有两大难关。其一是“歧路”,倘是墨翟先生,相传是恸哭而返的。但我不哭也不返,先在歧路头坐下,歇一会,或者睡一觉,于是选一条似乎可走的路再走……其二便是“穷途”了,听说阮籍先生也大哭而回,我却也像在歧路上的办法一样,还是跨进去,在刺丛里姑且走走。

按照此信的说法,"走"并不是完全无希望的,因为这里包含着自己的一种决定性的选择,是走还是返。再者,在跨进那"似路非路的痕迹"的过程中,"过客"也可以有助于创造出一条路来。我们可以回想《故乡》中的那段话:"其实地上本没有路,走的人多了,也便成了路。"《过客》中路的隐喻或许也有着同样积极的人文主义的内涵,尽管是用存在主义方式提出的。不管是多么荒诞无意义,即使走向的仍是死亡,生命总得走去。即使走向的未来也仍是黑暗,也决不返回过去的黑暗中。"过客"还听见另外一种"常在前面催促我,叫唤我,使我息不下"的声音。虽然令人不免想到基督教的"旷野的呼唤",但从人文主义的前后文看,却只能解释为某种责任感的内心的呼唤。❶

"路"是中国古诗中常用的关于人生途程的隐喻。鲁迅曾在《彷徨》的扉页上引用过屈原的"路漫漫其修远兮,吾将上下而求索",他从中当然也会有所启发。此外,王国维也用过这隐喻来描写自己处于歧路的窘境,说自己既不能上天堂也不能下地狱。❷ 王国维和屈原都没有足够的勇气面对这个问题,他们后来都自杀了。鲁迅的情况要好些。如《过客》

---

❶ 人们可以说此剧是一个基督教寓言,其中充满了基督教的意象与象征。"过客"的途程可以比作一位进香客的途程。他的流血以及黑白两色的对比("过客"和老翁都穿黑,小女孩穿黑白格子的衣服),表示基督教的牺牲、罪恶、纯洁。虽然鲁迅知道圣经,但我认为此剧与其说源于基督教.不如说源于尼采。尾上兼英曾提出《过客》的对话结构可能来自查拉图斯特拉,"过客"与老翁的关系相当于查拉图斯特拉与先知的关系,"过客"与小女孩的关系相当于查拉图斯特拉与隐士的关系。老翁和先知都想让主人公停止前进,小女孩和隐士却给他们以"面包和酒"。尼采赋予查拉图斯特拉的旅程的意义是寻找真理,鲁迅"过客"的旅程终点却是坟墓(见尾上的《鲁迅和尼采》)。D. A. Kelly对于鲁迅借鉴尼采的问题有更全面的研究,见他所著的《鲁迅和尼采》(未发表),那是他所著《尼采在中国》一文的扩充。

❷ 此句转引自王靖献的《王国维〈红楼梦评论〉中的认识和先见》(《清华中国研究报》,1971年7月,第10卷,第2期,第99—100页)。

中所写,他不愿意逗留在生活的歧路。他的勇气来自一种奇怪的道德立场,就是说:他对自己和对别人,或说对个人和对社会,是怀着两样想法的。在 1925 年 5 月 30 日给许广平的信中,就说明了这一点:

> ……其实,我的意见原也一时不容易了然,因为其中本含有许多矛盾,教我自己说,或者是人道主义与个人主义这两种思想的消长起伏罢。所以我忽而爱人,忽而憎人;做事的时候,有时确为别人,有时却为自己玩玩,有时则竟因为希望生命从速消磨,所以故意拼命地做……我对人说话时,却总拣择那光明些的说出,然而偶不留意,就露出阎王并不反对,而"小鬼"反不乐闻的话来。总而言之,我为自己和为别人的设想,是两样的。所以者何,就因为我的思想太黑暗,但究竟是否真确,又不得而知,所以只能在自身试验,不敢邀请别人。

鲁迅在这封信里所说的"个人主义"和"人道主义"也可以看作他生活中私人的和公众的两方面。值得注意的是这两方面恰恰被置于难以调和的两极。对这位在中国现代被奉承得最厉害的作家来说,这是少见的公开的自白。在个人和社会的问题上中国传统思想中占主导地位的观念基本上是以社会整体为主,鲁迅在这一自白中所表现的对待个人的态度却与上述观念完全相反。如他的散文诗中所表现的,鲁迅"个人主义地"去看的生活的意义,是和他希望别人去看的那种意义大相径庭的。换句话说,他在为自己这方面几乎是存在主义的,而在为别人的方面却是人道主义和利他主义的。读者也可从这些散文诗中看到两种景象:

"有时我们是从诗人的内心向外看,有时我们是从外向内看。"[1]从向内的角度看,就会看到鲁迅怎样将他小说中的一个原型设计——独异个人和庸众的相对——引申到隐喻的领域,也可看到他的"个人主义"在回答"人道主义"的召唤时的悲剧性和矛盾性,这是非常迷人的。

两篇《复仇》可视为同一主题的异体。在第一篇里,一男一女"裸着全身,捏着利刃,对立于广漠的旷野之上"。"他们俩将要拥抱,将要杀戮",但是"也不拥抱,也不杀戮"。他们表面上的宁静和沉默正好和那些"路人"的喧嚷形成对比,那些人正"从四面奔来,密密层层地,如槐蚕爬上墙壁,如蚂蚁要扛鲞头……而且拼命地伸长颈子,要赏鉴这拥抱和杀戮。他们已经豫觉着事后的自己舌上的汗或血的鲜味"。但这一对却始终不动,"至于永久,圆活的身体,已将干枯"。路人们终于感到无聊、疲倦而离开了,这两人于是"沉浸于生命的飞扬的极致的大欢喜中"——死。[2]

这篇诗在表现鲁迅常见的主题(庸众的无意义和残酷)上视觉效果极其有力。裸着的一对所引发的"冷的情欲"的奇特效果,是又一个"死火"的主题,即被关在冰的外框中的激情。但在这篇诗里作者却深深走入了交织着爱和死的激情之中,并且喷发出近乎宗教的紧张感情("大欢喜"一词就是取自佛家语),从而将这孤独的一对高举于路人庸众之上。当然,这种"复仇"是出自一种相悖的双重姿态:不让庸众品尝自己"大欢喜"的滋味,却给他们以厌烦。

《复仇(其二)》有着同样的宗教激情,鲁迅直接表现了耶稣在十字架

[1] 阿伯:《野草:鲁迅散文诗中的对称和平行》,《中国文学批评论集》,第12页。

[2] 鲁迅在题目中"仇"用了古体"雠",它在形象上是相互面向的两方面以言词相骂,但在这篇中将有言之仇转化为沉默之仇的视像。

上受难的最后瞬间。诗篇是完全忠实地按照《新约全书》来写的。描写了作为孤独者的神之子悬在虚空中,俯视下面那些聚拢来围观钉杀他的奇观的路人庸众的情况:

> 他在手足的痛楚中,玩味着可悯的人们的钉杀神之子的悲哀和可咒诅的人们要钉杀神之子,而神之子就要被钉杀了的欢喜。突然间,碎骨的大痛楚透到心髓了,他却沉酣于大欢喜和大悲悯中。
>
> 遍地都黑暗了。
>
> "以罗伊,以罗伊,拉马撒巴各大尼?!"(翻出来,就是:我的上帝,你为甚么离弃我?!)
>
> 上帝离弃了他,他终于还是一个"人之子";然而以色列人连"人之子"都钉杀了。(卷2,第175页)

对比这两篇诗的调子和情绪是给人以启示的。在第一篇里,那孤独的一对和庸众的对立,比较地说,是"个人主义"的;第二篇的结尾却比较"人道主义"。耶稣最后对上帝失望了,但这并未导致害怕和颤抖,而是反讽地肯定了他的"人"的地位。尽管鲁迅的大胆的洞见使他接近西方存在主义神学的境界,他毕竟还是中国人道主义传统之子,这传统是把天上和地下的力量看作一个相互作用的整体的。[1]

如两篇《复仇》中所表现的,鲁迅的人道主义仍是悲剧性的。地上的生活远非玫瑰色,它比地狱还要坏。人生既有如此的问题和反讽,造物

---

[1] 这样,耶稣最后的体会就落入了中国"天人合一"的世界观中去了。按林毓生的说法,这种世界也浸透在鲁迅的"终极目的的伦理"中。见林毓生《思想的道德与政治的不道德》。

者也必是一个“怯弱者”，所以鲁迅以对独异个人的肯定来代替这位至高无上者。在《野草》的最后两篇诗《淡淡的血痕中》和《一觉》中[1]，他唤起了一个“叛逆的猛士”的壮美形象。这个猛士“出于人间”，“记得一切深广和久远的痛苦”，又“看透了造化的把戏”，“他将要起来使人类苏生，或者使人类灭尽”。这正是经过了一种特殊的人道主义扭曲的尼采“超人”，因为，正如另一篇《这样的战士》中所指出的那样，鲁迅的“叛逆的战士”始终是一个孤独者，注定要在“无物之阵”的庸众中无休止地战斗。鲁迅歌颂的并非这猛士的胜利，而是他那种固执的、西西弗斯似的精神(Sisiphean spirit)：

> 要有这样的一种战士——
>
> ……
>
> ……他只有自己，但拿着蛮人所用的，脱手一掷的投枪。
>
> 他走进无物之阵，所遇见的都对他一式点头。……
>
> 但他举起了投枪。
>
> ……
>
> 他终于在无物之阵中老衰，寿终。他终于不是战士，但无物之物则是胜者。
>
> 在这样的境地里，谁也不闻战叫：太平。
>
> 太平……

---

[1] 据鲁迅说，这两篇都和当时的政治有关。《淡淡的血痕中》副题为“记念几个死者和生者和未生者”，是为段祺瑞政府在“三一八”枪击徒手请愿的民众而作。《一觉》是对奉系和直系军阀的战争的批评(见鲁迅《〈野草〉英译本序》)。当然也如鲁迅所有的作品一样，他的文学想象超越了当时他所关心的直接的政治事件。

但他举起了投枪!(卷 2,第 214—215 页)

四

上述几个例子说明,鲁迅的有意识地对警语式语言的运用,连同他的喜剧的形象和宗教的涵义,或许是要实现尼采似的目的:如查拉图斯特拉那样,诗人在散文诗里自引宣扬和发布那些并不求读者理解的东西。在这意义上,《野草》是精英的文本,因为它的意义是高于常人的理解之上的。再者,形式本身的独创性——任何"五四"作家对此都不可企及——也有一种根本的神秘的姿态,既掩蔽着作者的真实意向,也要求读者努力去破译。因此,阅读过程本身也是对它的本意的不断求索。

我将这些诗篇中各种相类的形象排列成序,以求重建诗人叙述的寓意,其结果是如下的一个"故事":诗人的内心自我,陷在一系列难于解决的矛盾的绝路上,开始进行一种荒诞的对意义的求索。他认识到,在他长久求索的终点,并无什么至高的目的,只有死。当他在过去与未来的时间框架中寻求确定存在的意义时,发现"现在"也并无其他重大意义,只是一个不断的时间之流,一个变化的过程。因此,诗人痛苦的情绪,可视为在希望和失望之间的不断地挣扎。当他到达最黑暗的底层时,他在每一极找到的都是虚空;就在这最虚无的时刻,他决定依靠着从身内看向身外,依靠着确定自己和他人的关系,而走出这绝境。

但是在这关系中又有另一种矛盾。在独异个人与庸众的相对中,前者的行动除非和后者相关便没有意义,而后者并不了解他的意图。于是出现了奇怪的"复仇"逻辑。这是一种爱与恨、轻蔑与怜悯之间的紧张的矛盾,唯一的解决办法是牺牲:独异个人只能成为某种“烈士”,对庸众实行“复仇”,或是拒绝他们以观赏自己的牺牲而取得虐待狂的快感,或者作为一个固执的战士,对庸众进行无休止的战斗直至死亡。不管他选择的是战斗还是沉默,孤独者总要为那迫害他的庸众而死。

我的这些读解并不仅仅是抽象的认识。从鲁迅传记的基础上看,我们可以说鲁迅将独异个人和庸众并列,透露了他的深沉的对待他国人的矛盾。他早期的许多作品也充满了这方面的证明。著名的“铁屋子”的隐喻给了第一条线索。在后来寻求“国民的魂灵”时,他公开承认在他和中国大众之中还存在着一道高墙。后来他的声誉日盛,1925 年所写《俄文译本〈阿 Q 正传〉序及著者自叙传略》中,就用了更乐观的语气:“在将来,围在高墙里面的一切人众,该会自己觉醒,走出,都来开口的罢。”但是,从上述诸章看来,这“一切人众”的昏睡状态被描写得使人实在难于接受他们还能觉醒的想法。《野草》中对庸众的种种描写也更证明了这一结论。

还值得注意的是,鲁迅的小说和散文诗中喜用蚂蚁和苍蝇来比喻庸众的渺小琐屑。《阿 Q 正传》中游街示众的场面“全跟着蚂蚁似的人”;散文诗《死后》写梦中的死者感觉有蚂蚁在他背脊上爬,又有青蝇嗡嗡地飞来舐他的鼻尖。杂文《战士和苍蝇》中写苍蝇在战士死了以后,“首先发现的是他的缺点和伤痕,嘬着,营营地叫着,以为得意,以为比死了的战士更英雄”。无数的例子证明鲁迅是多么地关注着中国国民性的这否定的方面,独异个人正是面对着这一切卓然而立,孤独,无权。当然,这一切聚合在一起,也形成鲁迅对中国,以及他自己所处地位的悲剧的看法。

或许是由于《野草》的悲剧的主旨,中国学术界对它很少分析,到最近情况才略有变化。[1] 因此,反讽地,通过一种奇怪的艺术和意识形态的结合,《野草》的诗人作者本人也在他的读者群面前成为一个独异个人,这些人也不过是些庸众,是不理解的看客。早在1929年,这本书就被左翼批评为“虚无”(nihilistic),认为它不能激发革命热情。据冯雪峰的《回忆鲁迅》,当时鲁迅是被这批评激怒了的。他曾这样说:

> 这回是引了我的《影的告别》,说我是虚无派。因为“有我所不乐意的在你们将来的黄金世界里,我不愿去”,就断定共产主义的黄金世界,我也不愿去了。……但我倒先要问:真的只看将来的黄金世界么?这么早,这么容易将黄金世界预约给人们,可仍旧有些不确实,在我看来,就不免有些空虚,还是不大可靠!

鲁迅承认自己或许是将现实看得太黑暗了,但对于自己艺术的内在深度竟然被一些爱好政治论争而又较少思想的人们如此肤浅地误解,显然也感到很不愉快。据冯雪峰的回忆,鲁迅对《野草》和《彷徨》这两个集子作为艺术作品是深自喜爱的。在谈到《野草》时,曾多次表示以后“不会再写那样的东西了”。冯雪峰从两个方面来理解鲁迅的这种表示:一

---

[1] 本书初稿写作之时,中国学者还囿于鲁迅的“革命性”的框架内。对《野草》很少谈论,即使谈到,也是强授以革命的意义。不过,从1981年以来,一般的调子已经变了,开始注重其压抑的情绪和高度形象化的语言,以此作为分析的起点。这些新著作中以孙玉石的《〈野草〉研究》为最好,最有价值的是孙对中国《野草》研究史的评论(九、十章)。不过孙的研究主要的仍只在社会意义批评的层次。此外,还可参看李国涛《〈野草〈艺术谈》,闵抗生《地狱边沿的小花》,石尚文、邓忠强《〈野草〉浅析》。甚至过去比较教条的学者李希凡,也将他的新作《一个伟大寻求者的心声》中的一半来谈《野草》了。这些现象说明中国对鲁迅的研究已经开始去除神话色彩了。

方面是为他不能再写那样的东西感到可惜，另方面也是表示不愿意再写了。

1926 年离开北京以后，鲁迅的思想似乎是在有意识地向外转，转向了在激变中的中国社会政治状况。他的文学创造力并未与《野草》同时结束，相反，它只是转向了另一方面。此时，他显然认为写杂文和搞翻译是更重要的工作，因此把创造力大部分用在（或误用在）那上面，但就在此时，他并未失去隐喻的艺术天赋和“哲学的”倾向。这一点我们将在下一章再说，尽管他公开承担了革命的任务，某种生活的悲剧感却仍然留存着。

当然，1930 年以后鲁迅进入了一种更政治化的状态，他关于中国大众的看法也有了质的变化。但是，虽然政治思想变化了，自我牺牲的主题仍一直贯穿在他后来的革命写作中。如果这位新的“革命导师”仍有其黑暗的“影”——与他的孤独的战士形象及他的公众活动的对应物，我们当然仍应从《野草》这个集子中寻找。在《墓碣文》（应当说是《野草》中或所有中国现代文学中最阴森可怖的一篇）中，一个怪异的化为长蛇的鬼魂通过荒凉剥蚀的墓碣述说了自己的故事：

……有一游魂，化为长蛇，口有毒牙。不以啮人，自啮其身，终以殒颠。……

……离开！……

……抉心自食，欲知本味。创痛酷烈。本味何能知？……

……痛定之后，徐徐食之。然其心已陈旧，本味又何由知？……

……答我。否则,离开!……[1]

刻在这意象的墓碣文上,奉献给那抉心自食的复仇的烈士的英魂的,是一个永难解决的矛盾:现在他已死了,他又怎能寻找出他的生命和他的牺牲的意义呢?

---

[1] 值得注意的是,这首诗和 Stephen Crane 的一首诗非常相像,虽然我不能证明鲁迅读过 Crane 的这首诗:

在沙漠里
我看见一个家伙,裸着,像兽一样,
他蹲在地上,
手里拿着他的心,
并且吃着。
我问:"朋友,这好吗?"
他回答:"这很苦,很苦。
"但我喜欢它,
因为它苦,
因为它是我的心。"

(见 *Poems of Stephen Crane*,第 8 页,Gerald D. McDonald 编,纽约,1964 年。)

第六章　杂文:对生活和现实的种种观感

杂文在鲁迅的著作中,仅从所占篇幅看,就无疑占有一个重要的地位,甚至超过他的小说、散文诗以及旧体诗。但是,由于内容有明显的政治性和论争性,这些杂文是否可以和小说、散文诗、旧体诗等一样视为"艺术创作",就成为一个问题。有些西方学者对此是持否定态度的。[1]我的意见则相反,认为如果我们想以中国的文学传统为背景来衡量鲁迅作为现代作家独创性的程度,杂文恰恰应是非常重要的一个方面。不说别的,只就整个中国文学传统中散文所占的地位而言(它比诗和小说都更为重要),鲁迅在这方面的继承和创新都更直接、更重要。

一

鲁迅本人也承认他的杂文与传统的关系。传统中国散文具有"杂"的性质,包括种种形式,如古文、骈文、小品文、笔记、书信、日记、游记、官

---

[1] 夏济安同意舒尔茨的看法,因此把 1926 年视为鲁迅文学创作生涯结束的标志。这样就从鲁迅的艺术创作中剔除了三分之二,其中大部分是杂文。见《黑暗的闸门》,第 128 页。

方纪念文以至八股文等。由于章太炎的影响,鲁迅似乎偏爱"古"的魏晋文字。这一点许多研究者都已论及。[1] 他喜欢收集各种丛书中的野史和个人记述,据说所购书籍的第一部就叫《唐代丛书》。[2] 他的杂文的定义之一显然也与以往那些私人编纂的杂集有关。

鲁迅是很注意明末的小品文的,曾多次把杂文、小品文两词交替使用。在他的名篇《小品文的危机》中,他从明代和明以前的作品取例,说明这种体裁的重要意义,扩大了它在历史上原来的范围。小品文也是周作人的爱好,但它对于鲁、周二人的含义是不同的。周作人爱其雍容典雅,鲁迅则指出即使是在比较颓放的明末小品中,也还是"有讽刺、有攻击、有破坏"。同样,鲁迅认为英国的随笔也与杂文有关,但只有英国随笔的"幽默、雍容"是不够的,还必须有匕首投枪的锋芒,有战斗性。

因此,广义地说,鲁迅的"杂文"不能说是一种体裁,而是"在某一定时间和一定地点所写的包含所有散文类别的总名"[3]。像这样放宽地说,他的文学论文、散文诗、回忆以及其他各类散文,都可包括在杂文之内。不过,特殊地说,他的杂文还是从为《新青年》所写的"随感录"中的"杂感""杂谈"发展而来的。"随感录"有限定的篇幅,正好要求鲁迅所喜爱的类似古文的那种简洁凝练的文风。同时,它也提供了一种自由表述的可能,不拘题材、不拘形式地表现作者真实的思想感情,是对旧散文的内容上、形式上陈腐倾向的有意识的反驳。可见,鲁迅杂文的产生一开

---

[1] 见许寿裳、郑振铎编:《作家谈鲁迅》,第 21—23 页;王瑶:《鲁迅与中国文学》,第 40 页。

[2] 王瑶:《鲁迅与中国文学》,第 40 页。

[3] 见卜立德(Pollard):《鲁迅的杂文》,载于《鲁迅及其遗产》。卜立德的这篇论文对鲁迅的杂文作了特别细致的分析,读后使我能较轻松地写出本书的这一章,对他的论点就不再重复,本章只增加了卜氏未曾论及的鲁迅杂文的艺术方面,这也与本书总的论题有关。

始就是联系着一种激进的要求:他想要根据自己的思想挥洒自如地写作的自由。

自由写作不等于不考虑形式。鲁迅写杂文时也如写小说时一样,是一位有意识地注重技巧的实践者。为了理解他所创造的形成了“鲁迅风”的那种新技巧方式,我们仍须从中国传统中去寻根。按王瑶的说法,鲁迅所继承的特殊的遗产应追溯到魏晋及其以前的古文,他喜爱魏晋文章的“清峻”和“通脱”。晚清以来,中国盛行的是桐城、文选派的文章,严复和梁启超就承袭着桐城派的遗风。至章太炎而文风一变,章太炎认为桐城文风既少独创性也不严密,不能适应说明和论辩的要求,因而提倡文风复古,要求直截明确。而魏晋文章恰恰也是改革汉代以来侈靡的文风,而上溯先秦诸子说明的、论辩的方式的,它的简练的文字结构承载着极大的思想密度。章太炎的古文是很难读懂的(鲁迅亦然)。他把许多典故压缩在一个似乎是无中心、无条理的整体之中。准确与混乱,简练和臃肿,颇有些矛盾地结合在一起,这是章太炎用以对付当时流行学派的文风的武器。在风格和思想方面,章太炎或许提供了和康、梁一派往往是一个观点突出展开的“时文”传统的尖锐对比。可以说是开创了一种思想方式,与那种系统的和谐几乎正好相反。鲁迅早期曾模仿过严复和梁启超,后改学章太炎,这也是他思想重新定向的重要一步。

其实,章太炎最合于鲁迅心意的还不在他的文风,而是那种内在的非正统的激进主义思想,即对已经存在的公认的思想体系和文章风格决不盲从。在某种意义上,鲁迅的杂文那种看来是方向不明的挥洒自如,也可说是章太炎古文表现方式的现代形式。杂文中随时闪耀出的文言词句和用典(有些很难懂)也可归之于章太炎的影响。

古文对鲁迅杂文的影响当然还不止这些,他还模仿过(有时是反讽地)其他一些文风,包括八股文在内。[1]

但是,我们需要研究的最重要的问题却是:鲁迅在普遍的古文传统的包围中,是怎样超越了种种限制,创造了完全属于他自己的、使他的杂文可以肯定是"现代"的那种东西。

二

1918 年、1919 年在《新青年》上发表的"随感录"是鲁迅最早用白话写的杂文。当然,这不是他个人的创造,而是《新青年》编者所定的一个总栏目,作者有好几位。几位作者(陈独秀、钱玄同、周作人等)都表现了共同的具有"五四"特点的立场,这就是反传统、反偶像,结合着对进化论、科学、民主、个性解放的热忱,鲁迅也是如此。但是,就在鲁迅最初的那些杂文里,已经可以看到某些有别于其他人的因素。

首先是鲁迅常常引用一些古人的语言来和今人的言行对照,用以显示出中国传统的陈腐思想仍有市场,仍阴魂不散。如《随感录五十八》中引用《史记·赵世家》里公子成反对主父改胡服的话来和当前"慷慨激昂"的人们叹息"人心不古、国粹将亡"的话相对照,来证明"人心很古";又如《随感录五十九》引用《史记》中刘邦、项羽的话及秦始皇的行为,来说明今人的"最高理想"也仍然不过是"威福、子女、玉帛"而已。有时他又引用一些反对"五四"立场的话和西方科学、哲学、文学的内容并列对比。如《随感录三十三》中引用"一班好讲鬼话的"人的胡言乱语,加以批驳。这种对比意在启蒙,对于僵化的中国传统文章,特别是种种官方文

[1] 关于鲁迅杂文与八股文的关系,参阅卜立德《鲁迅的杂文》。

学,也是一种突破。将中国的和外国的材料,将过去的论说和现在的问题杂驳并陈,不仅给人一种挥洒自如的"随感"之感,也是突破旧的"文章作法"的聪明手段。鲁迅的引文范围是非常广泛的,包括信件、舞台式的对白、传闻,以至种种偶语。这样一来,人们所习惯的那种一写涉及社会问题的论文便必有的俨然气氛也就自然消解了。这样,就出现了一种有个人特色的新的杂文形式,其立场则是公开反传统。

其次,鲁迅不仅限于公开表现"五四"思想,还特别善于运用警句和寓言。"随感录"中那些较短的篇章都含有这样的段落(如第三十六、三十八、四十一、四十九、六十六)。这些警句和寓言大都涉及中国民族性的弱点(也就是他早年最关注的"国人的魂灵"的问题),就使他较其他"随感录"作者达到了更高的普遍性和抽象的水平,也高于他同时代的其他白话文作者,如胡适、陈独秀的政论,朱自清的感情描写等。鲁迅的警句和寓言的运用或许是来自"毒害"了他的庄子,但他的反复引用尼采却透露了明显的外国影响。尼采进一步加强了鲁迅语言的隐喻性。

我想把鲁迅早期杂文这种独特的方面称为"隐喻方式"(metaphoric mode),这就是一种通过可加强文章内容寓意广度的形象和警句来表现非系统思想的形式。因为,由此而达到的抽象程度,是可以使那些形象变成暗含复杂层次意义的隐喻的。这也就是近于上章已经论述过的鲁迅写散文诗的技巧。这种"隐喻方式"在早期的"随感录"中运用时,还主要是服从"五四"反传统的目的。后来,随着由于二十年代反传统热情的衰退而减退了战斗情绪,又随着他对自己杂文写作艺术的确信的增加,这种"隐喻方式"也就更趋纯熟。

1925 年至 1926 年的《华盖集》及其续集中,这种"随感"的写作仍继续着,此时题为"忽然想到",其中有许多极好的警句(如第三)。但在这一时期,他似乎更倾向于对社会现实抒情的、哲学的研究,往往是先从现实的具体的情节谈起,接着是一些似乎并不着力的、散漫的文字的流出,飞翔到寓意的领域这例子很多。[1] 如早期的《为"俄国歌剧团"》,竟随意联想到隐喻着孤独的沙漠。又如在《娜拉走后怎样》的讲演里,抒情地自然转向阿尔志跋绥夫的关于梦和希望的话。《记念刘和珍君》或许是最动人的运用抒情意象的篇章了,其中对刘和珍牺牲事实的叙述是和他自己的内心痛苦交织在一起的。对他自己的内心痛苦是用一种带有强烈宗教感情的语言来表达的:

> ……我已经出离愤怒了。我将深味这非人间的浓黑的悲凉;以我的最大哀痛显示于非人间,使它们快意于我的苦痛,就将这作为后死者的菲薄的祭品,奉献于逝者的灵前。
>
> 真的猛士,敢于直面惨淡的人生,敢于正视淋漓的鲜血。这是怎样的哀痛者和幸福者?然而造化又常常为庸人设计,以时间的流驶,来洗涤旧迹,仅使留下淡红的血色和微漠的悲哀。在这淡红的血色和微漠的悲哀中,又给人暂得偷生,维持着这似人非人的世界。我不知道这样的世界何时是一个尽头!(卷3,第273—274页)

在另一些篇章里,他还大胆地离开具体的现实进入一个更隐喻的世界。《战士和苍蝇》就是一个例子。它以尼采的话为基础,和散文诗《复仇》的第一篇非常相像。后面还有一篇《杂感》,更加抽象,并且含有《野草》主题。它由四个相互略有关联的小段组成,是对于死、牺牲、复仇、沉

---

[1] 有趣的是,大多数有这类隐喻的篇章,北京外文出版社均未译出,或许是因为其中没有常见的政治思想的确证吧。

默、愤怒和爱的意义的思索：

人被杀于万众聚观之中，比被杀在“人不知鬼不觉”的地方快活，因为他可以妄想，博得观众中的成人的眼泪。但是，无泪的人无论被杀在什么所在，于他并无不同。

杀了无泪的人，一定连血也不见。爱人不觉他被杀之惨，仇人也终于得不到杀他之乐：这是他的报恩和复仇。

仰慕往古的，回往古去罢！想出世的，快出世罢！想上天的，快上天罢！灵魂要离开肉体的，赶快离开罢！现在的地上，应该是执着现在，执着地上的人们居住的。

但厌恶现世的人们还住着。这都是现世的仇仇，他们一日存在，现世即一日不能得救。

先前，也曾有些愿意活在现世而不得的人们，沉默过了，呻吟过了，叹息过了，哭泣过了，哀求过了，但仍然愿意活在现世而不得，因为他们忘却了愤怒。

勇者愤怒，抽刃向更强者；怯者愤怒，却抽刃向更弱者。不可救药的民族中，一定有许多英雄，专向孩子们瞪眼。这些孱头们！

孩子们在瞪眼中长大了，又向别的孩子们瞪眼，并且想：他们一生都过在愤怒中。因为愤怒只是如此，所以他们要愤怒一生，——而且还要愤怒二世，三世，四世，以至末世。

无论爱什么，——饭，异性，国，民族，人类等等，——只有纠缠如毒蛇，执着如怨鬼，二六时中，没有已时者有望。但太觉疲劳时，也无妨休息一会罢；但休息之后，就再来一回罢，而且两回，三回……。血书,章程,请愿,讲学,哭,电报,开会,挽联,演说,神经衰弱,则一切无用。

我们听到呻吟,叹息,哭泣,哀求,无须吃惊。见了酷烈的沉默,就应该留心了;见有什么像毒蛇似的在尸林中蜿蜒,怨鬼似的在黑暗中奔驰,就更应该留心了:这在豫告"真的愤怒"将要到来。那时候,仰慕往古的就要回往古去了,想出世的要出世去了,想上天的要上天了,灵魂要离开肉体的就要离开了!……(卷3,第48—50页)

这实际上是带有圣经布道节奏的诗意散文。这里,鲁迅通过形象的召唤力对中国现状作出了悲痛的评论,达到寓意的层次。正如在《野草》中一样,他在一种饱满的沉静中,在生与死的悖论的基础上,寻求愤怒(也是"复仇"主题)的意义。这就是他的"杂感"!它证明了他的思辩倾向,也证明了他的杂文的一种狂烈的创造性,体裁的区别是绝对不能限制他的感受力的。相反,他对体裁区别的僵死规定的蔑视还导致了一种创造性的混合:他的杂文中有诗,诗中有杂文,而且,一些共同的主题常在他的诗、杂文、小说中交替出现。这种"抒情隐喻方式"有时甚至还进入了鲁迅的讲演,那是在感情激动或哲理深思的瞬间。我以为这种方式是他1927年以前写作的一种独特的标志,也是他对现代中国散文的创造性贡献。由于添加了虽然是从他所描写或批评的外界现实中引出但却超越了这一现实的浮面意义的哲理层次,就给他的杂文带来深度。爱、死、牺牲、希望、失望、时间、历史、人的状况、生命的意义等主题,成为他杂文中的"内在的声音",不仅揭示了他作为创作者的内省的方面,也揭示了他在思想理性方面"多方位的"复杂性。换句话说,在他意识中似乎存在着"公众"和"私自"两种领域的不断交叉。因此,在他笔下,外部的现实极少是“客观地”描写或评论出来的。相反,总是由一种植根于苦恼心理的高度“主观的”感受折射出来。鲁迅的杂文和他的散文诗相比,当然是较外向性的,但内在的主题却仍然时时出现。不管有多少外部的因素或公众的要求影响着鲁迅杂文的创作,它们基本上仍是主观的,是“个人随笔”的独特的一类。

从上述1927年以前的四本杂文集中,也可以看出鲁迅在杂文写作上是不断努力地做着种种试验以求扩大它的可能性的。1918年和1919年的杂文主要限于“随感录”(再有两篇论文:《我之节烈观》和《我们现在怎样做父亲》),后来收在《华盖集》、续集以及《坟》中的许多篇章,在内容和形式上就都显得更加多样了:信件、讲话、日记,由女师大事件引起的个人之间的论战,对“青年必读书”问题的答复等,都与文章和评论并列,并且常常借用并修改别人或自己已经用过的形式。例如曾用“并非闲话”为题来取笑论敌陈西滢的《西滢闲话》;在著名的《论“费厄泼赖”应该缓行》中用显然是“八股文”的形式批驳林语堂所提倡的“费厄泼赖”。

另一方面,鲁迅对自己的作品也时有戏笔。例如采取记录每日事件和思想的自由随意的日记形式的《马上日记》,就和他本人日记中那些提纲挈领式的枯燥记事完全不同,包含着非常广泛的内容。还有些署名的读者来信被加上答复全文刊出。这种手法在后来的文章中他也常用,似乎是用来表现确有其事。但这种技巧实际上也是形成了他的杂文的“杂”的另一种引文形式。最有趣的戏笔或许是《青年必读书》,将“青年应多读外国书,少看或者竟不看中国书”的极端反传统的思想用一种开玩笑的形式来表现。总的形式是一张调查表,在“青年必读书”这一栏,和胡适、梁启超等人所填的长串书名恰恰相反,只填写了两句话:“从来没有留心过,所以现在说不出。”但在下面的“附注”栏里,却填进了实际上表明他意思的整整一篇短文。这是对过去应试的文章的一种谐谑的模仿,上面的两句是“破题”,后面的注释才是“起讲”。

当然,鲁迅对杂文形式可能性的种种尝试,是服务于他的日益多样的内容的。在后来的几个集子里,《热风》中那种“五四立场”在一种更广阔的文化背景中得到更成熟的反映。鲁迅文化批评的技巧也是他的隐喻性论述的另一种运用,他最喜爱的方法是用某种细小具体的事物隐喻中国文化较为广阔的方面。结果是使日常生活中某些常见的事物在某种意义上变成了文化的代号(Cultural codes),给读者以特定的线索,使他们看到中国国民性所起的作用。例如在杂文集《坟》中的诸篇,从胡须到牙齿,从照片到镜子,从一句国骂到一篇艰涩的文章,无不显示出国民性。这些隐喻都意味着鲁迅眼中所见到的中国思想行为的特殊方式(例如《论睁了眼看》),并成为他温和的或严酷的批评的对象。[1] 从大的方面说,著名的历史遗迹遗物也能被转化为寄托批评的寓意,例如:

> 伟大的长城!
>
> 这工程,虽在地图上也还有它的小像,凡是世界上稍有知识的人们,大概都知道的罢。
>
> 其实,从来不过徒然役死许多工人而已,胡人何尝挡得住。现在不过一种古迹了,但一时也不会灭尽,或者还要保存它。
>
> 我总觉得周围有长城围绕。这长城的构成材料,是旧有的古砖

---

[1] 在论及中国国民性这个问题时,鲁迅甚至引用早期到中国的传教士的书,如史密斯(Arthur H. Smith)的《中国人的性格》(*Chinese Characteristics*)和威廉士(S. W. Williams)的《中国》(*The Middle Kingdom*),并赞同他们的意见。(见卷3,第321—336页)

和补添的新砖。两种东西联为一气造成了城壁，将人们包围。

何时才不给长城添新砖呢？

这伟大而可诅咒的长城！（卷3，第58页）

这或许只是一点简单的反应，但同时也是对围绕着长城的历史神话的有力的贬斥。通过精妙的价值倒转（reversal values），他把这有名的古迹变成了颓败的封建文化的象征，这文化并且是难于动摇的，因为有许多当代的复古者还在给它加添新的砖瓦。这样，鲁迅的诅咒对象就从往昔延伸到现在了。

两篇论雷峰塔倒塌的杂文则更复杂。这里又一次运用了象征物价值倒转（symbolic reversal）的技巧。第一篇，他首先重述了儿时听到的关于白蛇许仙和法海的故事，表示了从来就希望雷峰塔倒塌的愿望。随着叙述的进行，读者才逐渐明白这篇杂文说的不是别的，而是一个关于习见的道德观压抑本能的情和爱的大胆的寓言。如果译成弗洛伊德的隐喻，雷峰塔就几乎成了文化"超我"压抑情欲和"以德"的图腾式的象征。[1] 第二篇杂文扩展了这同一主题，对破坏和建设的辩证关系做了更概括的论述，将文化的评论延伸到历史的引证和哲学的反思。正是这种独特的将具体和抽象相结合，从具体的事物抽象出深刻的意义，或在基本事实上建立象征的层次，使鲁迅关于文化的杂文可以经久地一读再读：每一篇都突出了一项对中国文化和社会的"修正"。而且，当我们沉浸于鲁迅的文字（特别是那些隐喻较多的段落）并对它的内在含义有所

---

[1] 这样解释绝不是牵强附会。鲁迅在作品中曾多次谈到弗洛伊德，他的购书单中也有弗洛伊德的作品。厨川白村认为文学创作代表着某种被压抑的"以德"的爆发，这思想对鲁迅应是有启发的。

反应时,阅读的过程就成为一种反思的体验了。在每篇阅读的终了,我们初读时的概念和印象也往往完全“倒置”了过来。

三

隐喻倾向(metaphorical tendency)的特色在鲁迅1927年以前的杂文中是比较明显的。1927年至1929年是一个关键性的转变阶段。在这阶段,通过长时期灵魂的探索以及和创造社、太阳社的青年对手们的思想论争,他从1930年开始转到左的立场,从此更深地卷入革命文学活动。《而已集》和《三闲集》是这一转变的文学上的证明。

这两个集子是过渡性的,读起来极其吸引人,因为它们生动地记录了鲁迅精神上的苦恼:首先是广州“革命”骚乱的痛苦,其次是在上海和左翼文学战线的辛辣的论战。这两个集子也表现了鲁迅关于文学和革命之间复杂关系的一系列思考以及他的思想发展。这些政治方面的意义将在后面专章分析。在这里,我想首先继续探索鲁迅在探索新的方向中的艺术表现方式。

《而已集》是以下面的“题辞”开始的:

> 这半年我又看见了许多血和许多泪,
> 然而我只有杂感而已。
> 泪揩了,血消了;
> 屠伯们逍遥复逍遥。
> 用钢刀的,用软刀的。
> 然而我只有“杂感”而已。

连"杂感"也被"放进了应该去的地方"时，

我于是只有"而已"而已！（卷3，第407页）

这篇简单的散文诗写于1926年10月14日，原是作为前一本杂文集的后记的，现在又用来作为新的集子的首篇。这些诗行中含有许多精神苦恼，很清楚地表现了鲁迅改变了的情绪。他于8月间离北平到厦门，部分地是由于"三一八"事件后日益严重的军阀政府的压迫，但到厦门大学以后的生活并不愉快。1927年1月到广州，又正值"革命的"激动和蒋介石突然反共之时。"血和泪"在军阀统治的北京有，在"革命根据地"的广州也有，这些事情显然使他震动，使他看到比原先生活的那个学术、知识的世界里更迫人深思的社会现实。此外，鲁迅后来又面临意识形态的挑战——来自创造社、太阳社的年轻人。他们自称已经转向无产阶级革命，现在高扬着"革命文学"的旗帜，呼喊着各色革命口号，把鲁迅置于防御的地位。争吵始于1928年至1929年，既有文学理论性质，同时也有代沟的性质。它是来自一个"新青年"集团的面对面的挑战，而对于青年，鲁迅原是非常信任又受到他们崇敬的。与此同时，他在广州也"目睹了同是青年，而分成两大阵营，或则投书告密，或则助官捕人的事实"，他的思路因此而被"轰毁"。如他自己所承认的，其结果是直接而深远的：他不再相信进化论，不再相信"将来必胜于过去，青年必胜于老人"，也不能再给予中国的青年以无保留的信任。

但这时他还并没有成为一个马克思主义者，宁可说正陷于相当深的困惑之中。反映在《而已集》和《三闲集》中的，已经少有他以前常有的充满信心、无所不包的文化批评，而是如他后来所说的"吞吞吐吐，没有胆子直说的话"。部分地或许是由于他一生中还是初次遇到官方的检查，便是他自己认识上的不确定也应当是相当重要的原因。因此,这两个集子里除了少部分反映个人内心的篇章外,引用了大量别人的信件附以答复,意在确定或形成自己在论争中的种种见解。就是在公开的讲坛上,如在黄埔等几个学校的讲演中,也可以发现他在大声说出内心的困惑。

由于大量引用当时人们的信件(1927 年的有些篇章几乎完全是引文组成),并有许多演讲记录,使这一时期鲁迅的杂文具有公开性的特色。但是既然在这些公开文件中仍然浮现出他的内在情绪,它们也就应被认为是表现了一种思想上重新认识的过程。这里,不再是从外界的事件中发现"随感"易于击中的目标,而是将个人的感受落实在外部世界的混乱上,甚至到了这些感受最终竟是受着他所关心的外界事件支配的程度。总之,他的杂文已经从早期自由流畅的抒情隐喻转向更具体、更确定的议论形式了,这种变化是容易看出的。但是对于像我这样一个对他早期风格极为爱好的读者来说,这两个集子里那少量的抒情隐喻却是极可贵的珍宝。例如以"小杂感"为总题的二十多篇文字(《而已集》的题辞中虽然反复地使用了"杂感"这个词,小杂感却只此一组)就属此类,其中有些也正是他这个时期的情绪和思想的简略概括:

> 约翰穆勒说:专制使人们变成冷嘲。
>
> 而他竟不知道共和使人们变成沉默。

> 要上战场,莫如做军医;要革命,莫如走后方;要杀人,莫如做刽子手;既英雄,又稳当。

> 曾经阔气的要复古,正在阔气的要保持现状,未曾阔气的要

革新。

人感到寂寞时，会创作；一感到干净时，即无创作，他已经一无所爱。

创作总根于爱。

杨朱无书。

创作虽说抒写自己的心，但总愿意有人看。

创作是有社会性的。

但有时只要有一个人看便满足：好友，爱人。

以上段落指明了鲁迅的某些困惑：暴政，随便杀人，行为的混乱，写作和沉默的意义。所有这些都以某种方式联系当时的环境，而且那关系比他在此前写的更直接。他已经感到中国正处于一个"大时代"的入口，可以导向新生也可以导向死亡的历史紧要关头，不可避免地会招致巨大的牺牲。在 1927 年 9 月的《答有恒先生》中，他开始判断自己目前的状况并揭示了他沉默的原因。他说："因为我离开厦门的时候，思想已经有些改变。""我恐怖了，而且这种恐怖。我觉得从来没有经验过。"他承认自己关于青年的"妄想"已经破灭，因为青年正在"新的血的游戏"中扮演着角色，而且还看不见这出戏的收场。接着，是更能说明问题的一段：

我发现了我自己是一个……是什么呢？我一时定不出名目来。我曾经说过：中国历来是排着吃人的筵宴，有吃的，有被吃的。被吃的也曾吃人，正吃的也会被吃。但我现在发见了，我自己也帮助着排筵宴。先生，你是看我的作品的，我现在发一个问题：看了以后，使你麻木,还是使你清楚;使你昏沉,还是使你活泼?倘所觉的是后者,那我的自己裁判,便证实大半了。中国的筵席上有一种“醉虾”,虾越鲜活,吃的人便越高兴,越畅快。我就是做这醉虾的帮手,弄清了老实而不幸的青年的脑子和弄敏了他的感觉,使他万一遭灾时来尝加倍的苦痛,同时给憎恶他的人们赏玩这较灵的苦痛,得到格外的享乐。(卷3,第454页)

“醉虾”的隐喻当然使人回想起当年“吃人”和“铁屋子”的隐喻。其反讽之处是他早年的预言已被悲剧地证明是正确的:那些熟睡的人们中被唤醒了的“较为清醒”的人,现在是落在游逛在广州街头的“革命的”和“反革命的”人们手中痛苦而死了。这使他在新的改变了的环境里只能感到痛苦和负疚。早年的口号如“救救孩子”现在也显得是空洞的了。因此“我终于觉得无话可说”。在信的末尾,他说:“恐怖一去,来的是什么呢?我还不得而知,恐怕不见得是好东西罢。但我也在救助我自己,还是老法子:一是麻痹,二是忘却。一面挣扎着,还想从以后淡下去的‘淡淡的血痕中’看见一点东西,誊在纸片上。”(卷3,第457页)

如果说鲁迅在1927年虽然自称沉默但还是比较地多言(他的杂文有整整一集并且还有的放进了第二个集子),那么,在1928年和1929年他确实写得很少了。少量的文章、信件、序跋,仅仅组成了《三闲集》的后半部分。像以前一样,他想用阅读来“麻痹”自己,但这次读的是普列汉诺夫、卢那察尔斯基等俄国马克思主义者的作品。这些作品被他从日译本转译过来,并为他在1930年以后的思想转变铺平了道路。但从他这一时期的信件和与创造社的论争中(例如《“醉眼”中的朦胧》)却可证明,他此时最关心的正是论战对手们提出的那些问题,如文学(也包括他自己的作品)的阶级性,如在中国是否可能有普罗文学运动等。因此,他对现实的“沉默”的描写实际上是隐蔽在骚动的语言之中的。从他的两篇“夜记”特别是后一篇《在钟楼上》,我们发现他并不能保持沉默,也不能像在厦门时那样退回到自己的孤独中去,来自广州外部世界的种种不同色彩时时插入,反映在作品中,使他的文字更显出“杂”。而且,在他自己承认“沉默”的同时,却不满意于他的国人的驯服和消沉,称之为“无声的中国”。而且他继续引证报刊上关于杀人和死亡的记载,包括对被指为共产党人的刑戮,将现实世界的这种残暴和“革命文学”中非现实的肤浅相对比。总之,在他 1928 年至 1929 年的杂文中我们感到的,是在他自己设置的“沉默”之下即将爆发出来的不安与骚动。

四

《而已集》和《三闲集》可以看作鲁迅后期杂文的前奏。在此之后,他在 1930 年至 1936 年的六年间写了不下于八个集子的杂文,后来由友人及弟子编的补遗至少还有三集。仅从数量看,这一时期确实是他创作力的高峰。正如许多评论者指出的,他这最后阶段的杂文呈现出一种全新的方式,如瞿秋白所说的是战斗的“阜利通”[1],鲁迅自己解释这是变化了的感受的产物:由于迫切的政治环境,杂文已经走到生死分歧的危机点。“生存的小品文,必须是匕首,是投枪,能和读者一同杀出一条生存的血路的东西。”(卷 4,第 576 页)“况且现在是多么迫切的时候,作者的

[1] 这个由瞿秋白在他所编的《鲁迅杂感选集》中所确定的词“阜利通”,后来为许多鲁迅研究者所通用。但是,尽管瞿秋白思想锐敏,可能是出于政治上的考虑,他对鲁迅杂文中的抒情—哲学这一方面却显然没有注意。

任务,是在对于有害的事物,立刻给以反响或抗争,是感应的神经,是攻守的手足。”(卷 6,第 3 页)简言之,带刺的“匕首投枪”风格的杂文应是有义务感的作者的写作形式。

但是,看来鲁迅后期的杂文是被中国热爱他的人们过分强调了。从文学角度看,这些杂文未免笼罩着过多的对社会事务的关心,焦点未免过于集中在较狭窄的主题和范围以内,视界和深度感则由此而削弱了。看来,鲁迅在写了许多“阜利通”式的杂文以后,由于种种原因,包括他被友人和敌人都敬畏的讽刺杂文家的名声在内,他已经建立了某种连他自己也不能突破的规定。直到他生命的最后两年,当他和不断袭来的疾病战斗着并日益明白自己的体质已不能久持时,一种智慧的广袤和柔和的音调才又回到了他的作品中。

我们可将他后期的杂文按时序大体概述于下:他最终达到左翼立场并公开宣布革命原则是在 1930 年至 1931 年的《二心集》中,集子里包括一些激情奔放地维护新建立的左联的作品。然后,在 1931 年至 1934 年写了四个杂文集,即《南腔北调集》《伪自由书》《准风月谈》和《花边文学》。大多数是为报刊写的杂文,有的是为别人的作品所作的序跋。按我的看法,这四个集子中,虽然也有一些引人入胜的文字,如关于萧伯纳以及谈他自己写作技巧的诸篇,又如由中国女人的脚推论开去的一篇,但是总的说来,这一部分却是鲁迅杂文中最无趣的,大多是一些苛刻的批评和论争。最后,从 1934 年至 1936 年,即他一生的最后三年,他写了三本《且介亭杂文》,其中以最后一本最好。

鲁迅后期的特别是为论争目的而写的那些杂文,主要是辛辣的讽刺。它们尖刻、好斗、带有摧毁性,甚至是恶毒的,直接指向他的真正的或想象的敌人。这种讽刺文体的典型写法,得到了鲁迅研究者的广泛注意和大量分析。[1] 正如米尔斯(Harriet Mills)所概括的,它们包含着下列手法:归谬法,类比和实事的悖论及论证的使用,关键性的字或词的重复,最后是用简练然而致命的警句向其论敌作最后的一击。[2] 此外,或许还可以加上有意扭曲、断章取义地引用对手的论述,并对其观点加以夸大。[3] 这种讽刺有直接的效果,有人阅读后出自内心地狂喜,有人感到被深深刺伤,均视其本人所处的地位和鲁迅观点的关系而定。鲁迅在《什么是"讽刺"?》一文中曾说:

> 讽刺作者虽然大抵为被讽刺者所憎恨,但他却常常是善意的,他的讽刺,在希望他们改善,并非要捺这一群到水底里……
>
> 如果貌似讽刺的作品,而毫无善意,也毫无热情,只使读者觉得一切世事,一无足取,也一无可为,那就并非讽刺了,这便是所谓"冷嘲"。(卷 6,第 329 页)

如果用鲁迅自己的标准来衡量他的讽刺作品,那么,它们的质量是不齐的,常常越过了这一界限而落入令人厌恶的程度。攻击梁实秋的那篇文章就是典型的"冷嘲"作品。

---

[1] 在许多赞美之词中唯一的例外是李长之的《鲁迅批判》。早期评论者中,巴人的《论鲁迅的杂文》,虽然仍着重于意识形态方面,却写得比较深刻周密。近期中国的研究则较多强调鲁迅杂文的艺术,不再强调其直接的政治性了。例如潘旭澜的《鲁迅杂文的艺术特色》(《鲁迅研究》第 1 辑,1980 年),《纪念鲁迅诞生一百周年学术讨论会论文选》中的袁良骏的《鲁迅杂文的艺术技巧》及胡从经的三篇论文,又如邵伯周的《鲁迅思想与杂文艺术》和阎庆生的《鲁迅杂文的艺术特质》等。

[2] 见米尔斯(Harriet Mills):《杂文:对形式和实质的观察》(*The Essays: Some Observations on Form and Substance*,在亚洲研究协会鲁迅问题的讨论会上的论文)。

[3] 参阅卜立德:《鲁迅的杂文》。

这篇题为《“丧家的”“资本家的乏走狗”》的文章，一开始就引用了梁实秋否认自己是“资本家的走狗”的一段很长的文字：

《拓荒者》说我是资本家的走狗，是那一个资本家，还是所有的资本家？我还不知道我的主子是谁，我若知道，我一定要带着几份杂志去到主子面前表功，或者还许得到几个金镑或卢布的赏赉呢……如何可以做走狗，如何可以到资本家的账房去领金镑，如何可以到××党去领卢布，这一套本领，我可怎么能知道呢？

梁实秋的这段话确实用了一些讥诮之词，暗示左翼作家是从共产党和共产国际领取津贴的，这是毫无根据的流言。但细审这段话，基本点却是为自己辩护，由于左翼首先发动论争，辱骂梁实秋是走狗，所以他站出来说自己并未领取津贴，因而也不是走狗。而鲁迅的文章却继续肯定这种辱骂，而且就用梁实秋自我辩护的话，用一种怪诞的逻辑略加扭曲和引申，给予他进一步的伤害。文中说：

……凡走狗，虽或为一个资本家所豢养，其实是属于所有的资本家的，所以它遇见所有的阔人都驯良，遇见所有的穷人都狂吠。不知道谁是它的主子，正是它遇见所有阔人都驯良的原因，也就是属于所有的资本家的证据。

由于梁实秋自己不知道“主子是谁”，所以为确当计，还得添几个字，称之为“丧家的”“资本家的走狗”。这种反击，既是取自马克思主义经济学概念，也是建立在对狗性的观察上的，是鲁迅喜用也常用的手法。但是这还不够，接下去又揭露梁实秋其他文章中一些反共的言辞，将其和过去的军阀和现在的国民党政府联系起来，从而暗示出梁实秋事实上就是这些势力的走狗。

最后的致命一击，和一般左翼批评可能做的不同，不是指向梁实秋的右的政治立场，而是指向他的文艺批评的才能：

> 倘说梁先生意在要得“恩惠”或“金镑”，是冤枉的，决没有这回事，不过想借此助一臂之力，以济其“文艺批评”之穷罢了。所以从“文艺批评”方面看来，就还得在“走狗”之上，加上一个形容字：“乏”。（卷4，第246—249页）

这里的“乏”字，是借有贝之“财”来讽刺梁实秋更缺少无贝之“才”。

经过这样一番层层的分析和驳斥，梁实秋的“走狗”形象就实在难看了。既是“丧家的”又“乏”，既穷于财又穷于才，只是不断地向穷人（无产阶级和站在他们一边的作家）狂吠，以逢迎所有的资本家。这攻击不是太恶毒了吗？

尽管极有文采，这篇文章，以及其他许多个人攻击的文章，究竟有多少长存的价值，却是令人怀疑的。特别是当被攻击者以及当时上海文坛的情况在历史上渐渐褪色以后，后来的读者，不论是国内国外的，已不再熟悉三十年代初的人和思想上的龃龉以后，他们是否还会爱好这些“战斗的”杂文中充满着的尖刻？❶ 作为文学作品，这些仇杀性的篇章表现

❶ 现在回顾历史，鲁迅对他文学上的敌人的胜利，如对陈西滢及“正人君子”一群，对“新月派”和胡秋原、苏汶等“第三种人”，以及后来对周扬等“国防文学”派的胜利，其实只是表面的而非实在的。梁实秋和胡秋原现仍健在（两人已分别于1987年、2004年去世。——译者），并不承认失败。周扬虽承认当时对鲁迅尊重不够是不对的，对于“路线”问题也不见得承认自己有错。

的境界是狭窄的，几乎是一种恶意攻击和反攻的小圈子，有时完全不顾艺术形式。鲁迅的报复性在1933年达到顶点，都表现在《准风月谈》和《伪自由书》这两个杂文集里。在政府审查和恶意的闲言絮语的双重攻击下，鲁迅写了大量简练的、然而又怨气极大的短文加以还击。每个集子都写了后记，以振奋的心态重复引用并穷追不舍地反击那些文学圈子里的流言。他好像是自己在织一个偏执狂的茧子，在里面用狂热的写作来维护自己的阵地。他越是感到黑暗势力是在向自己压来，就越有战斗性，写作力也就越是凝固起来。他一半以上的杂文就是这样在一生的最后三年写出来的。

人们可能对鲁迅最后的写作生涯有一种悲剧感，但我却认为，从文学的角度看，他这段时期的"阜利通"作品中的最佳者，仍然具有他过去的特色。大体上是以下两类：一是掌握在艺术克制力中的个人强力感情的抒写，二是在大段的讽刺与责骂中偶尔飞出的想象和隐喻。例如也是反击梁实秋的《"硬译"与"文学的阶级性"》，在大段的讥诮责骂以后，突然引用了希腊神话中普罗米修斯(Prometheus)的故事，表明自己做翻译工作正如那位窃火者一样，是一种自我牺牲。这样一种悲剧精神的高贵的迸发，就将对手的相当有理的论点(硬译难懂)贬低到似乎毫无意义了。这就是想象和隐喻飞翔的例子。

至于极有艺术力的强烈抒情的文字，当然首推悼念柔石等五烈士的《为了忘却的记念》。在这篇文章里，他的典型的讽刺文中的"刺"几乎全不存在了，在感情力量之上，更盖之以文笔的清新和简洁，似乎对这几个青年的回忆洗清了他笔下那斤斤于小事的毒汁，使他又恢复了早期忆旧的简洁"白话"。一种抒情的调子贯彻始终地弥漫于全篇，首先是这样开始的：

> 我早已想写一点文字，来记念几个青年的作家。这并非为了别的，只因为两年以来，悲愤总时时来袭击我的心，至今没有停止，我很想借此算是竦身一摇，将悲哀摆脱，给自己轻松一下，照直说，就是我倒要将他们忘却了。（卷4，第479页）

这种温和的反讽语气很像《呐喊·自序》的开始。接着他就描写当年和殷夫、柔石交往的情况，将他们的天真、信念和自己的怀疑、失望相对比，又写他们的被捕和牺牲，与自己的终于避免了被捕的情况并列。这种对比使他的描写带上一种自我内心反映的色彩，注入了他的杂文中少有的亲切感。而且，尽管他自己说是为了忘却，却透露了一种负疚感。正如他早期的那些回忆文章一样，读者渐渐进入了一种更有希望的、更珍贵的青年世界，然而又被粗暴地打碎了，于是同样地承受着作者的悲哀，这悲哀在文章中是贯彻到底的：

> 不是年青的为年老的写记念，而在这三十年中，却使我目睹许多青年的血，层层淤积起来，将我埋得不能呼吸，我只能用这样的笔墨，写几句文章，算是从泥土中挖一个小孔，自己延口残喘，这是怎样的世界呢。夜正长，路也正长，我不如忘却，不说的好罢。但我知道，即使不是我，将来总会有记起他们，再说他们的时候的。……（卷4，第479—488页）

五烈士之死也正如当年刘和珍之死一样，拨动了鲁迅心中感情的弦。文章的最后一段反映出，对于“年老的悼念年轻的”这样一种反常的状况，他深深感到烦恼。但不久，他就明白自己的生命也并不久长了。

1934年11月,他写了两篇杂文:《病后杂谈》和《病后杂谈之余》,自说这是由于卧床养病有余暇读书而写出的。在这两篇杂文中虽然仍可看到他对审查、压迫等当前问题的关心,但因主要是探寻明清两代的前事,却使他回到了那种谈论文化的较广阔的思想领域,这是他在1927年以前的杂文中所喜作的。在后两集《且介亭杂文》中,似乎对那些大大小小的"敌人"的警惕暂时有所放松(指在"两个口号"问题提出以前),比较喜爱文学和文化方面的论题。谈论孔子和庄子,谈论魏晋小说和唐传奇的不同,还有七篇谈论"文人相轻"的现象。还有关于果戈理的《死魂灵》(*Dead Souls*)和但丁、陀思妥耶夫斯基的评论。《"题未定"草》似乎表明他在探索着讨论文学的另一种形式。或许最能说明问题的是他最后的两篇杂文:《女吊》和《因太炎先生而想起的二三事》,前者似乎是《朝花夕拾》关于民间鬼魂描写的继续,后者试图概括他当年的老师章太炎的贡献。此前不久还有一篇似乎是要总结一生的拟遗嘱《死》。这些篇章不仅情绪比较温和,似乎还有另一种写作的倾向,使人感到亲切,在新的思想广度中把人引向了他早期杂文的抒情的、隐喻的意味。可惜,由于他的过早的、突然的死去,这种状况未能继续。

最能说明他体质的衰弱和新的决心的,莫过于写于死前两个月的《"这也是生活"……》中下面这些段落:

> ……我的确什么欲望也没有,似乎一切都和我不相干,所有举动都是多事,我没有想到死,但也没有觉得生;这就是所谓"无欲望状态",是死亡的第一步……
>
> 有了转机之后四五天的夜里,我醒来了,喊醒了广平。
>
> "给我喝一点水。并且去开开电灯,给我看来看去的看了

一下。”

“为什么？……”她的声音有些惊慌，大约是以为我在讲昏话？

“因为我要过活。你懂得么？这也是生活呀。我要看来看去的看一下。”

……

街灯的光穿窗而入，屋子里显出微明，我大略一看，熟识的墙壁，壁端的棱线，熟识的书堆，堆边的未订的画集，外面的进行着的夜，无穷的远方，无数的人们，都和我有关。我存在着，我在生活，我将生活下去，我开始觉得自己更切实了，我有动作的欲望——但不久我又坠入了睡眠。（卷6，第599—601页）

第三部分　关于文学和革命

第七章 对文学和革命看法的变化和发展

“鲁迅是中国文化革命的主将，他不但是伟大的文学家，而且是伟大的思想家和伟大的革命家。”毛泽东的这句赞颂之词，成为半个世纪来中国人对鲁迅看法的定论。按照这种观点，作为文学家和思想家的鲁迅之所以伟大，主要是因为他革命。因为：“一个文学家如果真正伟大，他就必须具有革命思想和忠实地为革命服务。”[1]毛泽东的这句话出来以后，中国大多数鲁迅研究者，尽管内部还有各种争论，在把“思想家”和“革命家”置于重要地位，而忽视他之为“文学家”这一点上，却是完全一致的。

但是，如果不按这个观点来看问题，我们就可以认为这些后来加上的称号并不一定反映了鲁迅本人的想法。从 1907 年放弃医学起，鲁迅的种种活动实际上都是围绕着他所选择的文学事业的。尽管后来同情革命，他终身为之献身的事业却是文学。当然，在“五四”时期当一个文

---

[1] 王瑶：《鲁迅研究的准绳和指针》(《鲁迅研究集刊》第 1 辑，1979 年，第 8 页)。又：日本著名学者丸山昇的《鲁迅之文学和革命》一书(东京，1965 年出版)，也试图通过研究鲁迅生活的具体环境(从对辛亥革命的沮丧到二十年代的复苏)，以确定鲁迅“革命精神”的广度。这部作品可说是在“政治上”和他的老师竹内好相反的。竹内好的观点见其《鲁迅在日本》一文(《鲁迅及其遗产》，第 237 页)。这篇文章充满感情地描绘了从鲁迅的生平和作品中看到许多意义的几代日本学者和知识分子。

学家，绝不仅仅意味着摆弄文字。相反，那时的作家是一个新涌现的觉醒的社会集团，作为独立职业的文学创作已经有了巨大的思想意义和目的的严肃性。现代中国作家以天下为己任，要做社会的批判良心。他们都是背负着自己设置的这个重担的。鲁迅正是中国现代文学家这一重要立场的代表。但是，中国现代作家的这种立场和中国共产党革命之间的关系，不论是从历史方面或从其他方面看，并不像大陆文学史家们所描写的那么完全一致，互相支持。那种全国性的将鲁迅神化为某种革命救世主或毛泽东文学思想的先驱的看法，也是错误的。这两种说法都并不能说明鲁迅之伟大。

不可否认，鲁迅晚年是日益政治化了。他 1930 年以后的许多杂文也说明他曾极力摆脱早期的失望状态，并且公开地站在左翼文学前线，采取一种承担责任的态度。但这并不意味着这种革命文学活动从一开始就是中共革命整体的一部分。当时中共地下党领导本身分裂成许多宗派，鲁迅和他们的关系并不都很融洽。[1] 他和某些共产党员如瞿秋白、冯雪峰确实建立了友谊，本人却并未入党。作为一位从事文学的知识分子而非政治活动家，鲁迅执着地关心的，主要是文学与革命的理论问题以及在政治承担的框架以内确定自己生命“存在”的意义的问题，而不是革命的策略问题。

---

[1] 关于鲁迅和中国共产党的关系．可参看米尔斯（Harriet Mills）的《鲁迅在左翼时期，1927—1936》（*Lu Hsün*：1927—1936，*The Years on the Left*）（哥伦比亚大学 1963 年博士论文）。陈炳良的《鲁迅与共产主义》（台北，《文季》，1984 年 8 月）中亦有很有见地的分析。

一

鲁迅对政治的看法是变化着的。要追踪鲁迅走向左翼的长长的旅程以及他对文学和政治问题的复杂反应,首先就应研究这种变化。

从总体看鲁迅一生的事业,文学显然占据主要地位,政治是不能与之相比的。在日本留学时期,他不是学生运动中的活跃分子;辛亥革命后不久,他即认为这次革命是可悲的失败;再后十年,在民国政府所玩的种种把戏之前,他陷入长期的失望。1925 年,他曾愤激地说:“我觉得仿佛久没有所谓中华民国。我觉得革命以前,我是做奴隶;革命以后不多久,就受了奴隶的骗,变成他们的奴隶了。”(卷 3,第 16 页)他把政治看作无情的军阀和没骨气的政客的权宜一时的诈骗游戏,对那些搞政治的人们保持着距离。只是在政治压迫侵犯到他的个人世界,他才因愤怒而有所反击。在支持女师大学生的斗争时,他对于支持官方教育部门的陈西滢等现代评论派的“正人君子”集团的愤怒和对军阀政府的愤怒是一样多的。为刘和珍之死,他写了好几篇文章来哀悼,但他并不赞成随便流血牺牲。“五卅”事件也不曾引起他的强烈反应。

鲁迅对政治及政治活动的消极和否定态度,是当时社会一种广泛存在的现象的反映。当时许多有良心的知识分子都是厌恶政治的。五四运动中觉醒的知识分子自视为社会代言人,他们看到这个社会是落后的,令人不满的,迫切需要改革,因此,不满意那相继上台但不能采取任何行动来满足改革要求的军阀政府。因此,鲁迅在左倾之前的岁月中,认为文学和政治是背道而驰的,前者反映了社会的不满,后者要肯定反动的社会现状。1927 年 12 月,在一篇著名的演说《文学与政治的歧途》

中，他明确地表达了这种看法：

> 我每每觉到文艺和政治时时在冲突之中……政治是要维持现状，自然和不安于现状的文艺处在不同的方向……政治想维系现状使它统一，文艺催促社会进化使它渐渐分离。（卷7，第113—114页）

这篇演说严厉批评了政治家，指出他们想维持现状，因而视文艺家为“社会扰乱的煽动者”，还想杀他们以获得“平安”。于是，文艺家不可避免要与政治家对立，并被政治家压迫，因为他是一位批评的预言者，他说出了一般人民还没有悟到的不满的感情。而且，如果他说得过早，甚至社会也会“反对他，排轧他”。（卷7，第116页）

1927年鲁迅到广州时，文学和政治关系的问题变得更迫切了。广州当时政治的主导方面是响亮地号召革命，鲁迅不能不受影响，在这种气氛下，他发表了一些关于文学与革命的看法。《而已集》中有一批论文、讲演和信件就是专谈这个问题的。前已说过，鲁迅在这期间的思想尚未完全确定，甚至在公开的讲坛上有时也提出了自己的一些困惑，前后的看法也不完全一致，但从这些材料中已经可以看出他最关心的是哪些问题。

与此有关的重要陈述之一是在黄埔军校的讲话，时间是1927年4月8日，正好在蒋介石发动“四一二”政变前数日。讲话中把文学与革命的关系描写为三部曲。第一阶段是革命前，这时期已经出现对现状不平的文学，但这种文学并不一定会引起革命爆发；第二阶段是正在革命的时期，这时行动比写作更重要，人人忙于革命，无暇从事文学；第三阶段是革命成功以后，这时文学才又出现，一般分为两类，一类为革命胜利唱颂歌，一类为过去唱挽歌。

按照这个三部曲来看，鲁迅实际上是认为文学和革命无关，他根本否定革命前有“革命文学”之可能，因为鸣不平的文学不一定导致革命行动，当然不能视为“革命文学”。而在革命时期文学又会由于大家忙于革命而衰退甚至停止。就是革命后的两类文学，鲁迅也只认为是过渡现象。“再往后去的情形怎样，现在不得而知，但推想起来，大约是平民文学吧。”但这种文学，却只能在“工人农民得到真正的解放”以后才能产生。在中国和全世界都没有这样的文学，“因为平民还没有开口”。现在那些称为“平民文学”的，实际上是“另外的人”从旁看见平民的生活，假托平民的口吻而说的。（卷3，第421—422页）

这一整套看法中的严格的现实主义显然是针对创造社自我标榜的“革命文学”的，当时，创造社正在高唱“从文学革命到革命文学”的口号。在鲁迅看来，由于“革命”一词当时已被各种色彩的政治家所滥用，创造社所高呼的口号也就极少意义。鲁迅认为，仅仅为宣传鼓动而写的文章往往是无力的，“因为好的文艺作品，向来多是不受别人命令，不顾利害，自然而然地从心中流露的东西；如果先挂起一个题目，做起文章来，那又何异于八股，在文学中并无价值，更谈不到能否感动人了”。因此，革命最需要的是“革命人”，而不是“革命文学”，枪炮的力量大于笔的力量。（卷3，第418页）

鲁迅对“革命人”的赞颂在不久后写的《革命文学》一文中又一次被强调：“我以为根本问题是在作者可是一个‘革命人’，倘是的，则无论写的是什么事件，用的是什么材料，即都是‘革命文学’。从喷泉里出来的都是水，从血管里出来的都是血。”（卷3，第544页）

从这段文字看，鲁迅似乎是在有限的意义上接受了“革命文学”一词的可能性，承认那些真正革命的人们所写的文学是“革命文学”。但是，“革命人”同时又是一位好作家是否可能？两者是否可以兼得？鲁迅认为“革命人就希有”，因此，广州、上海那些自称“革命”的作家未必够得上“革命人”。即是那些愿意为革命服务的俄国作家如叶赛宁、索波里也证明并不能经受住革命的风暴。鲁迅虽然承认在革命时代有大叫“活不下去了”的勇气的这些作家“才可以做革命文学”，却仍然指出他们“终于不是革命文学家”，并反讽地说明：那是“因为俄国是实在在革命”。按照上述革命文学的三部曲，可以看出，鲁迅实际上是否认在真正的革命时期有“革命文学”和“革命作家”的。

显然，鲁迅这些早期的想法里，给文艺家在革命过程中确定的是一种奇怪、多余的而又是悲剧的角色。在济南大学的演讲里，他甚至认为今日的革命者也会变为明日的政客，会力图维持他们胜利后的社会现状，并为此而又来迫害他们曾赞同过的文艺家。在这似乎是无尽头的螺旋形中，文艺家的命运便始终是：预言者——被放逐者——牺牲者。即使文艺家参加了革命，这格式似乎也不会变。他再次引用叶赛宁和索波里之自杀来证明：作家在其中承受了巨大痛苦和牺牲的布尔什维克革命是真正的革命，而在中国，所谓的革命作家还生活得很舒服，就并无真正的革命。所有那些关于革命文学的滔滔不绝的谈论也就不过是些“空谈”。

前已说到，广州的经验曾使鲁迅沉默。当他 1927 年 12 月从广州到上海时，从某种意义说，他已经是个改变了的人，由于广州的屠杀和继之而来的蒋介石政变的血淋淋事实，他的思想受到极大震动。许多天真青年（有的是他的学生）的被捕，使他对国民党革命中或有“革命人”的一点残余希望也不存在了。但是，这不能说他此时已经将自己的命运和共产党连结在一起了。与许多中国研究者的信念相反，我认为他在 1927 年还不能说已有一个向马克思主义的“质的飞跃”。❶ 尽管五月间《庆祝沪宁克复的那一边》一文中他曾称赞列宁为“革命的老手”（卷 8，第 161—163 页），他本人却未在一夜之间变成马列主义者❷，也并不一定信服中共的纲领策略。那年 12 月的讲演《文学与政治的歧途》中就有这样一段费解的话：

……现在革命的势力已经到了徐州，在徐州以北文学家原站不住脚；在徐州以南，文学家还是站不住脚，即共了产，文学家还是站不住脚。（卷 7，第 119 页）

此时国共已经破裂，中共已经转入地下，“共了产”一词或是指遥远的将来，或指中共当时的政治纲领。不论作哪种解释，看来鲁迅对共产党胜利后的文学也并不抱乐观的希望。广州的“现实的告密”不仅包括国民党“反革命”，同时也包括共产党的革命。革命意义的混淆使他在当年 9 月的《小杂感》中写了如下一段话：

革命，反革命，不革命。

❶ “质的飞跃”的概念首先是在青年学者袁良骏的论文《论鲁迅马列主义世界观的确立》（见袁著《鲁迅思想论集》，第 28—52 页）中提出来。其后，Vera Schwarcz 又曾予以不适当的肯定。见其《鲁迅怎样成为一个马克思主义者》（*How Lu Xun Became a Marxist*，*Bulletin of Concerned Asian Scholars*，1981 年，第 5 期，第 60 页）。

❷ 根据鲁迅这篇文章，袁良骏很快得出结论，认为鲁迅此时已有“质的飞跃”，并似已在一夜之间成了马克思主义者。对于这种看法，有些研究者是反对的，认为说得为时过早。参阅陈安湖《鲁迅论稿》，第 234—254 页，《关于〈庆祝沪宁克复的那一边〉的评论》一文。

> 革命的被杀于反革命的。反革命的被杀于革命的。不革命的或当作革命的而被杀于反革命的,或当作反革命的而被杀于革命的,或并不当做什么而被杀于革命的或反革命的。
>
> 革命,革革命,革革革命,革革……(卷3,第532页)

在这段话里,对"革命"一词的不断重复给读者以否定的印象:对高唱人云的革命词汇来说,革命现实本身成了一个嘈杂混乱的世界。在蒋介石政变后,左翼所说的革命当然已不再是指第一次统一战线的模式。那么,在变化了的情况下,革命意味着什么,它和文学的关系又怎样?

像过去一样,典型地,鲁迅又投入了更多的灵魂探索和思想的反思。因此他曾"立意要不讲演,不教书,不发议论,使我的名字从社会上死去"。(卷4,第99页)1928年、1929年他果然写得不多,虽然正被创造社和太阳社所围攻,这两年发表的极少数文章表明他关于文学和革命的看法已渐渐有了值得注意的变化。

在这些文章中,一方面,他继续批评那些青年批评家自我标榜的"普罗文学"即"革命文学",取笑他们那干瘪的、浅薄的作品。他引用他们所喜爱的辛克莱(Upton Sinclair)的话——"一切文艺是宣传",但立刻指出:"一切宣传却并非全是文艺。"(卷4,第84页)另一方面,此时他对自己过去的见解已不那么肯定,1928年4月给冬芬的复信《文艺与革命》中,他不再直接回答来信中提出的文艺家必须"忠于自己,忠于自己的艺术"的议论,只是貌似谦虚地说自己并不是批评家也不是艺术家,所以并不以为艺术特别崇高。他也不像过去谈"三部曲"时那样否认"革命文学"的可能性,而是说:"世界上时时有革命,自然会有革命文学。"他原认为"平民文学"只能在工人农民完全解放以后的遥远未来才可能有,现在则认为“现在世界上的民众很有些觉醒了，虽然有许多在受难，但也有多少占权，那自然会有民众文学”。所说的民众“有多少占权”可能是指苏联。他把这“民众文学”又称为“第四阶级文学”，虽不能算严格的马克思主义，总表现了某种程度的阶级意识。（卷 4，第 82—84 页）

在后来的一些文章中，他又表现了另一种情绪。他不喜欢那些使革命文学变得可笑的论敌们侈谈的种种“主义”，并且用论敌们攻击他的词句自称是年老的“落伍者”，因而也不是“革命作家”。他也谈到“先前的我的言论，的确失败了”（卷 4，第 97、117、122 页），但对左翼作家缺少勇气直面现社会的真正黑暗而感到极为愤怒。他在批评左翼论敌们忙于挂出“革命”招牌的同时，自己也在摸索革命文学问题，希望找到它的规律。在八月间，他已经向两位青年复信讨论文学的阶级性问题，虽然仍自称为这个问题的门外汉。（卷 4，第 122、126 页）

1929 年鲁迅主要是在搞翻译，在发表的不多几篇文章里最能显示出态度变化的，是 5 月在燕京大学题为《现今的新文学的概观》的讲演。在这篇讲演里，他仍然坚持部分过去的论点，认为文学并不能改变政治环境，但谈到革命中的文学时却和给冬芬的信中的观点一致。“所以巨大的革命，以前的所谓革命文学者还须灭亡，待到革命略有结果，略有喘息的余裕，这才产生新的革命文学者。”他虽然没有着力说明这新的革命文学者究竟是怎样的，却明确地指明了这是新的一类，和革命前那种“近似带革命性、然而其实并非真的革命文学”（卷 4，第 134 页）的作品是有区别的。[1] 他再次谈到叶赛宁和索波里的自杀，用以证明旧的所谓革命

---

[1] 根据鲁迅在这一时期所阅读的苏联材料，这里所说的“新的革命文学者”应不只是指法捷耶夫、绥拉菲摩维奇等人，同时指二十年代在苏联文学界发动论争的那些新的激进派。这个问题在本书下一章将再评论。

文学者必然灭亡。对于创造社等人他仍然不认为他们是“革命文学者”，并且讽刺了王独清、郭沫若等人。

如鲁迅自己所承认的，他的激进的青年论敌们批评的唯一积极效果是“挤”他看了并翻译了一些马克思主义的文艺理论，使他有了一种新理论基础。对卢那察尔斯基和普列汉诺夫著作的翻译大多是在 1928 年年底及 1929 年做的。冯雪峰说这两年是他转变的关键时期，无疑是对的。(《回忆鲁迅》，第 22、46—47 页)他经常提倡人们去阅读和翻译“外国书”，正是这些书促进了他思想的转变。

1930 年 1 月的长篇杂文《“硬译”与“文学的阶级性”》，是鲁迅两年沉埋于翻译之后首次宣布他所获得的新的原则，因此是一篇非常重要的文章。这是和梁实秋论辩的文章。因为梁实秋鄙薄他十分重视的翻译工作，因此，本文在他常有的尖刻讽刺之外，还有着非常沉重的思想激情。这不仅是抨击新月派旧敌，而且是进而辩护无产阶级文学，确是不寻常的一步。这是他第一次直截了当地用马克思主义的阶级观点立论，从这种新教义中他不但获得了分析的策略，也获得了更多的思想力量和辩才。这篇文章里还表现了少有的忠实的谦虚，说明自己的翻译只是为了“填补空间”，希望将来会有胜于自己的“较好的翻译者”。他还说明他搞翻译有两方面的目的，一是用以测试他的批评者的论点，更重要的却是自我牺牲地“从别国窃得火来煮自己的肉”。为此目的，他对论敌和对自己都是无情的。

> 但我自信并无故意的曲译，打着我所不佩服的批评家的伤处了的时候我就一笑，打着我的伤处了的时候我就忍疼，却决不肯有所增减，这也是始终“硬译”的一个原因。(卷 4，第 210 页)

由这篇长文可见，至少在他正式参加左联前一月，他已经不再怀疑在中国提倡“革命文学”是否适时的问题，并且已经开始提倡过去的论敌们的“普罗文学”的口号，并将其等同于“革命文学”了。到3月2日的著名的在左联成立大会上的讲话中，他终于正式表示了他是承认“革命文学”并愿承担它的任务的。虽然如此，他仍在反复提醒左翼作家极易变成右翼，提醒革命是现实的事，其中必有痛苦，决不像“诗人所想象的那般浪漫”，以及要继续和旧社会、旧势力斗争等。现在他已加入了行列，必须促使过去的论敌学习新的一课，并且希望左联培养出大批的新战士，特别是期待着那种“能操马克思主义枪法的人”出现。

二

1930年前后，鲁迅左转的旅程已经完成。从1931年的《中国无产阶级革命文学和前驱的血》可见他的立场：

> 我们的劳苦大众历来只被最剧烈的压迫和榨取，连识字教育的布施也得不到，惟有默默地身受着宰割和灭亡。繁难的象形字，又使他们不能有自修的机会。智识的青年们意识到自己的前驱的使命，便首先发出战叫。这战叫和劳苦大众自己的反叛的叫声一样地使统治者恐怖……
>
> ……但无产阶级革命文学却仍然滋长，因为这是属于革命的广大劳苦群众的，大众存在一日，壮大一日，无产阶级革命文学也就滋长一日。我们的同志的血，已经证明了无产阶级革命文学和革命的劳苦大众是在受一样的压迫，一样的残杀，作一样的战斗，有一样的

运命，是革命的劳苦大众的文学。（卷4，第282—283页）

在许多方面，这是一种政治思想性很强的说法。鲁迅此时不仅不再怀疑革命前的中国能否有真正革命文学的保留，而且也不再试图区分各类革命作家，他也完全同意了过去论敌们所主张的将“前驱的智识青年所发出的战叫”等同于群众的“无产阶级文学”。在为美国《新群众》[1]所作的《黑暗中国的文艺界的现状》一文中，他还进一步提出：

现在，在中国，无产阶级的革命的文艺运动，其实就是惟一的文艺运动……除此以外，中国已经毫无其他文艺。（卷4，第285页）

在这里，鲁迅对无文化的劳苦大众的同情是易于理解的，他过去从来就关怀被践踏者，阅读马克思主义以后更加深了这种感情。但是人们会想到：他所说的革命文学运动中“意识到自己前驱的使命”的智识青年究竟是指哪些人？是只指如“五烈士”那样的他心目中的“新的战士”呢，还是也包括过去高呼口号来批评他的成仿吾、钱杏邨、蒋光慈等人？

鲁迅那些政治性很强的文章都是为左联刊物而写的，用了左联所提倡的一些术语，或许是为了表示支持。政治思想调子最高的是1930年至1933年所写的那些文章。后来，当有更多的机会在其他报刊上发表作品时（用笔名），调子又低了一些。但和1927年至1929年文章的谨慎、沉重相比，这时的文字总显得有些张扬轧耳。其原因，除了他在战略

[1] 这篇文章据说是鲁迅应史沫特莱（Agnes Smedley）之请为美国一左翼刊物《新群众》而作。但这一刊物现在还没有找到。戈宝权找到了其他一些材料，包括伊罗生所编《草鞋脚》在内，见他的《鲁迅在世界文学上的地位》一文。

上的考虑以外，可能还在于国民党白色恐怖激怒了他。1931 年国民党对左翼知识分子的迫害促使他的政治思想趋于狂热。龙华五烈士遇害的悲剧是这样地震动了鲁迅，加深了他政治上的迫切感和被迫害感，使他感到自己和过去的论敌以及整个劳动阶级是同命运的，有着共同的"受难"。（卷 4，第 288 页）[1]因此，他在 1931 年 8 月《上海文艺之一瞥》中说："这革命文学的旺盛起来……并非由于革命的高扬，而是因为革命的挫折。"（卷 4，第 297 页）他自己对革命文学承担义务的力量也是直接来自这悲剧和悖论的结果。但反讽地，尽管有来自敌人的压迫和鲁迅自己的心理紧张，鲁迅在租界中的生活却还是相当平静的。

鲁迅这时支持"革命文学""普罗文学"，也是因为他新近获得的马克思主义知识，这一点将于下一章详谈。在阅读卢那察尔斯基、普列汉诺夫和苏联文艺政策后，他已相信文学在根本上有阶级性，相信无产阶级必然地要成为未来上升的阶级。他在 1930 年以后的论争文章中反复运用阶级分析。例如：针对梁实秋应表现普通人性的论点，鲁迅批驳说："在阶级社会中，文学家虽自以为'自由'，自以为超了阶级，而无意识地，也终受本阶级的阶级意识所支配。"（卷 4，第 205—206 页）在抨击"第三种人"以不左不右自居时，也是用的阶级分析。他说："生在有阶级的社会里而要做超阶级的作家……这样的人，实在也是一个心造的幻影，在现实世界上是没有的。"（卷 4，第 440 页）"第三种人"要求作家忠于自己的艺术，鲁迅答复说："不问那一阶级的作家，都有一个'自己'，这'自己'，就都是他本阶级的一分子，忠实于他自己的艺术的人，也就是忠实于他本阶级的作者，在资产阶级如此，在无产阶级也是如此。这是极显

[1] 鲁迅在这里用的是英语中的基督教的词：Passion。

明粗浅的事实。”(卷 4,第 532 页)

这类阶级分析是鲁迅这一时期文学批评的总体思想。但在这一“显明粗浅的事实”之后,他并未进一步深思文学形式及其阶级基础的复杂关系问题。和卢卡契(Georg Lukacs)对巴尔扎克(Balzac)的分析不同[1],鲁迅对马克思主义公式的了解还是简单的,他还不可能去考虑,如作家自己的艺术和他的阶级意识之间的冲突以及作家作品的现实(可能完全地唤起一整个时代的)和他自己的政治信仰(当然是为他的阶级根源所局限的)之间的冲突的问题。但这个问题显然在后来还是使他困扰的。因为,如果一位作家确实只是被他的“阶级意识”所支配,他的作品不可能表现别的阶级的文化,那么,左翼作家又如何能为不是本阶级的无产者说话?既然中国左翼作家大都出身于资产阶级和封建阶级,又怎能产生真正的无产阶级文学?

鲁迅承认:左翼作家,包括他自己在内,对于向来和他没有关系的无产阶级的情形和人物,要体察并且写出来是无能甚至会写错的。有的甚至表现出他们旧的资产阶级弱点,动摇,无勇气,容易在压迫和摧残下屈服,反转来攻击左翼。简言之,困难极大。但他仍然鼓励他的“革命作家”同伴们去“和革命共同着生命,或深切地感受着革命的脉搏”。他也

---

[1] 如卢卡契在《长篇小说的理论》(*Theory of the Novel*)及《欧洲现实主义研究》(*Studies in European Realism*)中所勾画的那样。事实上,一个“忠实于自己的艺术”的作家是有可能“不忠实于”他自己的阶级的。因为,如果忠实于自己的艺术,就会使他在自己的文学作品中抓住某种超越本阶级利益和政治信念的全面的历史观。显然,鲁迅当时那种僵化的观点对于此种可能性是不予考虑的。现时已为人们熟知的卢卡契的原则和鲁迅当时的教条观点当然是不一致的。因此,和他的吹捧者相反,我始终认为鲁迅的马克思主义美学理论是他左倾政治思想中最弱的一环。有趣的是,少数中国研究者至今仍抓住这个观点不放。下章将再评论。

赞成左联提出的“作家无产阶级化”的口号，认为是正确的。但作家怎样去感受革命的“脉搏”？怎样“无产阶级化”？怎样在革命受挫折时与之“共同着生命”？作为理论指导，鲁迅号召以背叛本阶级作为无产阶级化的第一步。但在关于文学活动的建议中，却有着更多的鲁迅自己的声音，或许也是基于他自己的经验。他认为：“在现在中国这样的社会中，最容易希望出现的，是反叛的小资产阶级的反抗的，或暴露的作品。”（卷4，第299—300页）

如果丢开那些革命的修辞，那么鲁迅这里所说的实际上是一种由左翼知识者所写的关于他们自己环境的鸣不平的文学，也就是他在1927年所说的三部曲的第一阶段。但是现在政治情况变了，鲁迅现在认为这种文学是可以促进革命的。然而，虽然从道理上支持作家“无产阶级化”的口号，他却仍不相信非无产阶级作家可能写出可信的无产阶级主题的作品。暴露旧社会之恶，比起从不熟悉的距离赞美劳动者之善，或许于革命更有用。

鲁迅向左翼作家特别是向他自己提出的任务，是充当革命的“后卫”。因为虽然革命的未来对他来说还不很清楚，当前的主要敌人却是明确的，就是国民党政府及其所施行的种种压迫，这是鲁迅誓死与之斗争的。因此，他鼓励左翼作家从后方来与之斗争。反戈一击，可以刺中要害，正如他自己的作品一样。这种后方战士的姿态也使人想到他早年一个比喻：“父亲们”扛着黑暗的闸门让青年们走向幸福未来的形象。简言之，这一革命的姿态更多地是对反革命力量的反击，而非指向革命目标的实现。从当时的情况看，反革命压迫达到顶点，地下党正在被迫后退并有分裂，后方的战斗或许是最实际的。

与此同时，鲁迅还想为未来真正的无产阶级文学打下基础。他积极帮助那些在群众中土生土长的文学青年，如萧红、萧军等。鲁迅说："如果是战斗的无产者，只要所写的是可以成为艺术品的东西，那就无论他所描写的是什么事情，所使用的是什么材料，对于现代以及将来一定是有贡献的意义的。"（卷4，第367页）鲁迅也痛苦地感到，中国的群众不像这极少数的"无产阶级"知识者，他们既不能读，也不能写。他反复强调中国的象形文字是中国的敌人，"如果不取消，中国就会灭亡"[1]。因此他参加了左翼关于大众语的讨论，提倡汉字拉丁化，他对两者都是极赞成的，但知道都不可能很快实现。因此，他提倡先做些准备工作，如制定罗马字拼音、做更浅显的白话文、采用较普通的方言等。（卷6，第76—78页）解决当前问题的方法则是给不同层次的读者以不同层次的读物。对文化低的，他提倡电影、讲演、戏剧表演等。对文化教养高的，他指出在创作之外还应有翻译。为了沟通文化低的和文化高的，他对提倡木刻贡献了许多力量。[2] 他还提倡连环画，相信它必将发展为有价值的艺术。木刻容易印刷，因此有利于大众化。

虽然如此，鲁迅自己所用的仍然是精英文字，并不能和无文化的读者直接相通。他这时主要是写杂文，其中包含有讽刺的批评和论战的评论，并和他早期抒情的调子和隐喻的内省大不相同。但他并不为这种政治化体裁的艺术的严肃性作辩护。生活在这样一种世界，正如乔治·奥

---

[1] 见鲁迅《几个重要问题》，载于《鲁迅三十年集补遗》（香港新艺出版社1970年重印），本篇可能是1934年鲁迅在病中的一次谈话，由于不是鲁迅本人所写，故未载入1981年的全集。

[2] 关于鲁迅在中国提倡木刻的论述，参阅Shirley Sun：《鲁迅及中国木刻运动》（*Lu Hsün and the Chinese Woodcut Movement*，斯坦福大学1978年博士论文），部分曾刊载于《现代中国木刻》（旧金山：中国文化基础，1979年）。王观泉《鲁迅与美术》第71—150页及《回忆鲁迅的美术活动》。米尔斯（Harriet Mills）现在正做这方面的较大规模的研究。

威尔(George Orwell)谈论三十年代的英国知识分子时所说:“不仅是生命而且连他们的整个价值纲领都经常在威胁之下。”鲁迅感到不得不使自己的文学政治化,“因为任何其他都将带来人格的不忠”。[1]

在这一时期鲁迅写作杂文的迅猛速度,除了说明他的义愤以外,也说明他在为了证实自己作为那个骚乱时代真正的作家的存在而奋战。在他固执地和国民党审查的现实以及中派、右派文人的纯美空想论战时,文字中也透露出某种绝望的调子,似乎害怕书写的文字对于反对恶势力实际上无能为力。1928 年 4 月写的《铲共大观》中引用了报纸上一则处死共产党人的消息,说因有一个共产党领袖的首级高悬示众,被杀者又有三名女性,因而往观者人山人海,拥挤不堪。鲁迅评论说:“在我所见的‘革命文学’或‘写实文学’中,还没有遇到过这么强有力的文学。”(卷 4,第 106 页)在 1933 年又写:“听惯了电刑,枪毙,斩决,暗杀的故事,神经渐渐麻木,毫不吃惊,也无言说了。”(卷 4,第 524 页)这种遭遇已经成为常事,常见于报刊的记载,或文字,或图画,“太不人道,人的意识与文字已不可表达”。“此时语言已无能,艺术既不能遏止横暴,也不能表达那种已经成为无话可说的经验。”[2]

---

[1] 引自 T. Ziolkowski:《关于政治和文学的非党性思想》(*Nonpartisan Thoughts on Politics and Literature*),刊于 André Reszler 和 Thomas G. Sauer 所编《政治和文学:在印地安纳大学 1972 年 10 月举行的政治和文学讨论会上的论文》,*Politics and Literature: Papers Presented at the Conference on Politics and Literature Held at Indiana University*,Oct. 5—7,1972,重刊于《比较文学和一般文学年鉴》,卷 22,第 7 页,1973 年)。

[2] 两句引文见 George Steiner:《语言和沉默》(*Language and Silence*),纽约,1970 年,第 139 页。

三

上面的分析，表示了鲁迅向左转的过程中是包含着一种对文学和革命的关系的逐渐再认识的。当他在 1926 年至 1927 年“国民革命”的高潮中开始研究这个问题时，强调革命的政治冲击，以为文学能起的作用极少。在长期的考虑后他改变了看法，1930 年以后他主张文学应当促进革命，方法是暴露并反对当前社会和政治的恶势力。这种变化了的看法导致出对政治的重新评价：不再像在北平时那样以为政治只是肮脏把戏，而是认为其含有一种崇高的、悲剧的意义。

但是，正如林毓生在《思想的道德和政治的不道德》一文中所说，作为这两种看法的基础都是深刻的道德精神，只能将政治承担按绝对主义的意义来理解。正是出于这种深刻的正直的道德感使鲁迅憎恨那些军阀政客的卑鄙手段，使他憎恨在广州时对青年革命者的逮捕和屠杀并憎恨后来的国民党。也正是这种道德感给了他和创造社等青年激进者及后来以文坛领导者自居的周扬等人论战的力量。如林毓生所说，如果鲁迅这种道德感并不适合于做实际的政治工作，他的正直的“精神”却仍然是人们至今尚熟悉的“标准”，它给了解放后那些在历次运动中成为不同政见者的作家和知识分子以启发。正如鲁迅所预言的，“革命”的新政治家阶层在自己掌权的时候仍然是想维持现状的。

因此，与一般的看法，即认为鲁迅是一个革命战士，他的努力有助于革命胜利的看法相反，他的真正贡献是较难评价的。他对中共的帮助，最容易看清楚的，是他有时成为共产国际和地下党领导（如瞿秋白）的联络人。但在其他方面，如“两个口号”的论争所证实的，他却又是难于控制的。确实，通过个人接触他明白长征的过程，而且在长征胜利时和茅盾一起向延安发了贺电。但是当一位共产党人建议他写一部关于长征的长篇小说时,他却因不熟悉情况而谢绝了[1],在最后几年的岁月里他完全是一个城市中人,从其人其文看,实际上是一个共产党极力想吸收的、他的才能也被用来为宣传目的服务了的"同路人"。

鲁迅对苏联有浓厚的兴趣,他有许多外国朋友,绝大多数是左翼激进的,从这些看,鲁迅可以被视为三十年代国际左翼运动形成的整整一代文学界中之一员。这一代人有奥登(W. H. Auden)、奥威尔(George Orwell)、纪德(Andre Gide)、辛克莱、里德(John Reed)等,当然还有许多苏联作家。鲁迅和他们的共同点不仅在于对被压迫者的人道主义的兄弟感情,也在于以苏联为中心的革命观的信念。但由于鲁迅在1936年即已去世,得以避免了因斯大林主义而带来的失望。

从发挥鲁迅的作用方面看,中国共产党是成功的,虽然那程度还难于估计。鲁迅关于文学与革命问题的著译必然对一代作家和读者有着深深的影响。这一代人中有许多参加了共产党。不过,事后从实际效果看,当时鲁迅参加领导的革命文学中那种城市知识者的激情还是有问题的。因为,它在理论上的热情好辩留下了一种毛泽东称之为"唯心主义""主观主义"的传统。在这些知识分子从上海走向延安时身上就带着这个东西。为了训练这些人成为现实的土改和游击战争的新干部,必须首先采用整风的方法。整风中著名的《在延安文艺座谈会上的讲话》,在给予鲁迅以崇高的"革命"评价的同时,也巧妙地警告说鲁迅杂文的时代已经过去了,代替对封建社会黑暗方面的暴露的,应是对新的革命现实的歌颂。换句话说,鲁迅已经完成他的历史任务了。

---

[1] 见冯雪峰:《回忆鲁迅》,第93—94页。

第八章　马克思主义美学和苏联文学

鲁迅关于文学和革命的思想主要来自阅读和翻译外国书刊，特别是苏联的书刊。1925 年，他在审阅未名社的文稿时看到《苏俄的文艺论战》一文，极有兴趣地试图由此进一步了解急速变化的苏联文艺政策。[1]他的关于文艺与革命的关系的观念，也大都是从这方面的阅读开始形成的。1928 年、1929 年他开始翻译普列汉诺夫和卢那察尔斯基的著作。1928 年日记中一长列的购书目录中有二百多项是日、德、英文书籍，其中一半是马克思主义论文学、历史、社会的。（卷 14，第 739—748 页）左转以后，他极力介绍自己认为是较好的苏联无产阶级文学作品，直到去世时仍保持着对苏联文学的虔诚。

鲁迅和李大钊一样，是通过俄国之门到达马克思主义的。鲁迅尤其关注苏联的文学世界。他用心探索在布尔什维克革命以后俄国文学究竟怎样了，力图及时了解最新情况。鲁迅对马克思主义的了解是相当初步的，自己也承认没有读过《资本论》（*Das Kapital*），但是对苏联文学的情况却比同时代其他中国作家掌握的要多。虽然有时因语言（往往借助

---

[1] 许广平：《鲁迅回忆录》，第 3 页。

日本的第二手材料)和信息错误所碍,他对苏联文学的观察和见解仍是非常清楚的。

二

鲁迅论述苏联文学潮流是从1925年开始的。在《〈苏俄的文艺论战〉前记》中,他将苏联文学的发展分为三个时期。第一时期是革命前,1905年到1917年,那是政治上反动的时期,出现了一种“特殊的”艺术,即象征主义(Symbolism)、神秘主义(Mysticism)、变态性欲主义(Sexual perversion)。第二阶段是1917年至1921年,那时政治上是战时共产主义,文学处于革命时期的麻痹状态,“其时的急务是铁和血,文艺简直可以说在麻痹状态中”,只有意象派和未来派在试行活动,反对前些时文学的堕落。第三阶段是在实行新经济政策以后,这时文学才在“列夫”的领导下有了生气。在这里,鲁迅是把“列夫”作为有自己的机关刊物并为革命服务的未来派文学组织来介绍的。(卷7,第266—267页)

鲁迅对苏联文学状况的这种概括,似乎正是他后来在1927年所说的文学与政治关系的“三部曲”的一幅蓝图。可能是由于布尔什维克革命使他受到极大震动,他在谈到俄国革命前和革命后文学的关系时,强调的是两者之间的决裂而不是继承,对于十月革命前俄国文学“白银时代”惊人的艺术创造性似乎也没有什么印象。在他看来,二十年代初大胆试验的“特殊”艺术似乎算不得什么。他对未来派的看法也略有错误。当时未来派其实并没有提倡构成主义(Constructionism),却是和一个自称“构成主义”的一伙人意见常常相左的。[1]

1926年、1927年，鲁迅又有一些文章和讲演谈到俄国革命对文学的影响，特别关心的是那些在十月革命的阵痛中陷于困境的俄国作家的命运。文中引用拉狄克(Karl Radek)的话：“在一个最大的社会改变的时代，文学家不能做旁观者！”(卷4，第36页)他知道自己曾经喜爱过的安德列夫和阿尔志跋绥夫已经随着布尔什维克的到来而萎谢了。但他更注意的是曾一度投身革命风暴以后却自杀了的青年作家叶赛宁和索波里。他们的悲剧使鲁迅看到了文学和革命的关系是活生生地变化着的，复杂的。一方面，他从两位作家的死看到了俄国革命胜利的证明，他说：“但叶遂宁和梭波里是未可厚非的，他们先后给自己唱了挽歌，他们有真实。他们以自己的沉没，证明着革命的前行。他们到底不是旁观者。”(卷4，第36页)另一方面，他又看到了这事实给予中国浪漫主义作家的辛辣的教训：

> ……凡有革命以前的幻想或理想的革命诗人，很可有碰死在自己所讴歌希望的现实上的运命；而现实的革命倘不粉碎了这类诗人的幻想或理想，则这革命也还是布告上的空谈。(卷4，第36页)

鲁迅在谈到毕力涅克(Boris Pilnyak，一译皮利尼亚克)时，用的也是类似的调子，只不过较为积极。毕力涅克活到了革命以后，并曾在1926年访华，鲁迅在一篇关于俄国作家访华有感的文章中说：

---

[1] 参阅 Edward I. Brown：《革命后的俄国文学》(*Russian Literature Since the Revolution*)，第28页。

> 他眼见，身历了革命了，知道这里面有破坏，有流血，有矛盾，但也并非无创造，所以他决没有绝望之心。这正是革命时代的活着的人的心。诗人勃洛克（Alexander Block）也如此。（卷 3，第 342—343 页）

对于这些活着的或死去的作家，鲁迅的赞誉都超过了他们在本国得到的评价。叶赛宁是意象派，勃洛克是象征主义诗人，索波里是社会革命党人，他们在革命后的命运是可想而知的。在托洛茨基（鲁迅译“托罗兹基”“托洛斯基”）的《文学与革命》中，毕力涅克的小说曾被称做“退化的现实主义”（retrogressional realism），上述所有作家都被视为“同路人”，作品也不被认为是革命文学。❶ 鲁迅为之感动的，显然是他们对革命的忠诚，而不是他们作品的革命价值。当然，鲁迅也只把他们看作过渡的人物。到黎明时期，随着一代新文学的出现，他们也就必然萎谢了。鲁迅抱着对俄国革命的热忱，不会想到那个“新时期”会带来二十年斯大林主义的官僚统治和恐怖。他知道勃洛克死于 1921 年，索波里和叶赛宁相继自杀于 1925 年、1926 年。但就是经常怀疑的鲁迅，当然也不会在 1926 年就料到毕力涅克后来的命运：此人于 1929 年被开除出苏联作协，1934 年被迫公开检查自己的作品《日本太阳之根》。在清洗时期毕力涅克的名字消失了，以后也未见恢复名誉。❷

鲁迅对上述苏联作家的知识大多来自支持了“同路人”的托洛茨基。

---

❶ 本书所引托洛茨基《文学与革命》均据 Rose Strunsky 的英译本 *Literature and Revolution*（伦敦，1925 年出版），中译均按原书意译。后同。——译者

❷ 参见 Gleb Struve：《列宁、斯大林时的文学》（Russian Literature Under Lenin and Stalin）。Brown：《革命后的俄国文学》，第 103 页。

鲁迅的有关论述也大多是以托洛茨基的《文学与革命》为依据(日译本)。例如他介绍勃洛克的《十二个》的那篇长文章就完全是以《文学与革命》第三章为本,对这首诗的看法也是托洛茨基的看法,认为它有着象征的生命力,但还不是革命的诗。不过,鲁迅对叶赛宁和毕力涅克的评价似乎还高过托洛茨基。鲁迅早期关于文学和革命的理论也是来自托洛茨基,而不是来自马克思和列宁,这是具有反讽意味的。

托洛茨基的影响,在鲁迅 1928 年以前的作品中是很清楚的。托氏在《文学与革命》中认为十月革命的直接影响是多少杀死了文学,“在响起武器的声音时,缪斯沉默了”,又认为“与列夫同时,苏联文学开始新生”,鲁迅在 1925 年为《苏俄的文艺论战》所作的前言中,可以看出是同意这些观点的。“三阶段”的看法,在革命的俄国尚无革命文学但有“革命人”的看法,目前不可能存在无产阶级文学,这是未来共产主义时代的事的看法,也都是来自托洛茨基。直到 1928 年,鲁迅还在称赞托氏的博学和辞章技巧,不过这时已认为他关于未来的看法或许太理想化了。(卷 7,第 165 页)他注意到托洛茨基这时在政治上已经“没落”,但所说的“不含利害关系的文章,当在将来另一制度的社会里”,鲁迅仍认为“还是对的”。(卷 4,第 112 页)这意味着鲁迅认为:他那些左翼论敌们的作品既显出明显的利害关系,自然也就不是无产阶级文学了。鲁迅在 1928 年与创造社、太阳社论争时的态度和托洛茨基在 1924 年的态度非常相似。鲁迅可能很满意托洛茨基对激进的“岗位派”的批评:“在他们那些激怒的批评中并没有阶级性的影子,只有一个文学团体对抗其他人的态度,这就是全部。”而左翼对鲁迅的批评恰好也是如此,是“激怒的”,但是“并没有阶级性”。鲁迅或许正是为托洛茨基的话所启发,所以自己着手来探讨文学阶级性的问题。

托洛茨基在苏联二十年代文学政策那种艰难复杂的发展中起了值得注意的作用。鲁迅以极大的兴趣注视着这种发展。苏联 1917 年至 1929 年文学战线上形形色色的团体、学说、论争，其复杂性可以说没有任何同时代的观察者能够全面掌握，更不用说有着语言障碍的中国读者了。但鲁迅却从 1925 年起，终于能够得到并译出了 1923 年至 1925 年有关党的政策和文学创作论争的关键文件。

从这些文件，鲁迅了解了沃隆斯基(Alexander Voronsky，鲁迅译“瓦浪斯基”)和“岗位派”“十月派”等青年无产阶级作家之间的争论。他也知道了托洛茨基和布哈林一般是支持沃隆斯基的。在 1924 年 3 月发表的“十二条”中，沃隆斯基警告同行们说：“由于西方社会革命的延迟和拉普观点的不当”，苏联文学创作现正处于一种“沉闷状态”(in the doldrums)。他论证苏联文学应当离开“抽象的浪漫主义和红色圣徒传”，并“接近现实生活”。因此，党应当致力于在较广泛的基础上建立作家的联合，包括“同路人”在内。因为“同路人”虽然思想不坚定甚至怀疑，却曾写过“某些反映革命的有价值有意义的作品”。沃隆斯基的反对者则相反，反对包括“同路人”在内的联合战线。

鲁迅对这次论争有一个简略的概括，归结为两方面的选择：

> 约减起来，不过是两派。即对于阶级文艺，一派偏重文艺，如瓦浪斯基等，一派偏重阶级，是《那巴斯图》的人们。(卷 7，第 159 页)

在另一篇文章中他进一步说：

> 文艺应否受党的严紧的指导的问题，我们且不问；我觉得耐人

> 寻味的，是在“那巴斯图”派因怕主义变质而主严，托罗兹基因文艺不能孤生而主宽的问题。许多言辞，其实不过是装饰的枝叶。这问题看去虽然简单，但倘以文艺为政治斗争的一翼的时候，是很不容易解决的。（卷7，第165页）

从鲁迅的评论看，似乎他并不支持哪一方。他既译了1924年联共党关于文艺政策的论战，又在《文艺政策》一书中译了联共党中央的决定。鲁迅明白联共当时采取的是一种折中态度，对阶级和艺术、党的指导和个人的自由竞争是双方兼顾的。联共中央这个决定是由布哈林写的，承认艺术的阶级结构，否认存在中性的或非政治的艺术，但也承认艺术形式的多样性不能限制，和托洛茨基的主张相近。决定中还承认俄国无产阶级尚未有自己的美学纲领，因此还要依靠别阶级的文学专家。它甚至坚持要求党必须支持各个团体和各种运动之间的自由竞争。它在原则上肯定无产阶级文化的重要性并想象无产阶级艺术最后将有独占的地位，但仍说在当前进步的知识分子（指“同路人”）的领导是应当加强和赢得的。

鲁迅肯定为这些混乱的方向而感到为难。他对这些文件的评论写于1928年，当时已模糊感觉到苏联文学界有了一种新的变化。但他的信息依靠日译的第二手材料，是不大准确的。日本马克思主义者藏原惟人是鲁迅认为可信的翻译家（卷7，第373页），藏原在1928年的一种说法使鲁迅相信沃隆斯基已经承认艺术的阶级性之重要，在观点上已经靠拢了他的论敌，而且论敌们对他的攻击也较前缓和了。鲁迅也注意到托洛茨基和拉狄克都已被放逐，沃隆斯基“大约也退职”，但对这些事他未加评论。（卷7，第159页）这些变化可能使他相信托洛茨基和沃隆斯基曾坚持的那种态度已经不再合适了，1925 年联共中央那种折中主义的态度也已让位于对“岗位派”的激进观点的支持。因此，鲁迅感到自己的态度也应当激进地向左转了。

1928 年，当鲁迅认真吸收苏联文学理论时，苏联的一整个宽松的时代已走向结束。沃隆斯基已被作为“托派”流放到西伯利亚，在形式上认罪后虽于 1930 年被允许回莫斯科，但 1935 年又被流放，据报道于 1943 年去世。关于他的命运鲁迅后来的文章里从未提过，他也没有提到甚至沃隆斯基当年的对手，如阿维尔巴赫（Averbach），也在联共中央 1932 年《关于改组文学艺术团体》的决议中被否定了。从这个决议以后，就开始了对“社会主义现实主义”的提倡。

鲁迅不曾明白的是：正当包括他在内的外国知识分子掀起一阵景仰苏联的大潮，把苏联看做革命的麦加（Mecca of revolution）和社会主义的榜样时，在斯大林领导下的苏联却正实行着对作家的严格控制。1934 年，在斯大林已经清洗了一切革命作家的组织并建立了垄断的作协以后，鲁迅却宣称他曾被“资本主义各国的反宣传”所欺骗，因而对十月革命冷淡和怀疑，“现在苏联的存在和成功，使我确切的相信无阶级社会一定要出现，不但完全扫除了怀疑，而且增加许多勇气了。”（卷 6，第 18 页）而且，当斯大林 1936 年开始大规模清洗时，鲁迅还在答中国托派的信中说了如下的话：

> 史太林先生们的苏维埃俄罗斯社会主义共和国联邦在世界上的任何方面的成功，不就说明了托洛斯基先生的被逐，飘泊，潦倒，以致“不得不”用敌人金钱的晚景的可怜么？（卷 6，第 588 页）

鲁迅之所以无保留地歌颂苏联并对斯大林主义作了错误判断，部分地是由于右翼对他的攻击，如说左翼接受苏联津贴等，同时也是由于环境关系。1928 年，中国的革命队伍处于混乱之中。蒋介石叛变了，中国共产党又分裂为宗派，很难说有什么完整的文艺路线。当时，不但不存在对文艺的严格控制，以李立三为首的中共中央 1929 年、1930 年之间还在大城市组织了许多文化战线的组织，用以吸引像鲁迅这样的同情者。再者，当时尽管存在着国民党的审查，作家还是拥有基本的创作自由的。因此，鲁迅（以及其他左翼作家）所面临的既不是当前的创作自由问题，也不是将来共产党的“严格指导”问题，而是左翼文学战线内部由于论争、口号，再加上个人意气的争吵所造成的混乱问题。在这种混乱和众说纷纭中，左翼文学界的迫切任务是澄清理论上的混乱和形成组织上的统一。这或许正是要成立左联的理由。因此，鲁迅在继续与左翼辩论的同时，也在寻找一种更坚实的、正统的马克思主义理论，用以反对肤浅的革命口号，并将中国的左翼文学置于更进步、更“正确”的道路。托洛茨基和沃隆斯基的“自由”美学，虽然也以马克思主义为基础，对鲁迅就显得“严”得不够了，他于是走向了更正统的普列汉诺夫和卢那察尔斯基。

二

1929 年，鲁迅翻译的卢那察尔斯基《艺术论》和《文艺与批评》出版；1930 年，他又出版了普列汉诺夫（鲁迅译“蒲力汗诺夫”）的论文集《艺术论》，其中三篇取自《没有地址的信》，另一篇是《二十年间》的序。

从理论的正统看，鲁迅似乎应当译马、恩、列的著作，为什么不这样做，却译普列汉诺夫和卢那察尔斯基的著作呢？可能有两方面的原因：

一是在国民党的审查制度下，马、恩、列的著作未免太红，不易通过出版；二，也是更重要的，是这三个人并没有论文艺的系统著作，鲁迅很难从马、恩论欧洲少数作家的文字中抽出系统的理论，而列宁的《党的组织和党的文学》一文所论的问题，如上所说，并非鲁迅当时关心的问题。普列汉诺夫和卢那察尔斯基的著作较多，于文学艺术比较专门。两人在俄国的声望和当时所处的地位，也使鲁迅视为可信的权威。

主要是由于鲁迅的译文，在三十年代的中国，普列汉诺夫的理论比其他人的理论传播得更广。鲁迅对普列汉诺夫做了长篇介绍，根据从日文和从苏联所得的材料，表明普氏是把文学艺术当做社会现象来做唯物主义的分析的。他还注意到普列汉诺夫和托尔斯泰、圣西门（St. Simon）、孔德（A. Comt）、黑格尔（Hegel）等人的唯心主义的对立，是以达尔文的生物学观点为根据，并将它运用于社会学的。他认为人之作为一种直觉的审美感的存在是为历史制约和"提高"的。所谓历史，是指马克思主义的术语"生产关系"。（1973 年版《鲁迅全集》，卷 17，第 17—18 页）[1]从普列汉诺夫研究原始艺术的两篇文章中，鲁迅学到了原始社会艺术和劳动之间的重要关系。他解释说：根据普列汉诺夫的研究，"社会人之看事物和现象，最初是从功利底观点的，到后来才移到审美底观点去"。因此，在人的美感背后，功利和审美享受是并存的，前者基于理性，后者基于直觉。鲁迅为此做出结论说：

---

[1] 关于鲁迅这方面翻译的问题，参阅刘再复：《鲁迅美学思想论稿》，第 363—381 页。刘是中国鲁迅研究者中对普列汉诺夫思想的一些方面最早的批评者之一。英语著作可参阅 Peter Demetz：《马克思、恩格斯与诗人》（*Marx，Engels and the Poets*），第 191—193 页。

享乐着美的时候,虽然几乎并不想到功用,但可由科学底分析而被发见。所以美底享乐的特殊性,即在那直接性,然而美底愉乐的根柢里,倘不伏着功用,那事物也就不见得美了。并非人为美而存在,乃是美为人而存在的。——这结论,便是蒲力汗诺夫将唯心史观者所深恶痛绝的社会、种族、阶级的功利主义底见解,引入艺术里去了。(1973 年《鲁迅全集》,卷 17,第 19 页)[1]

鲁迅这段文字非常冗赘,显然是由于坚持"硬译"的原因(从藏原惟人的日译本重译)。但他对普列汉诺夫的理解却并不牵强,准确地掌握了本意。然而由于当时的条件,他还不能全面掌握普列汉诺夫的理论并看出其中的问题。因为"功利"和"审美享受"这两个概念是以互不相容的哲学前提为基础的。Demetz 就认为普列汉诺夫的解释"对内部反论的解决极少贡献"[2]。其他一些马克思主义批评家对普列汉诺夫亦有诟病。普氏认为每个人都天赋有观照的才能,这种才能从直觉的性质上大体可以决定此人对美的欣赏[3]。这是受康德学说的影响。卢那察尔斯基和列宁对此都有异议,前者批评他"客观主义",后者批评他不忠于布尔什维克主义原则。[4]

---

[1] 关于鲁迅美学思想中"功利"问题的分析,参阅刘再复《鲁迅美学思想论稿》,第 252—401 页。这是该书的中心部分。按我的看法,这已经不是近期以来马克思主义美学理论中人们主要关心的问题了,恰恰说明普列汉诺夫思想中的机械论方面已经"过时"了。

[2] Demetz:《马克思、恩格斯与诗人》,第 196 页。他所引用的显然就是鲁迅在其"序言"中所引的相同句子。

[3] Andrew Rothstein 编,普列汉诺夫:《艺术与社会生活》(*Art and Social Life*,伦敦,1953 年出版)的前言。

[4] Demetz:《马克思、恩格斯与诗人》,第 35 页。

有趣的是，鲁迅在忠实地译出普列汉诺夫的论述的同时，并没有看出（或是有意忽略了）上述矛盾和区别，相反，他强调了列宁曾要求青年人认真阅读普列汉诺夫的著作。（1973 年《鲁迅全集》，卷 17，第 16 页）鲁迅对梁实秋的文学与政治革命无关、人性永恒无阶级限制、伟大作品是个人天才的创造等“纯美学”观点的批评，正是以普列汉诺夫的学说为武器的。鲁迅这次对梁实秋的批评，恰好是普氏对“个人天才捍卫者”古斯塔·兰逊（Gustav Lanson）的那些批评的重版。

在美学方面，普列汉诺夫也反对车尔尼雪夫斯基（Chernyshevsky）和皮萨列夫（Pisarev）等人所提倡的艺术从属于外部政治目的的观点。他虽然提出了很有影响的“艺术的社会对等物”的命题，宣称艺术只是“生活的反映”，却仍然郑重指出他的美学在强调作家的道德和社会责任的意义上，并不只是功利主义的批评。他是反对艺术的目的只是政治的宣传和普及这种看法的。相反，他论证他从历史唯物主义出发的“科学”训练对纯艺术的内在分析铺平了道路，给了它更坚实的基础。在他的《艺术和社会生活》（鲁迅未译）中，普列汉诺夫曾为“为艺术而艺术”辩护，认为其和唯物主义是相容的。因为，“如果任其自然，艺术家会自然地（常常是无意识地）记录下社会的情况”，“正是功利主义者对艺术家提出人为的、非自然的政治责任，干扰了艺术和社会之间的自然关系”。❶普列汉诺夫这些变化着的而且互相矛盾的态度来自他的哲学前提中同样的“内在悖论”，这一点鲁迅似乎完全不了解，只是爱好这位他认为是正统的马克思主义者的艺术的阶级性、历史制约艺术、艺术的功利的社会功能等等教义。鲁迅吸收的看来正是普列汉诺夫僵化的、决定论的

---

❶ 据 Paul Pickowicz:《马克思主义文学思想与中国》(*Marxist Literary Thought and China*)，伯克莱，1980 年出版，第 26 页。

一面。

卢那察尔斯基向之挑战的恰恰就是普列汉诺夫的这一面。如 Pickowicz 所指出的，“卢那察尔斯基认为普列汉诺夫以及一般僵化的唯物主义者的问题就在于：它在提供了解释社会革命的理论的同时，却把个人只看作非人的历史规律的被动的对象，而不是历史变化的主动的执行者。”❶卢那察尔斯基自己的思想则代表着一种“中间立场”，站在普列汉诺夫的决定论和民粹主义的主动性的确信之间，站在知识者对艺术标准和趣味的重视和“无产阶级”对群众的需要和同情之间。卢那察尔斯基是一个通晓旧时代欧洲的广阔文化的人，强调应继承包括资产阶级文化在内的旧文化。在他自己的戏剧创作中，也调动了堂·吉诃德（Don Ouixote）、浮士德（Faust）等古典形象来肯定俄国的革命。鲁迅在《〈浮士德与城〉后记》中曾根据卢那察尔斯基的观点指出：“新的阶级及其文化，并非突然从天而降”，而是“于旧文化也仍然有所择取”的。（卷 7，第 355 页）他还译了卢那察尔斯基的剧本《解放了的堂吉诃德》第一幕。卢那察尔斯基还谈到必须重视群众的艺术需求，认为革命知识者如果从道德上感到有必要“到百万人的心里去”，就应当用简单的文字写“比较简单初步的内容”。❷ 鲁迅支持大众文学和拉丁化，或许也是受了卢那察尔斯基的影响。

鲁迅所译的卢那察尔斯基的著作，编为两个论文集。《艺术论》包括六篇论文，主要取自卢那察尔斯基 1903 年的《实证美学的基础》，鲁迅认为此书已经可以表现作者观点的大概。其中论及“艺术与社会主义”、“艺术与产业”“艺术与阶级”“美及其种类”“艺术与生活”“美学是什么”

---

❶ Plckowicz：《马克思主义文学思想与中国》，第 48 页。

❷ Plckowicz：《马克思主义文学思想与中国》，第 51 页。

的问题。第二本书《文艺与批评》包括六篇论文:《艺术是怎样地发生的》《托尔斯泰之死与少年欧罗巴》《托尔斯泰与马克斯》《今日的艺术与明日的艺术》《苏维埃国家与艺术》《关于马克斯主义文艺批评之任务的提要》。译第一本书时鲁迅是费了很大工夫并参考了很多日文译本的。他承认这部著作包括的学问范围非常广,译时困难很大,“每多窒滞”,“仍苦不能通贯”。他要求读者的耐心,“倘有潜心研究者,解散原来句法,并将术语改浅,意译为近于解释,才好”。(1973 年《鲁迅全集》,卷 15,第 175 页)这里说的“解散原来句法”,当是指日文译本的句法。不过在当时的中国,有多少读者能花时间吞吃他这样辛勤劳动的成果,却是使人怀疑的。

第二本书却比较易懂,并且包括一些重要论文。从鲁迅写的后记看,他特别注意最后三篇,并且提请他的左翼批评者们注意。仍是由于他的天赋洞见,他抓住了卢那察尔斯基思想的某些重要方面,就是“艺术在社会主义社会里必得完全自由”,但在阶级社会里却“不能不暂有禁约”。他还赞扬作为一位文化领导人的卢那察尔斯基能做“保存、启发、鼓吹的劳作”“甚至还因为经济,而顾及保全农民所特有的作风”。(1973 年《鲁迅全集》,卷 17,第 445 页)他认为这对于那些“今年忽然高唱自由主义的‘正人君子’”和自封的“革命文学家”都是一剂“苦口的良药”。只是在保护传统文化的问题上,他在卢那察尔斯基和中国的保守者之间划了一条界线,认为后者只是“托名要存古而实以自保”,是不能引卢那察尔斯基为口实的。(1973 年《鲁迅全集》,卷 17,第 445—446 页)

在卢那察尔斯基的作品中,最重要的或许是他 1928 年的《关于马克斯主义文艺批评之任务的提要》,鲁迅曾引用日译者按语,视之为“作者显示了马克斯主义文艺批评的基准的重要的论文”,并极力推荐给他的读者和“以马克斯主义文艺批评自命的批评家”。(1973 年《鲁迅全集》,卷 17,第 446 页)在这篇论文里,卢那察尔斯基肯定马克思主义批评的“社会性”,论证马克思主义批评家的首要任务是将作品的内容,即它所体现的社会本质作为研究的对象。鲁迅在译文中认真突出了这首要的原则,但也指出了卢那察尔斯基在评价文学时对“形式”的指令。卢那察尔斯基认为一件作品的形式并不仅仅是由它的内容决定的,同时也还有其他几方面的因素。这些因素是:某一阶级(或影响作品的阶级集团)的生活方式;某一社会物质文化的一般水准;邻邦的影响;过去的惰性或更新的渴望。这种对文艺形式的看法,倾向于强调文艺的多元性和对独创性的需要,是和对文艺的批评标准的那种建设性的、思想广阔的观点相伴而来的。卢那察尔斯基提出,好的马克思主义批评家“需要很高的技巧和感受性”,“因为真正伟大的文学作品是要从许多方面衡量的”。马克思主义批评家“不能仅仅表扬那些对当前问题有用的作品”,他还应认识“那些一眼看来太普通、太遥远,但在仔细观察后却是对社会生活发挥影响的问题的巨大意义”。他论证就是“敌人的态度”也是有用的,因为它可以使马克思主义批评家“获得深刻的结论”,因此,不应当把某些作家作品视为“纯粹资产阶级现象”而弃置不顾;对它们的“潜在的用处”应以建设性的努力做出“第二种评价”,这是马克思主义批评家的“直接任务”。马克思主义批评家应当做作家和读者(无产阶级的或非无产阶级的)的老师,两者都是可能犯错误的。[1]

从上面的论述看,卢那察尔斯基的理论确实不是机械教条的。他虽然批评了普列汉诺夫决定论的“科学社会学”,却同意普氏所说的“文学

---

[1] 本章所引卢那察尔斯基的话均引自莫斯科 1973 年出版的英译卢氏《论文学艺术》(*On Literature and Art*),中译者按英文原意译出。下同。——译者

是形象的艺术，任何赤裸的观念或宣传的入侵对作品都是有害的"，"作品中如果充满公开堂皇因素，不管论证得多么有才华，也会使读者感到冷漠"的观点。

上述鲁迅介绍的几位苏联理论家（托洛茨基、沃隆斯基、普列汉诺夫、卢那察尔斯基），如果说他们之间有一个共同点，那就是：他们都试图确定在艺术的外部功能或目的（或是作为历史的反映、或是作为道德或社会批评）和它的内部性质的美学评价之间的区别。不但普列汉诺夫和卢那察尔斯基是如此，托洛茨基和沃隆斯基也是如此。托洛茨基在《文学与革命》中直接宣称艺术有它自己的规律和手段。他后来还加上："这种马克思主义的方法是不同于艺术的方法的。"沃隆斯基并由普列汉诺夫引申出如下的论点："艺术创作的关键是本能与直感，不必与理性的或科学的分析相符合，因此艺术家往往不能对他的创作提供逻辑的说明。"❶后来又说：真正的文学作品虽然被它在其中产生的历史环境所制约，但作为"生活的认识"仍有其客观的价值。❷

只有"岗位派"和无产阶级文化派是把文艺视为严格的阶级武器的，他们对"同路人"和对资产阶级一样一概否定，想以此达到无产阶级独占的统治地位。他们的教条主义和独占主义在二十年代后期为"拉普"所继承。"拉普"想起的作用是："吸收其他文化组织，同化文化中的自由化倾向（特别是托洛茨基），准备社会主义现实主义的道路。"❸（中国左联可说尚有"拉普"的残痕。）但斯大林仍在1932年解散了"拉普"而代之以

---

❶ Hermall Ermolaev：《苏联文学理论》（*Soviet Literary Theories*，1917—1934），伯克莱，1963年出版，第40页。

❷ Brown：《革命后的俄国文学》，第199页。

❸ 伊格尔顿（Terry Eagleton）：《马克思主义和文学批评》（*Marxism and Literary Criticism*），伯克莱，1976年出版，第39页。

苏联作家协会，这是一个由党控制得更严格的机构。

由此可见，鲁迅对苏联正统文艺思想的探索将他引向了两个互不相容的潮流。一方面，二十年代苏联的文学论争和文学政策的变化，方向似乎是指向日益增长的党性和中心化；另一方面，鲁迅译过的大多数理论作品，特别是托洛茨基、沃隆斯基、卢那察尔斯基的作品，都属于较自由的、较少教条的潮流。当然，在斯大林主义下，最后是前者战胜了后者。普洛汉诺夫和卢那察尔斯基虽然不像托洛茨基和沃隆斯基那样极度的自由化，三十年代以后在斯大林主义下仍然遭到抨击。卢那察尔斯基的名字成为“腐朽的自由主义”的集中体现，而普洛汉诺夫则被控为“康德主义（Kantianism）和构成主义（Struvism）”。[1]

在马克思主义传统中，追踪这两股相反的潮流的来源，后者大抵来自马、恩，前者大抵来自列、斯。马克思主义文艺批评家经常引用的经典著作是三篇文章，即恩格斯给敏娜·考茨基和给哈克纳斯的两封信，还有列宁的《党的组织和党的文学》。其中恩格斯给敏娜·考茨基的信鲁迅曾在1933年的一篇文章中引用（卷4，第554页），虽然不曾复述关键的关于“倾向性”的一段，对此他却一定是了解的。这段话是：“我决不是反对倾向诗本身……可是我认为倾向应当从场面和情节中自然而然地流露出来，而不应当特别把它指点出来；同时我认为作家不必要把他所描写的社会冲突的历史的解决办法硬塞给读者。”后来，在写给哈克纳斯（Margaret Harkness）的信中，又有目前在中国常被赞扬的一句：“作者的见解愈隐蔽，对艺术作品来说就愈好。”将恩格斯这两段话总结起来，正如伊格尔顿（Terry Eagleton）所说：“公开地表明政治态度在小说中是不

---

[1] Ermolaev：《苏联文学理论》，第98页。

必要的(当然不是不可以的),因为真正的现实主义写作本身就表现了社会生活的各种重要力量……作者不必要在作品中塞进自己的政治观点,因为,如果他客观地揭示出了当时正在起作用和潜在的各种力量,那么,他在这意义上就是党性的了。”❶

恩格斯警告不要过分的公开的党性,列宁的文章则正好相反,发出了文艺应完全党性化的指令。他说:“写作事业应当成为无产阶级总的事业的一部分,成为全体工人阶级的整个觉悟的先锋队所开动的一部巨大的社会民主主义机器的‘齿轮和螺丝钉’。写作事业应当成为社会民主党有组织的、有计划的、统一的党的工作的一个组成部分。”有人指出列宁的文章是写于布尔什维克成为多数以前,提出的只是对党员的要求,而且只适用于布尔什维克的理论和报刊文章,而不是指文学创作。但是列宁的指示仍然被日丹诺夫歪曲了。日丹诺夫在1934年全苏作协代表大会上说(他同时也引用了恩格斯的话):“苏联文学不怕被指摘为倾向性。是的,苏联文学就是倾向性的。在阶级斗争时代,决没有非阶级的、无倾向性的文学。无倾向性就意味着非政治。”

对于这两种不同的潮流,鲁迅是怎样对待的呢?看他1930年以后谈自己思想以及和人论争的文章,似乎是和日丹诺夫一致的。批评新月派和“第三种人”时,他也像日丹诺夫一样,认为在阶级社会里绝对没有超政治、超阶级的文学,他似乎也像“岗位派”那样害怕异端,害怕教义的不纯,并且把左翼文学看作斗争的、党性的文学。三十年代初他的论述和列宁所说的“写作应当成为社会民主党工作的一个组成部分”是完全一致的,只要把列宁那句话里的“社会民主党”一词改为“中国左联”就可

---

❶ 伊格尔顿(Terry Eagleton):《马克思主义和文学批评》,第46—47页。

以了。从鲁迅在左联成立时的讲话看,也可以说他认为左联也应当像“拉普”或苏联作协一样,是各种左翼文学团体联合巩固起来的组织,左联的成立应当意味着口号混乱和各种论争的结束,是左翼事业更加巩固的开始。

但是对于鲁迅这种政治思想上的严格却不能误解为他无保留地赞同“党性文学”。在中国,所谓文学的“党性”包括的范围是这样广,其极致甚至到了由党来指导作家写什么和怎样写,但这种情况在鲁迅时期还并不存在。在他本人的写作实践中,表现的却常是高度的自由和强烈反对空洞肤浅的“倾向性”的倾向。在 1927 年和 1928 年批评创造社时,鲁迅论证了喊口号不能产生好作品,这观点显然与恩格斯相同。他在 1927 年也曾为文学独立的内部价值作辩护,说好的文学作品必须从作家的“心”中涌出。从这些论述看,也可以把他划在托洛茨基、沃隆斯基的阵营以内。他在整个文学生涯中,从来不曾提倡作家写作时应提供社会斗争的明确思想结论。他自己的小说显然也是符合恩格斯的名言的。前已说到,他对恩格斯给敏娜·考茨基的信是了解的。在《关于翻译》一文中,他还引用过恩格斯这封信中紧接论“倾向性”以后的一段话:

> 还有,在今日似的条件之下,小说是大抵对于布尔乔亚层的读者的,所以,由我看来,只要正直地叙述出现实的相互关系,毁坏了罩在那上面的作伪的幻影,使布尔乔亚世界的乐观主义动摇,使对于现存秩序的永远的支配起疑,则社会主义的倾向的文学,也就十足地尽了它的使命了——即使作者在这时并未提出什么特定的解决,或者有时连作者站在哪一边也不很明白。(卷 4,第 554—555 页)

这段引文现在在中国是时常被提到的。这段话清楚地说明了恩格斯所提倡的“资产阶级现实主义”的类型，同时也证明了鲁迅自己对由叛逆的小资产阶级所写的用以动摇资产阶级世界的信心并促进它的灭亡的“叛逆或暴露文学”的爱好。对恩格斯和鲁迅来说，最能为革命服务的，不是倾向性的社会主义现实主义，而是批判现实主义。甚至在晚年，鲁迅仍继续发表与恩格斯相似的意见。在为“民族革命战争的大众文学”的口号辩护时，他说：

……作者可以自由地去写工人，农民，学生，强盗，娼妓，穷人，阔佬，什么材料都可以，写出来都可以成为民族革命战争的大众文学。也无需在作品的后面有意地插一条民族革命战争的尾巴，翘起来当作旗子；因为我们需要的，不是在作品后面添上去的口号和矫作的尾巴，而是那全部作品中的真实的生活，生龙活虎的战斗，跳动着的脉搏，思想和热情，等等。（卷6，第591—592页）

也如恩格斯一样，鲁迅认为革命文学作品必须在艺术上是成功的，在政治上才能有力。他对读者反映的问题似乎也更理解，他知道微妙精致地表现民族革命战争的迫切性，会比露骨地宣传政治主张更为读者所接受。

文学思想上有这种自由态度，政治思想上又要求严格，这里显然透露了鲁迅生活和思想上的许多矛盾。在某种程度上，他对两者都毫无疑问地接受了，这或许可以用他对苏联的崇拜和他对那些译著（他自己或其他严肃的译者译的）感到有巨大意义来解释。众所周知，他是经常反对读中国书而提倡读外国书，特别是苏联作品的，一次次地提倡青年人阅读好的外国文学译作。他而且不惜任何代价地坚持“硬译”，反映了他对外国大师的文本的谦恭态度，这与他对本国事物经常自我批评恰恰形成对比。他越是被中国的现状所激怒，就越是信奉作为中国现实的镜子的外国思想。因此，在他否定本国论敌们自我标榜的“革命文学”作品时，肯定苏联文学作品却不曾怀疑过它们的艺术价值，似乎那些作品中的新的革命内容也使它们有了艺术价值，值得作为马克思主义实践的范例来译出并介绍给中国读者。林语堂曾批评他偏爱苏联文学，而置英、美、法、德作品于不顾，鲁迅予以反击时，全是从政治方面着眼的，只指出这些国家是帝国主义强国，曾经侵略中国。（卷 6，第 355—357 页）另一位批评家指摘他追随苏联文学新潮流为“奴性”，他的辩护之词也只是说中国在文学理论和实践方面都“太落后”。[1] 他对苏联的捍卫已近乎教条主义，这是由他承担革命的道德上的绝对论所激发的。

三

鲁迅对苏联文学的热情比政治思想的热情更深。他思想上是怎样进入这个国家的文学中去的呢？这个过程值得做更充分、更“文学”的探讨。

从鲁迅文学生涯的开始，他就被俄国和东欧的文学作品所吸引了，因为这些作品向他传达了一个民族、一种文化精神的精髓，这就是被压迫民族精神的代表。这类文学给予了鲁迅对种种“人性”和“国民性”的

---

[1] 鲁迅对林语堂的反击见《“题未定”草》，林语堂只说鲁迅置英、美、德、法作品于不顾，并未说他偏爱苏联作品。后一例作者未说明出处。——译者

深刻识见。就这样，他被安德列夫、迦尔洵、阿尔志跋绥夫的作品所吸引，正如被果戈理、托尔斯泰、陀思妥耶夫斯基❶的作品所吸引一样。这种早期的对文学杰作的精神主题和心理深度的兴趣，一直继续未变。后来，他的政治思想转变了，获得了阶级观念，这种兴趣又进一步加强，代替"文学是民族灵魂的镜子"的，现在是"社会生活的镜子"，是阶级的表现了。他当然会响应普列汉诺夫所说的"每一个个别文学人的心理都反映了他整个社会阶级的心理"❷。但是，在他试图和那一整个民族集体的痛苦与胜利、和那个新的无产阶级国家同步前进的同时，苏联文学中那种俄罗斯的性质仍然使他着迷。1932 年，在一篇庆祝中俄文字之交的文章里，他说："我们虽然从安特来夫的作品里遇到了恐怖，从阿尔志跋绥夫的作品里看见了绝望和荒唐，但也从珂罗连珂学得了宽宏，从戈理基(即高尔基——译者)感受了反抗。"(卷 4，第 461 页)显然，所有这些都被视为俄罗斯民族精神的标志。从俄罗斯文学到苏联文学，从荒唐和失望到宽宏和反抗，这文学的转变，也就意味着一个国家、一个民族从封建主义到社会主义的转变。

鲁迅对于这种转变的心理影响在文学上的反映很有兴趣。他试图追踪苏联关于托尔斯泰论争的情况。他译了《死魂灵》的一部分，并评论了果戈理对地主的生动的描写，认为果戈理的"含泪的微笑"在新的国家里已经无用了，现在已代之以"健康的笑"。(卷 6，第 371 页)他区别了叶赛宁、索波里自杀悲剧的壮丽和勃洛克、毕力涅克的艰辛之间的差别。

---

❶ 鲁迅认为陀思妥耶夫斯基是一位伟大的作家。他承认自己没有细心地读过这位俄国大师的作品(他自己只翻译了《穷人》)。因为那作品太残酷，像是布置了"精神上的苦刑"。(卷 6，第 67、411 页)

❷ Ermolaev:《苏联文学理论》，第 63 页。

他在高尔基身上发现从俄罗斯到苏联的转变的伟大象征。鲁迅自认为不能和这位文学巨人相比。他推荐高尔基的《母亲》给中国读者，以为是“一部最合时的书”。[1]

但鲁迅最慷慨的称赞却是留给他认为是苏联新时代的作家的。在梁实秋向他挑战、要求拿出苏联革命文学的具体“货色”来时，鲁迅举出了卢那察尔斯基的《解放了的堂吉诃德》、法捷耶夫的《毁灭》、格拉特珂夫的《士敏土》，这些都是在他本人的支持下译出的。（卷 4，第 207 页）后来，在这个书单以外，他又增加了以下作品：绥拉菲摩维奇的《铁流》、卢那察尔斯基的《浮士德与城》、肖洛霍夫的《静静的顿河》、雅各武莱夫的《十月》、伊凡诺夫的《铁甲列车》、富曼诺夫的《夏伯阳》、里培进斯基的《一周间》、革拉特珂夫的《火马》、毕力涅克的《精光的年头》。鲁迅自己翻译了《毁灭》，表示“就像亲生的儿子一般爱它”。（卷 4，第 385 页）《毁灭》和《铁流》是他最喜欢的两本。

鲁迅介绍苏联文学的那种努力给人以深刻的印象，又一次证明他希望和苏联文学的发展同步前进。他正确地注意到革命后的苏联文学艺术中未来主义的“破坏作用”（destructive function）已被现实主义的“建设作用”（constructive role）所代替。（卷 7，第 343—344 页）他所介绍的作品中大多数属于“现实主义”的，一部分甚至被认为是“社会主义现实主义”的前驱。这些作品大都发表于二十年代，那时苏联作家的艺术生气正在萌芽阶段，还没有被斯大林主义消灭。

---

[1] 见 1953 年版《鲁迅书简》，卷 2，第 720 页，给韩白罗的信（1934 年 7 月 27 日）。推荐高尔基的一段文字是在信后的附笔中，但在 1976 年版的《鲁迅书简》和 1981 年的《鲁迅全集》中却不见了。可能这段话是当时许广平加上的，但从它标明得很清楚的日期（与信同一日）看，又不像是加的。

在这些作家面前有两条文学之路。首先是自由地继承十九世纪俄罗斯小说的光荣传统，某些最好的苏联作家，特别是法捷耶夫、肖洛霍夫，在艺术匠心上显然有托尔斯泰的传统。这种明显的对伟大俄罗斯现实主义传统的继承性当然是鲁迅在艺术上欣赏的。其次，尽管有“倾向性”，他们中的大多数，特别是法捷耶夫、富曼洛夫、绥拉菲摩维奇、格拉特珂夫，在他们的现实主义中是很注意“历史的真实”的。在他们的小说画布上布满了正面的和反面的人物，混合着许多不同层次的深深浅浅的阴影。其中有些人，特别是鲁迅所偏爱的法捷耶夫，是公开的“心理现实主义”(psychological realism)的实践者，他们毫无顾虑地开发他们的正面人物的内心冲突和心理紧张。许多作品以内战为背景，提供了对冲突斗争作戏剧性描写的可能，这正是触动鲁迅心感的主题。(卷6，第18—19页)法捷耶夫的《毁灭》或许是最雄辩的例证，说明二十年代苏联小说的极其丰富生动。

《毁灭》出版于1924年，描写在俄国远东流动着的一支红色游击队的英勇行为。这部“社会主义现实主义”的先驱作品描写的是失败，而不是人们想象中它应当描写的最终胜利。在白军和日本军队的夹攻下，这支约一百五十人的游击队最终溃败了，幸存者只有十九人。

鲁迅为这个译本写了很长的“后记”。他首先指出要用三百页上下的书来描写一百五十个人物几乎是不可能的。《水浒》篇幅更长，也不能将一百零八条好汉写尽。他赞扬作者简练的方法：从农民、矿工、牧人群众中“选出代表来”。(卷10，第325页)这种认识将他引向“社会主义现实主义”的一个突出的方面，也是马克思主义批评的一个主要标准，即“典型性”。但是，能说明问题的是：特别吸引了鲁迅的注意的，不是众多的劳动阶级的人物，而是在小说中形象突出的两个知识分子：美谛克和莱奋生。美谛克是个过分敏感的、自怜的、动摇的"多余人",莱奋生是游击队的领袖,矮小的犹太籍的共产党人。鲁迅在美谛克身上看到了人物描写的深度和复杂性,一个典型的小资产阶级知识分子:"他要革新,然而怀旧;他在战斗,却想安宁。"(卷10,第335页)美谛克性格中的弱点可能使思想相似的资产阶级读者同情甚至宽恕,他们在他身上看到了自我。但鲁迅警告说:这种读者如果"于自己的这种缺点不自觉,则对于当来的革命,也不会真正地了解的"。(卷10,第335页)莱奋生比美谛克坚强,他孤独,能够超越自己的过去,鲁迅从这里看到了他之所以成为"先驱者"的由来,看到他"必然和穷困的大众联结"。(卷10,第329页)

借助于日本马克思主义者藏原惟人和苏联学者符里契的第二手评论,鲁迅理解了苏联文学的一个主要主题:从"多余人"向"英雄人物"的转化。法捷耶夫赋予美谛克以俄罗斯知识分子中"多余人"的根本性格,鲁迅看到了这一点,并且做了完满的概括:"他以为别人都办得不对,但自己也无办法;也觉得自己不行,而别人却更不行。于是这不行的他,也就成为高尚,成为孤独了。"(卷10,第326页)由于疏远感,美谛克不可能成为游击队整体中的一部分,而且在最后胆怯的瞬间,暴露了一个知识分子的自我中心,终于毁灭了整个集体。法捷耶夫对美谛克的描写,毫无疑问地说明:这个本质上是十九世纪俄国知识分子的类型,已经被历史和俄国人民所否定了。❶

对莱奋生的描写同样是矛盾复杂的。他身体上的缺陷,他的犹太籍贯,他的孤独,都表现出不是一个理想的正面英雄。他是个"过渡的人",作者"在给他保留领袖人物的气质的情况下,将他过渡到那种精选的后

---

❶ Rufus Mathewson, Jr.:《俄国文学中的正面英雄人物》(*The Positive Hero in Russian Literature*),斯坦福,1975年出版,第191页。

继人，他感到自己已经活生生地掌握了那最终将流向他所梦想的人的类型的川流”，即成为“新人”，成为“正面英雄人物”。[1] 鲁迅也感觉到了莱奋生的过渡性，认为他是一个有自制力的、为未来的无阶级社会的实现而战斗的“先驱者”。因此在译文中，把莱奋生所想的“新人”写成多数，作为未来共产主义理想社会的集体的人，而不是社会主义现实主义中那种特殊的人物类型。（卷4，第385页）

法捷耶夫作品中这种过渡的知识分子显然触动了鲁迅关于文学与革命的思想的弦。在左联成立的讲话中，他特别提出美谛克做例子，以他的常被矿工嘲笑说明劳动阶级并不一定要看重知识分子。但是从法捷耶夫的小说里，他仍然看到了知识分子可以在革命中起积极作用，就是像莱奋生那样做一个“过渡的”领导人，他的识别能力和毅力将在艰巨的革命斗争中有助于保持对未来无产阶级社会的生气勃勃的希望。如果他动摇了，失望了，那么，就将像美谛克那样被革命的浪潮冲垮。在某种意义上，美谛克也令人想起叶赛宁和索波里，不过在鲁迅心中法捷耶夫这样的作家地位是很高的，是一位革命历史的纪年史家。而且，由于他生动地描写过去和未来两种力量在现时的斗争，写出了它全部富有生命力的含混的意义，也就证实了这斗争将真正胜利。《毁灭》对鲁迅的意义尤在于它的悲剧的结尾：

> 革命有血，有污秽，但有婴孩。这“溃灭”正是新生之前的一滴血，是实际战斗者献给现代人们的大教训。虽然有冷淡，有动摇……而大家还是向目的前进。即使前途终于是“死亡”。但这“死”

[1] Rufus Mathewson，Jr.：《俄国文学中的正面英雄人物》（*The Positive Hero in Russian Literature*），斯坦福，1975年出版，第196页。

> 究竟已经失了个人底的意义，和大众相融合了。所以只要有新生的婴孩，“溃灭”便是“新生”的一部分。中国的革命文学家和批评家常在要求描写美满的革命，完全的革命人，意见固然是高超完善之极了，但他们也因此终于是乌托邦主义者。（卷 10，第 336 页）

对这部小说的这诗意的赞歌，说明鲁迅已经接受苏联文学。从《铁流》到《十月》，从《静静的顿河》到长诗《第十二个》，他发现了喧嚣的人群，一种起伏如潮的“生活之流”，一种饱含着“根本力量”的新文化。但与此同时，他也在这些作品和作家中感到了某种由过渡性的含混带来的悲剧的预感。如他在读勃洛克的作品时那种哲学意味的反映：

> 人多是“生命之川”之中的一滴，承着过去，向着未来，倘不是真的特出到异乎寻常的，便都不免并含着向前和反顾。诗《十二个》里就可以看见这样的心：他向前，所以向革命突进了，然而反顾，于是受伤。（卷 7，第 300 页）

上面所说只能导向一个结论：鲁迅对苏联文学的阅读揭示了一个适合于莱奋生这样的“过渡性”知识分子的深刻的悲剧面。如我在下一章想说明的，鲁迅一生最后的那些岁月表现的正是这种过渡的精神状态，一个生活在中国革命前夕的过渡性人物，他的夹杂着愤怒和期待的相互矛盾的情绪。

第九章　革命前夜

鲁迅对马克思主义美学和苏联文学的知识，必定增强了他的论辩力和政治思想信仰。但是这些知识是否改变了他的人生观却还难说。在他越来越相信俄国已经建立了一个无产阶级社会这样一个布尔什维克故事的同时，他却决不能看到在自己的国家也将出现这样的社会。从1927年开始，他已经觉得中国当时"是一个进向大时代的时代"，但同时也警觉到"这所谓大，并不一定指可以由此得生，而也可以由此得死"。（卷3，第547页）虽然在政治思想上是指向未来的，但即使是在左翼年代，他也不愿把希望只放在未来。相反，他更重视这革命前夜的黑暗的现在。正如他向冯雪峰吐露的：

> 我自然相信有将来，不过将来究竟如何美丽，光明，却还没有怎样去想过。倘说是怎么样才能到达那将来，我是认为要更看重现在；无论现在怎么黑暗，却不想离开……将来就没有黑暗了么？到将来再说，现在总须先改革。[1]

---

[1] 见冯雪峰：《回忆鲁迅》，第19—20页。

他所面对的1931年以后的“现在”当然是黑暗的。随着抗日的浪潮,国民党政府的加紧审查,对左翼知识分子的迫害,以及左翼阵营本身的分裂和叛变,鲁迅在决心献身于革命文学的过程中进入了他一生中一个极困难的时期。

二

外界的环境是如此恶劣,自己的身体状况也对他不利。他过去一直比较健康,很少卧病和去医院。但从日记上可以看出,1932年他开始多病了。1933年9月给曹聚仁的信中说:“近年以来,眼已花,连书亦不能多看,此于专用眼睛如我辈者,实为大害,真令人有退步而至于无用之惧。”(卷12,第219页)在1933年稍健康些,到1934年年末病又更厉害起来了。这最后几年鲁迅似乎是被灾祸的阴影所缠绕着。和他公开发表的文字中政治思想的热情相对比,他的私人通信中却充满着抑郁的调子,也苦于外界环境对他工作效率的干扰。1933年给姚克的信中说:“我自己是无事忙,并不怎样闲游,而一无成绩,盖‘打杂’之害也,此种情境,倘在上海,恐不易改,但又无别处可去。”(卷12,第297页)同年在给黎烈文的信中,表示了由于审查以及考虑到黎烈文的处境不得不婉约其辞的遗憾和歉意:

> 近来作文,避忌已甚,有时如骨鲠在喉,不得不吐,遂亦不免为人所憎。后当更加婉约其辞,唯文章势必至流于荏弱,而干犯豪贵,虑亦仍所不免。

鲁迅所说并不完全是谦虚。他为《申报·自由谈》所写那些文章(后搜集在《伪自由书》中),确实比较“荏弱”。除了避忌审查的原因之外,他可能还苦于已怀疑自己的文学创作才能。

虽然他雄辩地用政治需要为自己的杂文辩护,但在1932年他仍说过自己或许缺少文学才能。他还进而承认由于自己缺少伟大的才能和外国语的学力,因而未能搞长篇的创作和翻译。(卷4,第184页)这些话正好和他为“匕首和投枪”式杂文辩护的公开的文章以及大量译文形成对比。1933年为自己的短篇小说选所作的序也是谦虚的:

> 但我也久没有做短篇小说了。现在的人民更加困苦,我的意思也和以前有些不同,又看见了新的文学的潮流,在这景况中,写新的不能,写旧的又不愿。(卷7,第390页)

这意思在同年给一位友人的信中就说得更坦率了:“学术文章要参考书,小说也须能往各处走动,考察,但现在我所处的境遇,都不能。”(卷12,第207页)在1934年他又写:“我疑心我本不会有什么好作品。”(卷5,第476页)

但正是在这生命的最后年月他的写作数量却提高到一个新的高潮。他的十六卷杂文中至少有一半是在最后四五年间写的,另外还有十多本译文。也可以说,这是他的战斗精神复活的一个标志,这精神是对周围环境压迫的反应:从敌人来的压迫越厉害,他的战斗精神也越猛烈。但是他作品的数量和猛烈的程度似乎也含有一种绝望的调子,似乎他已预感到留给他的时间已经不多了,难以完成他要做的所有的事情了。在生命的最后两年,当他因病躺在藤椅上休息的时候,常感到正在面临死亡,不得不焦心于那些应做的工作：写文章，翻译，木刻，印行书籍等。1936年9月，即逝世前一个月，他曾在《死》中写过："要赶快做。这'要赶快做'的想头，是为先前所没有的，就因为在不知不觉中，记得了自己的年龄。"（卷6，第610页）

这种个人生命限期将至的感觉，还伴随着一种时代的终末感。在1934年、1935年间他曾多次将当前的时代和明末相比。如1935年给郑振铎的信中，就曾谈到现时文人的凶悍阴险和奴颜婢膝，和明代士大夫惊人地相像。（卷13，第11页）他写明末的一篇文章被审查掉了。但是蒋介石与日本人的调情以及反对抗日的情绪，却使他在这同一问题上发出悲愤的声音：

> 中国向来的历史上，凡一朝要完的时候，总是自己动手，先前本国的较好的人，物，都打扫干净，给新主子可以不费力量的进来。现在也毫不两样，本国的狗，比洋狗更清楚中国的情形，手段更加巧妙。（卷13，第52页）

1935年底，他为《且介亭杂文二集》所作的序言中，还把自己的言论比作"枭鸣"，"报告着大不吉利的事"。（卷6，第217页）

虽然正走向他的时代的终末和生命的迟暮，鲁迅仍不屈不挠，拒绝承认失败。他向萧军说过："我也时时感到寂寞，常常想改掉文学买卖，不做了，并且离开上海。不过这是暂时的愤慨，结果大约还是这样地干下去，到真的干不来了的时候。"（卷13，第52页）看来，面对极大的压力和阻碍去做某些事，正是鲁迅的一种嗜好。这种承担责任的悲剧景象，这种在并无充分胜利把握的情况下，却愤怒地将自己投入工作的景象，是鲁迅精神的一个特殊方面，是既非他的批评者也非奉承他的那些弟子所理解的。批评者的不理解他可以无所谓，但这在他和他的弟子们的关系中却是重要的事情。

二

除了写作和翻译以外，耗费了鲁迅许多时间和精力的，是对青年作家和艺术家的帮助。他和所谓文学青年的关系是包含甚广的，复杂的，甚至意义含混的。虽然他在晚年对青年已经不像过去那么乐观，看来似乎更敏感，更注意自己，和青年并不那么融洽无间，并且已经公开宣布从进化论转向了马克思主义，但从来也没有放弃对他们的信心。从他给青年作家的无数信件以及他们讲述的关于他的情况中，我们可以感觉到渴望帮助青年也是他自己的需要的一部分。在这些"文学青年"做到了能让他倾听他们的话以后不久，他那平时的导师尊严的一面就被丢在一边，出现了一位非常和善和热心的人。和他对自己创造力的怀疑以及生命即将终止的不安感情联系起来看，这种对青年的需要透露了某些比认识上的热忱更深刻的内心的东西。我相信他对青年(特别是那些关系密切的弟子)的态度以及和他们的关系透露出他"心理"的某些内涵，是这一时期他的自我形象的核心。萧红的《回忆鲁迅先生》对鲁迅那种父亲般的慈爱做了温暖的记录，书中充满了鲁迅爱心表现的细节。萧军近年出版的《鲁迅给萧军萧红信简注释录》也揭示了这方面的情况，其中有五十三封鲁迅的信和萧军本人的注释。把这两本书和其他类似的回忆录结合起来读，使我们能够一瞥鲁迅在上海时的生活脉络以及他与青年作家相交往中的问题。

二萧和鲁迅相识相处的情况似乎是典型的。首先是他们抵达上海之前(1934 年 10 月)在朋友们的建议下给鲁迅写了一封信,鲁迅立即复了信,答应读他们的作品(萧军的《八月的乡村》和萧红的《生死场》,两本书后来都经鲁迅审阅后发表了,现在海外也流行着)。他们和大师的第一次会面是在 11 月 27 日,是由鲁迅谨慎地安排的(可能是为防备国民党警特)。他们在指定的地点来到内山书店,然后隔着几步路远近尾随鲁迅到一个俄国咖啡馆❶,坐在一个隐蔽的角落里。如萧军后来回忆的,在政府警惕的监视下,上海左翼作家当时过着不正常的生活,除了"工作和组织关系",极少社会生活,他们很少交换真名或真地址,往往在茶馆或街头秘密约会。在这种环境中,鲁迅仍以邀请吃饭的方式给二萧介绍了一批左翼青年作家(用信邀请,为避免邮检,常用各种借口,地点也不确写)。他还赠钱给他们,鼓励他们写作,帮助修改他们的作品,为他们找各种渠道发表。他甚至对萧红衣着的颜色和式样也关心。这样,两位新作家(以及其他新作家)对鲁迅的衷心感戴和敬佩也就自然建立了。

可能是由于鲁迅对这两位文坛新人寄予了一种特别的父亲似的关注,他一再在给二萧的信中警告说:"上海有一批'文学家',阴险得很,非小心不可。"❷但他对这两个青年人的保护也是自己态度的另一方面的反映,即多疑,不信,如夏济安所说,有一种对"小刺和枝桠"的病态的敏感,把它们"夸大成大树,恶意地砍削和打击"❸。夏济安在关于鲁迅和

---

❶ 萧军在其《鲁迅给萧军萧红信简注释录》中说咖啡馆老板可能是俄国人。从鲁迅日记及其他材料看,这是个希腊咖啡馆,名 Astoria,夜间营业,白天比较清静。

❷ 萧军:《鲁迅给萧军萧红信简注释录》,第 27 页。

❸ 夏济安:《黑暗的闸门》,第 115 页。

左联解散问题的论文中，还有如下的分析：

> 他在上海的生活，虽然也常参加一些聚会和看电影（如其日记所记），但这些事对原是这么阴沉的心却未能使之愉悦和轻松，也未能移去他所手植的对付臆想的或真正的敌人的自卫心理的樊篱。他自己也未能从迫害狂中解放出来，其病状是从他的写作中表现出来的。❶

如果说在他早期作品中已经闪现了一定程度的迫害狂，在现在的环境中就更扩大了。在上海租界的庇护下可以避免被捕，但却逃不开谣言和其他方式的威胁。威胁的来源部分来自国民党的白色恐怖。但在1934年11月12日给二萧的信中，他承认"压迫的，因为他们并不统一，所以办法各处不同，上海较宽"❷。威胁的另一来源是一些小报和文学刊物，上面有由一些自称作家的"坏人"炮制出来的各种谣言。这些人有的可能是国民党雇佣的，有的是当年的左翼现已"转向"者。❸ 正是这种现象，刺激鲁迅使他说出如下的苦恼：

> 敌人是不足惧的，最可怕的是自己营垒里的蛆虫，许多事都败在他们手里。因此，就有时会使我感到寂寞。但我是还要照先前那样做事的，虽然现在精力不及先前了，也因学问所限，不能慰青年们

❶ 夏济安：《黑暗的闸门》，第105页。

❷ 萧军：《鲁迅给萧军萧红信简注释录》，第36页。

❸ 鲁迅当时警觉到日本左翼有一大批人宣布转变方向，从无产阶级转向日本军国主义。见萧军：《鲁迅给萧军萧红信简注释录》，第50页。

的渴望。然而我毫无退缩之意。❶

这极能说明问题的一段话，摘自对二萧一封信的回信。二萧的信写于1934年他们第一次会面后不久。这两个年轻人因看到鲁迅病后的身体状况而感到难过，如萧军所回忆的："两颊深陷，脸色是一片苍青而又近于枯黄和灰败，更突出的是先生那一双特大的鼻孔，可能是由于常常深夜不眠或者吸烟过多竟变成了黑色！"❷鲁迅在复信中把这归之于人到五十岁以后的自然现象，人是无能为力的。但是，如上面所引的段落所示，他的来日无多以及才能有限的感觉，是和因内部的背叛而激起的孤独感有关的。因此，他对这天真的、未被腐蚀的一对的真心关怀，也正透露出他内心感情的伤痕。他越是感到孤独，越是需要如二萧所体现的青年的天真无邪。

但这种心理要求并未完全得到满足。许广平的《欣慰的纪念》一书中有一整章是回忆鲁迅和青年们的交往的。他常常受挫。有些青年人利用鲁迅的好心为自己求名或找职业，在这之前或之后不无反咬一口的举动。鲁迅和他们初见面时看来高傲疑心，固然部分地是"讽刺"的性格使然，但也是必要的"对付臆想的或真正的敌人而手植的自卫的樊篱"。作为长期经验的结果，这也包括青年在内。但是，当一个青年作家终于获得他的信任以后，他外貌的一层冷冰也终会融化。这从他和许广平的"情书"中看得最清楚。许广平是他的学生，几乎年轻二十岁，最初给老师写信是谈共同有兴趣的一些认识问题，最后终于两心相近。从《两地书》中可以看出，在长达五年的恋爱过程中（1925—1929年），她是积极

❶ 萧军：《鲁迅给萧军萧红信简注释录》，第62—63页。

❷ 萧军：《鲁迅给萧军萧红信简注释录》，第66—67页。

地追求，而鲁迅是逐渐放松了自己的防卫，最后终于向她袒露自己最黑暗的思想。他们的同居生活，在鲁迅一生和青年关系的故事中，应说是最幸福的一章。

除了后来成为他妻子的许广平外，鲁迅在上海时最亲密的弟子是柔石和冯雪峰。柔石打动了鲁迅是因为他的纯真和宁静的为人。在与创造社、太阳社最初协定组织左联时，柔石和冯雪峰都明显的是“鲁迅阵营”的人。❶ 但是，给鲁迅以巨大震动和悲哀的，是柔石和其他四烈士一起，最先被国民党杀害了。失去柔石以后，冯雪峰在许多方面都是鲁迅的第一名弟子。出版于1952年的冯雪峰的《回忆鲁迅》记录了他们之间的关系。❷

冯雪峰和鲁迅同乡，都是浙江人。最初是由柔石于1928年12月介绍给鲁迅的。1925年至1926年在北京时他曾听过鲁迅几次讲课，当时的印象并不很好，觉得他太冷，蔑视一切，而且“对一切人都怀有疑虑和敌意，仿佛青年也是他的敌人，就是他自己也是他的敌人似的”。总之，是一个矛盾的、难于接近的人。❸ 这是一个在外者的并不全错的评价。但是，在他开始了解鲁迅以后，原来的疑虑和偏见就都清除了。像柔石一样，他觉得鲁迅对他，以及对一切好青年，就像父亲一样。❹ 在他们认

---

❶ 见《冯雪峰谈左联》(《新文学史料》1980年，第1期，第4页)，还有另一些材料可帮助我们了解当时左联内部的纠纷，其中《左联回忆录》是有价值的一本。

❷ 本书谈论鲁迅的晚年时，大多依靠《回忆鲁迅》这本书。冯在1952年以后的有关文字不大可信。许广平亦然，她并参加了反对冯的运动。这两人在五十年代中期似乎都变愚蠢了，或许是由于个人关系本已有些问题又加上政治思想的紧张吧。冯在“文革”期间写的关于鲁迅和左联问题的一些篇章现在已难购得(见后)。

❸ 见《回忆鲁迅》，第6—7页。

❹ 见《回忆鲁迅》，第9页。

识的第一年，虽然鲁迅可能和柔石的个人关系更亲密，但谈论思想却和冯雪峰谈得更多，“大概因为我喜欢提到社会意识和文艺等问题，而这些问题是鲁迅先生那时候最喜欢谈的”❶。当冯雪峰在鲁迅家附近觅得一个住处时，他的来访愈是频繁了，两人经常谈到深夜。许广平形容冯雪峰是“为人颇硬气，主见甚深，很活动，也很用功”。❷ 冯雪峰自己也说他在鲁迅面前说话毫无拘束，甚至批评鲁迅在《野草》中的思想。❸

虽然鲁迅开始并不知道冯雪峰是共产党员，他们从 1930 年至 1933 年一直在左联工作中密切合作。在这问题上他们的师生关系似乎微妙地倒转过来了：冯雪峰好像不再是一个向大师求教的谦卑的学生，由于他在左联党的核心中的地位，慢慢地领导着了。他在数日以后整理了鲁迅在左联成立大会上的讲话，鲁迅的讲话是没有草稿的，当时也没有记录，因此，其中冯雪峰的“贡献”一定相当可观。❹ 有趣的是，据冯雪峰之子冯夏熊和冯的友人们最近所说，冯做这种润色部分地是由于有些青年成员在会后明显地表现失望，埋怨鲁迅说的“还是这些话”。❺ 在 1931 年至 1932 年和“第三种人”论争时，冯雪峰编了鲁迅的两篇重要文章，做了校对，并且增加了一些他认为在策略上需要的字句。❻ 或许是出于妒羡这位心爱的学生占去了鲁迅那么多的时间，许广平在《欣慰的纪念》中详细生动地描写了当时他怎样为左联的刊物纠缠着鲁迅，连次要问题也不

---

❶ 见《回忆鲁迅》，第 14 页。

❷ 见《欣慰的纪念》，第 88 页。

❸ 见《回忆鲁迅》，第 17 页。

❹ 冯雪峰在文中增加了一些内容，他说这是鲁迅在其他时候向他说过的。见《冯雪峰谈左联》，第 5 页。

❺ 同上。

❻ 见《鲁迅研究文丛》，第 3 辑，1981 年，第 74—75 页。

放过，要求他做这做那，在讨论中寸步不让，直到说服了这位老师为止。这就剥夺了鲁迅非常需要的睡眠和休息。但是鲁迅仍然喜欢和称赞他。当然冯雪峰的意见并不一定是他自己的，他本人也是在政治教条下艰苦工作的，但许广平述说的这些情况却完全证明鲁迅很喜爱冯雪峰，而且在他健康状况变坏的 1936 年，是依靠着这位有力的学生的。鲁迅对这位并不和他妥协的学生的温馨的感情，和他对那些臆想的或真正的敌人的严厉恰成对比。这种沉浸于极少数亲密者的性情恐怕不能只从政治思想的因素解释，这里还有晚年的心理因素在内。

在冯雪峰的回忆中，鲁迅的情绪经常起伏不定，但在 1929 年至 1933 年那段时期，总的说来都比前此和后此更愉快。[1] 冯雪峰把这种现象归因于他当时热情洋溢地参加了左联工作。我想，在个人生活方面也有其原因。1929 年，鲁迅在四十八岁第一次做了父亲，第一次得以享受一个幸福的、巩固的家庭所提供的正常人应得的幸福。从许广平的回忆看，鲁迅是极其热忱地恪尽父职，对孩子无微不至地爱护，喂食、洗浴、换尿片都要亲自参与，还按旧诗的平仄即兴吟出催眠曲哄孩子睡觉。[2] 鲁迅日记中经常记着带孩子去医院。在给他母亲的信中经常谈到海婴的健康和顽皮。[3] 他的父爱由于晚来似乎是过多了。因此，推测鲁迅是想把自己的父爱引申到他所有的“孩子”，即他的学生们，是不无理由的。于是，萧军、萧红、柔石，特别是冯雪峰，就成为这位大师温暖的父爱的受惠者了。正如萧军所说，他们为鲁迅所爱是因为体现了鲁迅已经少有的青

---

[1] 见《回忆鲁迅》，第 71—72 页。

[2] 见《欣慰的纪念》，第 151—184 页。

[3] 许广平于 1953 年所编《鲁迅书简》是按收信人编的，这比后来的《鲁迅全集》更便于阅读。鲁迅 1932 年至 1936 年给母亲的四十九封信见《鲁迅书简》，第 267－313 页。

年人的“稚气和不安定”。[1]

再者，鲁迅在投身于马克思主义革命事业的同时，他的思想也更因阶级和年龄的关系变得复杂了。他至少比他的革命同事们大十至二十岁，自觉属于前一代人。在他试着和苏联新的文学潮流同步前进时，也愿意和青年的左联领袖同步。瞿秋白和冯雪峰就是他所希望同步的主要人物。1931 年，鲁迅和瞿秋白成为朋友，他非常欣赏瞿秋白的文学才能和马克思主义理论知识。他们两人的思想关系已经有人做过充分研究。[2] 不过鲁迅把瞿秋白是看作可敬的朋友和同事，而不是学生。相比之下，鲁迅和冯雪峰认识较早，交往的时间也较长，在左联中也有一段相当长时期亲密合作的关系。冯雪峰虽然有些固执并颇为咄咄逼人，但自有其引入的魅力，不但对鲁迅，对另一些左翼作家也是如此。[3]

但是，冯雪峰和瞿秋白于 1933 年、1934 年相继离开上海去了瑞金。此时鲁迅的情绪骤然低落。他失去了非常珍贵的思想上的同伴，这是许广平所不能弥补的。这种空虚后来更痛苦了，因为传来了瞿秋白被杀的消息，鲁迅又一次承受了如柔石先自己而去的那种心情。接着是他的朋友，同是民权保障同盟参加者的杨铨的被暗杀。谣传鲁迅也是特务准备暗杀的目标之一。但是，具有反讽意味的是，这时最大的问题却是来自左翼作家内部。

由于冯雪峰和瞿秋白离开上海，鲁迅也失去了很好地和共产党及左联的联系人。新的左联领导人是鲁迅所不喜的、称之为“四条汉子”的周

---

[1] 见萧军：《鲁迅给萧军萧红信简注释录》，第 36、39 页。

[2] 参见 Pickowicz：《瞿秋白眼中的鲁迅》（见《现代中国》，1976 年，第 2 期）；丁景唐：《学习鲁迅和瞿秋白作品的札记》，第 1—34 页。

[3] 丁玲就是其中之一。她的写给一个不具名的“同志”的《也是情书》一文，就是为冯雪峰写的。这一未发表的秘密是丁玲在爱荷华时她自己告诉我的。

扬、夏衍、田汉和阳翰笙。周扬在近期的回忆文章中也承认当时对鲁迅尊重不够。新和鲁迅联系的人是徐懋庸，他既是尊奉周扬们意见的，又是1936年决裂前鲁迅的追随者。据徐懋庸近期的回忆录，鲁迅当时不仅不为周扬们所尊重，而且还要求他按月给左联刊物以经济补贴。鲁迅尽了他的责任，但也不无怨气。❶ 代沟有很大关系。从徐懋庸回忆的一次谈话中可以看出鲁迅当时的情绪，这是在1934年6月9日：

> 只要是大家（指“左联”常委会）讨论决定的事，我都赞成。要我做些什么，我当尽力去做。我有意见，以前都直白地提出，今后也一样。至于大家是否采纳，则又作别论。❷

出于对组织统一的尊重，鲁迅没有做公开的冲突，但是在个人通信中却压不住愤怒。1935年9月12日给胡风的信中说：

> 三郎的事情，我几乎可以无须思索，说出我的意见来，是：现在不必进去。最初的事，说起来话长了，不论它；就是近几年，我觉得还是在外围的人们里，出几个新作家，有一些新鲜的成绩，一到里面去，即将在无聊的纠纷中，无声无息。以我自己而论，总觉得是缚了

---

❶ 见《徐懋庸回忆录》，第83页。这本书写于1972—1974年，但没有完成，首先见于《新文学史料》，1980年。本书对研究左联当时的内部争吵，特别是围绕徐的那封信的有关鲁迅和周扬等人的关系，提供了新的材料。也可参阅竹内实在其《鲁迅远景》中对这一事件的全面分析。

❷ 见徐懋庸：《鲁迅致徐懋庸七封信的注释》（《鲁迅研究年刊》，1979年号，第295页）。徐是在1976年开始写这注释的，但他在1977年去世。只注释了这七封（见其夫人的后记）。

> 一条铁索，有一个工头在背后用鞭子打我，无论我怎样起劲的做，也是打，而我回头去问自己的错处时，他却拱手客气的说，我做得好极了，他和我感情好极了，今天天气哈哈哈……。真常常令我手足无措，我不敢对别人说关于我们的话，对于外国人，我避而不谈，不得已时，就撒谎。你看这是怎样的苦境？（卷13，第211页）

虽然左联内部的宗派斗争，至今还未完全弄清，但可以确定的是，鲁迅内心的郁愤终于在1936年的两个口号之争中爆发了出来。本来就有问题的关系，由于胡风的介入和冯雪峰的返回而进一步恶化。

关于鲁迅和胡风的关系，我们还缺乏足够的第一手材料。❶ 虽然胡风被广泛承认为鲁迅晚年的第一大弟子，但胡风进入鲁迅的内部圈子不早于1934年。他虽有马克思主义知识和激进的革命活动（在日本即因激进活动被驱逐），但据许多人的议论，却是个尖刻、会玩手腕、有权力欲的人，不仅不为周扬集团所喜，茅盾也不喜欢他。❷ 在左联内，大概只有冯雪峰是他的朋友和支持者，可能就是冯雪峰把他介绍给鲁迅的。冯雪峰和周扬集团的关系显然是不好的。❸ 1935年又因胡风对周扬关于典

---

❶ 胡风已平反，并于1985年逝世。他曾说要写一全面的说明，但因病未能实现。1953年和1976年版的鲁迅书信只有六封给胡风的信，给二萧的有五十四封信，给徐懋庸的有四十三封信。1981年的《鲁迅全集》也是同样的六封信。可叹的是徐懋庸和茅盾及其他人近期回忆中对胡风的看法都不好。关于胡风对鲁迅思想的借鉴，见Huters《胡风及鲁迅批评遗产》（《鲁迅及其遗产》，第129—152页）。

❷ 见茅盾写于1976年的《需要澄清一些事实》（《新文学史料》，1979年，第243—246页）。

❸ 据夏衍说，冯雪峰曾要求夏衍支持批准胡风的入党申请，被夏衍拒绝了。在一篇未经核实的冯雪峰谈话记录（1973年）中，谈到他曾因《汉奸的供状》一文和周扬争吵过，该文也是鲁迅不满的（见《鲁迅研究资料》，第2辑，1977年，第172—174页）。

型人物的解释提出异议，使两方的关系更加疏远。据 Kane 的研究，胡风其实是在周扬等警告鲁迅他可能是奸细以后才成为鲁迅圈子里一个密友的，这是在 1934 年秋。此事引起了很坏的后果，鲁迅关于他和“四条汉子”会面的那段描写是众所周知的（卷 6，第 534—535 页）。这段文字生动地说明了鲁迅对周扬等四人的极度反感。他所说的“一律洋服，态度轩昂”使人想起他给创造社人所加的著名的“才子加流氓”的外号。事实上穆木天就是原来创造社的一个成员。在此，鲁迅对过去论敌的恨意和对左翼而又“转向”者的猜疑结合在一起，达到一种厌恶的感情，从而凡他们所攻击的人他反而觉得恰恰是好的。因此，他认为胡风尽管有缺点：“神经质，繁琐，以及在理论上的有些拘泥的倾向，文字的不肯大众化”，却正因为周扬们反对他，“我倒明白了胡风鲠直，易于招怨，是可接近的”。（卷 6，第 535 页）显然，鲁迅在这位新的学生身上（且不论他看得是否对）也看出了萧军、萧红以及冯雪峰的那种勇往直前的纯真，这是未曾在别的“百分之七八十”的中国青年中找到的。

1936 年 4 月冯雪峰回到上海，任务是寻找上海的地下党，使其和中央接上关系。到达上海后他立即去看鲁迅，却发现这位老人牢骚很大，见面的第一句话就是：“这两年来的事情，慢慢告诉你罢。”这是冯雪峰写在《回忆鲁迅》中的。后来据冯雪峰说，他写“回忆”的时候是有意把口号写缓和了的。实际上鲁迅说的是：“这两年我给他们摆布得可以！”[1]由于事先冯雪峰并不了解鲁迅和周扬们之间的不愉快，他当时很诧异。他在鲁迅家住了两个星期，没有立即和周扬接触，显然，个人感情更胜于组

[1] 前一句话见《回忆鲁迅》，第 145 页。后一句见冯雪峰《有关一九三六年周扬等人的行动以及鲁迅提出“民族革命战争的大众文学”口号的经过》（《新文学史料》，第 2 辑，1979 年，第 248 页）。

织的责任。

此时，对于1936年夏天爆发起的论战，两方面的人们都已经有所准备。其中的理论问题和政治背景已经有许多研究者做了分析。[1] 周扬等提倡的"国防文学"口号是基于策略的考虑产生的，是一个响亮的反映党的第二次统一战线的口号。鲁迅最初对"国防"这个主题并无反感，认为应当强调抗日，左翼应当广泛团结其他作家。但是当周扬等人在5月间决定把这一口号作为主要口号，并且专断地决定解散左联，另组"文艺家协会"的时候，对立就加深了。这种做法立即就使鲁迅集团有所反应。按冯雪峰近期的说明，"民族革命战争的大众文学"这个口号是由胡风和冯雪峰拟定的，意在维护左翼作家的阶级立场和革命性。鲁迅当时已在病中，同意了他们两人的建议。[2] 他们决定由胡风写一篇文章介绍这个新的口号。这篇文章在5月末发表，于是开始了双方的论战。不过，冯雪峰还是尽力缓和矛盾，不使趋于极端，显然没有成功（只说服了胡风不要再写文章）。相反，在8月初，由于徐懋庸的信，情况更加恶化。这封信措辞虽有礼貌，内容却甚高傲。他警告鲁迅应注意胡风之"诈"，尤其致命的错误是：他指出鲁迅错误的"根由"是"不看事而只看人"。

这种对鲁迅的判断力的批评触及了他的痛处。鲁迅写了长篇反驳，《答徐懋庸并关于抗日统一战线问题》。可能由冯雪峰起草（他已为鲁迅做过两次同样工作），由鲁迅再做修改。[3] 但文章第二部分给予"四条汉

---

[1] 见《黑暗的闸门》，第119—145页；Kane的博士论文，第八章；林淙编《现阶段的文学论战》中所载的双方论文；拙作《革命之路》（见 *Cambridge History of China*，1986年，卷13，第2期，第439—445页）。

[2] 见《新文学史料》第2辑冯的回忆文章，第251—252页。冯懊悔他当时没有向延安请示，也低估了这个问题的重要性。

[3] 见冯雪峰在《新文学史料》上的回忆文章（第2辑，第256页）。

子”和徐懋庸的猛击却必然出于鲁迅自己的手笔。因为那种使他在政治上承担责任的道德热情必然也会支配他对年轻一代的态度。当在不可控制的盛怒之下走向极端时(当时情况必定正是如此),很自然地就划分了两类人:一类是可以信任的友人和学生,另一类是狡猾可恶的对手和转向者。鲁迅对人的观察本来常是敏锐的,盛怒却给这种观察力投下了暗影。

从鲁迅的暴怒,也可以感到他在青年中寻找可信任者的挫折感。徐懋庸和他通过许多信,寻求他的帮助,他也乐于帮助。最后却收到徐懋庸这样一封并不赞成他的信,认为一定是出于周扬等人的示意。因此,在他刻毒的回信中表现出一种被背叛了的怒气。他甚至走得这样远,最后还给徐一个通知,表示今后断绝一切来往。

除了个人因素外,鲁迅更因左联被专断地解散而受到打击。据徐懋庸和茅盾近期发表的回忆录,解散左联一事至少和鲁迅商量过四次。他先是不同意,后来意见有所缓和,出于他对党的政策的理解,他提出一个条件,即在左联解散时要发表一个公开声明,以免被视为对国民党的投降。但当这个“妥协”的条件也被忽视以后,鲁迅的忿怒就压不住了。所以,在“两个口号”和解散左联这两个问题中,后者较前者给予鲁迅的伤害更大,因为左联实际上是象征着他献身于革命和献身于青年的结晶。在他参加的团体中,这是最后一个,也是最有意义的一个。据徐懋庸的回忆录,鲁迅1930年给友人的一封信中曾说道:“我十年以来,帮未名社,帮狂飙社,帮朝花社,而无不或失败,或受欺。但愿有英俊出于中国之心,终于未死,所以此次又应青年之请……加入左翼作家联盟。”[1]左

---

[1] 见《鲁迅致徐懋庸七封信的注释》,《鲁迅研究年刊》1979年,第295页。

联解散这一击,不仅是打在他的政治立场上,同时也打在他长期以来俯首为青年服务的爱心上。

冯雪峰回忆说:他们于1936年两年离别后第一次见面时,鲁迅听他兴奋地谈着关于红区的、共产党的,以及长征等许多事情时,曾自嘲地说:"我可真的要落伍了。……"[1]冯雪峰当时并不理解这感慨后面是什么意思,但是看来这位老人是反讽地说出了真实:他在多年的努力后,确实落后于革命了。冯雪峰承认鲁迅显然并不大了解长征后延安的革命形势和中国共产党的第二次统一战线政策。他在《回忆鲁迅》中所说的鲁迅思想上的"新的发展征象"以及向中国共产党"更靠近一步"的努力,应当说只是日后的合理的推想。因为,由于疾病和年龄,鲁迅这时又退回到早期回忆式的写作了,而且他已经想到了死。有趣的是,当他把《死》的手稿给冯雪峰看时,这位学生曾要求他做了两处修改,而且在此之前,还批评了他用"我"这个单数代名词太多,应当多用更有革命性的"我们"。

三

前面谈到的鲁迅和他的一些弟子的关系,以及他和周扬集团最后破裂的一些内部纠纷,说明一个明显的问题:鲁迅为左翼文学阵线所作的坚持不懈的巨大努力,是基于他对文学青年的一种父爱态度,而这种态度,是并未得到充分的理解和回报的。在他的文章、诗、信件中,可以看到他这种感情的反复表现。例如他反对把翻译视为"媒婆"而以为像父母。他从事这种繁重的工作,是因为感到中国青年只是被很坏的粗粮所

[1] 见《回忆鲁迅》,第146页。

填喂，因此他想输入一些外国文学，特别是苏联文学的“精神的粮食”来给青年以营养。（卷5，第278页）在《自嘲》诗中，有“俯首甘为孺子牛”的名句。他还引申了这个“牛”的比喻，表示只要人们需要，他总愿意为他耕一耕田，如果受伤，他“是总如野兽一样，受了伤，就回头钻入草莽，舐掉血迹，至多也不过呻吟几声的”。（卷12，第185页）但是这个比喻还没有谈到另一种可能，即如果他甘愿为之服务的“孺子”并不纯真，他们是在通过欺骗和要手腕损害他而建立自己的权力堡垒和影响，那么，他就不得不仅在私人信件上“呻吟”，最终竟如在1936年那样地大声吼叫了。

从较大的意义上说，这种父亲似的感情也可以说是1919年《我们现在怎样做父亲》一文中那著名的一段话的回响：

> 自己背着因袭的重担，肩住了黑暗的闸门，放他们到宽阔光明的地方去；此后幸福的度日，合理的做人。（卷1，第130页）

这段话的意思很清楚：作为一个父亲形象和在中国那种窒息人的“铁屋子”文化和社会中的孤独的清醒者，鲁迅的生命的意义在于充当一座过去与未来之间的桥梁。如夏济安所说的中国传统故事中的那个大力士一样，坚持掮住城头已经落下的闸门，让他那些一同造反的伙伴们从闸门下面逃出去。这故事的革命意义是在于：这掮住闸门的巨人和逃出去的人有一个共同点：都是叛逆者。❶

鲁迅在“五四”时期是文化的叛逆者，后来在三十年代转化为革命者。但是根本的感情是悲剧的，“因为，即使对一位巨人来说，那闸门也

---

❶ 夏济安：《黑暗的闸门》，第147页。

太重了,他终于被砸死了”。[1]

鲁迅在晚年发现自己掮着的是双重的闸门,他解决了面对革命阵营以外的黑暗势力的问题,但似乎并未解决在那阵营以内的问题。如果像他过去那段具有进化论意义的话中所表示的那样,他的努力可以引导孩子们走向光明的未来,那么,他是极愿意掮住那双重的黑暗闸门的。延安这个新的革命根据地或许确实提供了他所说的“宽阔光明的地方”的可能,他自己却显然并未看到那实现的希望。如他在1936年对冯雪峰所说的:“但我,老实说,也没有去想过敌人什么时候会失败的事情。就只觉得这样和他(敌人)扭打下去就是了,没有去想过扭打到哪一天为止的问题。”[2]这是非常坦白的心态的表露,说明胜利的景象对鲁迅来说并非指日可待,却要求长期的斗争。这斗争的过程本身确定了革命存在的意义。既然革命是极长期的,就使鲁迅的父爱染上了强烈的牺牲色彩。全部的客观环境和主观感情似乎都切近于牺牲和殉道的主题。鲁迅经常让读者(也让他自己)想到:由于他的年龄和经历,他只是一个老一代的人。他所获得的马克思主义知识也使他明白了自己不属于上升的无产阶级而属于别一阶级,是注定要消亡的。最后,他对时间的悲剧感,即意识到生活在一个未可知的黎明前的长期暗夜之感,更给他确定了父亲——殉道者这一角色的地位。

作为一个文学主题,牺牲主题似乎是贯穿于鲁迅的全部作品的。在1903年写的诗里就有“我以我血荐轩辕”;接着,在小说《药》和散文诗两篇《复仇》里,都有隐喻牺牲的形象。在晚年,他有时仍用牺牲的艺术形象喊出政治的忿怒,如得知柔石牺牲的消息时,他选了一幅珂勒惠支的

---

[1] 夏济安:《黑暗的闸门》,第146页。

[2] 见冯雪峰:《回忆鲁迅》,第174页。

木刻《牺牲》刊出，画上表现的是个母亲悲哀地献出了她的儿子。由于艺术的和“精神的”原因，他也非常喜欢麦绥莱尔的木刻《一个人的受难》，在解释中鲁迅说：“在受难的‘神之子’耶稣像前，这‘人之子’就受着裁判。”（卷 4，第 558—559 页）他在一篇抗议官方压迫的文章中，曾宣布他曾收集过基督教历史上殉教者的材料，但他最喜爱的牺牲者形象是希腊神话中的普罗米修斯，在《“硬译”与“文学的阶级性”》一文中那段动人的话是值得再次引用的：

> 人往往以神话中的 Prometheus 比革命者，以为窃火给人，虽遭天帝之虐待不悔，其博大坚忍正相同。但我从别国里窃得火来，本意却在煮自己的肉的，以为倘能味道较好，庶几在咬嚼者那一面也得到较多的好处，我也不枉费了身躯。（卷 4，第 209 页）

这个普罗米修斯的隐喻原是用来为他的翻译辩护的，但言外之意更宽广。在许多方面，这是他的革命努力的一个概括。这里，革命者的形象（事实上也是他的自我形象）是一个深刻的悲剧形象，因为体现的最终意义就是牺牲。不仅是为公众殉难，也是内心的自我折磨。这个形象是他过去许多作品的回响。就这样，鲁迅在生命的最后日子里又提出了第一篇小说《狂人日记》中的“吃人”问题，这次却是对他自己而说。当年的狂人是自觉受到周围人的迫害，是害怕人们要吃自己，而普罗米修斯式的革命者却把“吃人”转向内面——煮自己的肉加以咬嚼也让人民咬嚼——使自己成为为人民牺牲的典范。这当然是一个高尚的救世者的形象。人们不免要想，鲁迅心目中那些“咬嚼者”是不是专指青年和孩子，而这些青年和孩子是否真能从他的牺牲中得到较多的好处。

第十章　结束语:鲁迅的遗产

鲁迅在1936年10月19日去世时已被两个口号之争造成的内部麻烦竭尽精力。从他晚年那种深深烦恼的情绪来看,他恐怕很难预料自己的葬礼会是那样的庄严和规模宏大,也不会料到自己后来会那样地被神化。在去世前一月,他试作过几条“遗嘱”,前四条是:

> 一,不得因为丧事,收受任何人的一文钱。——但老朋友的,不在此例。
>
> 二,赶快收敛,埋掉,拉倒。
>
> 三,不要做任何关于纪念的事情。
>
> 四,忘记我,管自己生活。——倘不,那就真是糊涂虫。
>
> (卷6,第612页)

但是,和他的愿望相反,后代人并没有忘记他。在他逝世五十周年和诞生一百周年时,全世界都举行了纪念活动。在中国大陆,纪念鲁迅已经成了“专业”,出产了数量极丰的产品:至少有三部全集;著作有许多单行本,有些是重印的手稿;成千本的书,成万篇的文章;博物馆和陈列室；儿童读物、画册、照片、画像、速写、漫画、幻灯片、雕塑、电影、音乐（包括戏曲和舞蹈）、话剧、招贴画、书签、纪念章，不一而足。很难想象世界上还有任何其他现代作家能在整个民族范围内得到这样的殊荣。

一

按照由毛泽东本人建立起来的对鲁迅的官方观点，他简直可以说是中国共产党革命的思想之祖，是一个从五四运动到中共城市斗争时在革命考验中闪闪发光的人。虽然不是共产党员，和三十年代那些城市的党员相比，他却被认为是一个真正的马克思列宁主义、毛泽东思想者。于是，他的思想就被说成是为毛泽东铺平了意识形态的道路。从五十年代开始的中国大陆不断的政治运动中，鲁迅的名字，以及引述的他的一些话语，就一再地被用来“打倒”各种色彩的敌人，并同时证明各个不同宗派（尽管有的是相互对立的）的正确。1976 年毛泽东去世后，出现了某种微妙的对毛的贬低，但鲁迅的名声仍毫无损伤。这种由党所制造的彻头彻尾的鲁迅崇拜的后果，是产生了一种狭窄的观点，降低了鲁迅的人格和思想的巨大复杂性，变成一套简单的英雄色彩。官方的鲁迅“专业”的最后产品只是他这个真实的人的“大于生活”的漫画。

我在本书中的研究，走了从非毛角度使鲁迅非神化的一步，依靠的是承认他的内在的悖论和矛盾，并尽我所能地恢复他的写作艺术方面的本来面貌，证明它是文学，而不是政治思想。因为我得出的结论是：鲁迅并非一位有体系的，甚至也不是前后一贯的思想家；他的思想的“发展”也并非顺着一条从社会进化论到革命马克思主义决定论的路线。在我看来，他是一位高度“思想化”（intellectualized）的作家，他把自己的思想和情绪(内心的鬼)转化为艺术的意义结构(structures of meaning),这种意义结构是决不能肤浅地仅仅理解为抽象的“革命意图”的。因此,我更多地注意他的小说和散文诗,对他的杂文则更强调其“精神”方面而不是狭窄的政治方面。甚至在处理他晚年的革命活动时,也写了思想和心理上折磨的这一条线,而不是表现一位正面英雄的“光辉典范”。

在评价鲁迅对中国文学和文化的贡献中,我将他的作品放在中国传统的整个遗产的背景之前来审视。因为我相信,鲁迅作为艺术家的独创性,他在有前人积累极其丰富的文学传统中进行创新的努力,才是他的“现代”和“伟大”之处。这并非要低估外国文学对他相当重要的影响。进一步的比较研究或许还可以从国际背景上衡量他的“现代化”(modernism)。总之,鲁迅文学事业最有成就的时期是从1917年至1936年的二十年间。这个时期既是在欧洲盛开着“高度现代化”(high modernism)的文学之花,同时也是左翼思想现象盛行之时,后者部分地是由布尔什维克革命和苏联的兴趣所激发的。

鲁迅对国外借鉴的情况也如他对本国传统反应的情况同样复杂。他显然倾向苏联和国际左翼文学,晚年几乎已经成为“同路人”,但他本人的审美爱好却又表现出和欧洲现代派文学艺术的某种接近。如我在对《野草》的分析中所指出的,波德莱尔的痕迹在《野草》中是清晰可辨的,虽然很难证明哪些是对《恶之花》(*Les fleurs du mal*)的直接模仿。散文诗中同样也可以看出存在主义的迹象,当然也难指出直接联系。鲁迅对尼采以及对克尔凯郭尔(Kierkegaard)(稍次)的兴趣是人所共知的,不过他并未以他们的哲学前提作为自己作品的基础。人们还很少提到的是:在艺术欣赏方面,他似乎相当爱好颓废艺术,特别是毕亚兹莱(Beardsley)的绘画,虽然他从道德上公开批评过他的“世纪末”的表现

(卷7,第338页)。他对英美文学怀有偏见,不仅林语堂做过批评,他自己也承认这一点。他会见过萧伯纳(George Bernard)并写过关于萧的文章,但在一封给胡风的信中又说发现英国作品大多是“无聊”的(《鲁迅书简》卷2,第941页)。这种偏见也表现在三十年代初他对“第三种人”的抨击中。在他政治热情极高时,对于报刊上介绍的英美文学巨匠如乔伊斯(James Joyce),T·S·艾略特(T. S. Eliot),叶芝(W. B. Yeats),海明威(Ernest Hemingway),福克纳(William Faulkner),W·H·奥登(W. H. Auden)都不予注意。另一方面,从他留学日本时起直到晚年,却一再宣扬东欧和北欧小国的作家,视之为被压迫民族的喉舌,虽然他这样做更多地是由于“精神的”而不是政治的原因。在晚年,鲁迅是珂勒惠支版画热烈的激赏者和提倡者,而珂氏的作品在许多方面是最好的有信仰的艺术的象征,结合了德国印象主义的强烈意象和反抗压迫的左倾的政治感情。

以上这些鲁迅对国外文学趣味的例子,表现为一幅复杂的图画,需要作为“跨文化”借鉴的现象来做进一步分析。不过,有一个本质方面却还没有被人们看到,就是他尽管喜爱高尔基和法捷耶夫等苏联作家,对于后来所谓的社会主义现实主义作品及其无产阶级背景和英雄人物,却并没有多大兴趣。就是对《毁灭》这样较“软”的社会主义小说,注意的焦点也不在农民等人物而在作为知识分子的莱奋生和美谛克身上。他喜爱这部小说的原因之一或许就是因为在这两个人身上看到了他自身的某些东西:一个是在走向灭亡中的动摇的多余人,另一个是看到较好的未来却仍然苦于孤独的“过渡”的革命者。两人都是时间之流中的过渡人物,美谛克是从过去走来,莱奋生是向未来走去。两人生命的意义都是牺牲并最后被历史湮没。

我们在鲁迅的作品中，特别是他正在思索着革命和文学的关系时的1927年、1928年的作品中，经常看到对这种过渡性知识者的命运的关心。他甚至曾以“知识阶级”为题专门做过一次讲演（1927年10月），涉及的一个主要问题就是知识者和政治掌权者的利益是否可以并存的问题。他的回答是否定的：

> 智识和强有力是冲突的，不能并立的；强有力不许人民有自由思想，因为这能使能力分散……总之，思想一自由，能力要减少，民族就站不住，他的自身也站不住了！（《鲁迅三十年集补遗》，第90页）

知识者由于有知识，必定是自由思想者，必定要说出自己所想的而不考虑政治上的权宜之计。因此，鲁迅认为真正的知识分子是不会满足于社会而且常是痛苦的：

> 他们对于社会永不会满意的，所感受的永远是痛苦，所看到的永远是缺点，他们预备着将来的牺牲，社会也因为有了他们而热闹，不过他的本身——心身方面总是苦痛的；因为这也是旧式社会传下来的遗物。（《鲁迅三十年集补遗》，第92页）

鲁迅对知识者的这种判断，同样也适用于文学家。他在这段时期作的另一次讲演《文艺与政治的歧途》就是一个证明。有趣的是，鲁迅还把知识者的这种素质看做是“旧社会的残余”，似乎意味着知识者本身就是一个过渡阶级，他从旧社会来，在今天的环境中是否仍能继续存在似乎也是可疑的。这也是鲁迅的自况。他本人就是个真正的知识者，生于旧社会，又身不由己地陷入新社会诞生的阵痛时期，感觉到在当前政治权力统治下的艰难。精神上的“残余”表明他正是一个过渡的人，是一位由于自己的文学背景和趣味而并不属于上升的无产阶级而属于文人精英的另一阵营的人。在这意义上，鲁迅左倾时期也清醒地看到自己最多只能扮演一个加速旧力量死亡的后卫角色。而且，作为一个真正的知识者，他选择的是文字而不是行动，并不喜欢那种必然与任何一种革命行动伴随而来的流血和骚动。正如他 1927 年向听众所讲的那样：一个人一旦有了思想——这是知识者的标志，他就不能行动了。[1]

当然，这个后卫的角色又会使人回顾那个掮住闸门放年轻人到光明地方去的自我牺牲的父亲形象的隐喻。这个隐喻又和“铁屋子”的隐喻有关。两者都是空间闭塞的形象，只不过“铁屋子”封闭得更紧，没有门，也没有窗，根本没有出路，几个清醒的人和多数熟睡者都是注定要闷死的。对于那些较为乐观的鲁迅同时代人来说，关于这两个隐喻最终还有一个时间的问题：黑暗的闸门和铁屋子在将来是否终将摧毁呢？鲁迅的回答是按一种奇异的希望与失望的双重否定的悖论来确定的：既然人们并不能证明二者之中哪一种是现实的，也不能证明哪一种一定是虚幻的，那么，如果希望的幻想能够给一些人以安慰，又何必吝惜这种安慰呢？

但如果把这两个隐喻转向内面，作为鲁迅黑暗的内心世界的一种象征结构（symbolic configuration），就更是悲剧的了。如果那掮住闸门的巨人并没有被压死，他将必然为在“铁屋子”里不可避免的死亡而忍受痛

---

[1] 参阅《鲁迅三十年集补遗》，第 89 页。

苦。如我在论他的小说的一章中所说,鲁迅曾一直执着于那个清醒的孤独者的形象。这个清醒者面对一批昏睡的群众,进行一系列无益的斗争。这种精神发展的最终点就是厌世或死亡,他的命运是已经注定了的。但正是鲁迅的这一黑暗的方面是我所赞颂的,我在这个注定了要失败的清醒者的声音里看到了伟大。因此,对我来说,"铁屋子"是个双重的隐喻:既指中国社会和文化当时的状态,也指他本人的精神状态。鲁迅对这两个状态的感知使他发出了独特的"声音",不仅是"呐喊"和"彷徨"中的寂寞之声,还有他选取来表达出他内心痛苦的文学之声。或许我们可以在这里引用一句他自己的诗:于无声处听惊雷!

二

就是我这样一幅画像,或许也仍有使鲁迅的伟大过于理想化的危险,虽然我的本意并非如此。因为我确信他对自己和对社会的悲剧洞察之深之广,在当代中国作家中是无与伦比的。他的文学之声,在现代中国文学史上也没有得到充分的反响。他在丰富的著作中所确立的风格——一种高度启示性的,甚至是寓意的、由讽刺的机智所加强的抒情散文——是任何模仿者都没有超过的。他的小说中对反讽距离和叙述者的巧妙运用,也是他那个时代的重大突破。但是这些技巧却并没有为三四十年代的中国小说家所继承发展,相反,他们却只把自己局限于社会现实主义的方式中。虽然他们也有可观的文学成就,却似乎受社会政治环境之迫,将鲁迅所发展的叙述技巧的丰富复杂削弱为简单的表达主题。鲁迅的杂文是被广为模仿的,但没有一个后来者能比上他的才能;他们缺乏做这种工作必要的成熟和丰富,却把鲁迅风格看作只是愤世抨击而想抛弃。而且,毋庸赘言,鲁迅的独特的散文诗集至今仍然无人可以媲美。

只有一种文学体裁是后来的中国作家有所成就而鲁迅似乎没有做到的,就是长篇小说。但是如果就总的小说范畴看,后来的小说仍然没有达到鲁迅艺术上的概括凝练和象征的感染力。当然,六七十年代的台湾作家已臻于技巧成熟,新时期的大陆作品也开始较有创造性。但是在这些作品中却找不到那种既涵盖且又穿透整个民族文化传统的视像的伟大,那种闪耀于鲁迅细致的人物画像后面的大师的概括。因此,具有反讽意义的是:这位伟大的创新者的文学遗产的继承竟是成问题的,他的比较显见的影响却是在别的方向。

除文学以外,鲁迅对左翼政治承担的性质和程度仍是一个热烈论争的主题。在他的爱好者中,毛泽东思想的信仰者和非信仰者对他的遗产问题的看法,也有极大的不同。我个人的看法,如在本书后半部分已说过的,以为他对政治的承担来自对文学和政治的关系这个关键问题的反思,这是一个长期的精神过程,和那种盲目的、宗教似的信仰(例如郭沫若和其他创造社成员的信仰)有本质的区别。因此,我同意林毓生的看法,以为鲁迅的政治承担是扎根于一种道德感情,因而不容许任何的机变权诈(personal chicanery)和实用主义(operational pragmatism)。[1] 这种道德倾向的内在逻辑必然会使他反对那种职业的政治家,不论是国民党的或共产党的。如两个口号之争所说明的,对鲁迅来说这里包含着一个道德问题,他所做的正是一个有所承担的人所做的,一旦决定了什么,就不再妥协。这就是一些人想用文学口号作为一种统一战线的策略时,

---

[1] 林毓生:《思想的道德与政治的不道德》,载于《鲁迅及其遗产》,第125页。

他所以拒绝的原因。

鲁迅的这种道德感和行为给他的有些学生提供了榜样，这些人和他一样，也有倔强的性格，如胡风和萧军。他们继承的是独立不屈的遗产。政治上的道德感情，在四十年代转化为革命的理论和行动时，就意味着：中国现代作家的独立性和叛逆性决不能丢弃，文学的教条政治化决不能等同于文学政委们以"为革命的目的"的名义让作家沉默的政治教条。胡风和萧军在后来的内部论争中都是不妥协的。在四十年代初，在重庆的胡风和在延安的萧军都曾向对文学的政治思想控制挑战。在"民族形式"的论争中，胡风充当了一个突出的角色。他肯定以鲁迅为范例的较为世界主义的"五四"文学价值观，反对以土生土长的形式为优而贬低上述遗产。在著名的《在延安文艺座谈上的讲话》发表时，有些作家曾以鲁迅的名义维护作家不受官僚主义的不正当干扰、为革命的目的而写作的权利，萧军就是其中之一。

但是，几乎所有鲁迅的著名的学生，如胡风、萧军、冯雪峰，都曾被清洗。他们的不幸命运证明，不说别的，至少这个创作独立的遗产是不安全的。这些事也必然提出了另一个问题：如果鲁迅还活着，他能在这许多政治运动和清洗之后仍安然存在吗？在中华人民共和国的前三十年间他会怎样做？

关于对鲁迅名义的政治上的利用已经有人做过研究❶，此地不再谈。最后，使我们感到反讽的是，在"四人帮"的极盛期，一个人如果曾在鲁迅的文章中被否定过，那就会遭到江青等极左派的严厉打击。同时，试图出版一部新的《鲁迅全集》也受到"四人帮"的怀疑。在"文化大革

---

❶ 见哥德曼：《文化大革命中及其后对鲁迅在政治上的利用》，载于《鲁迅及其遗产》，第180—196页。

命"中做一个鲁迅研究者，也像做他的学生一样，是一件危险的事。而此时却正是鲁迅崇拜盛行之时！玩弄鲁迅语录的政治思想"艺术"在"文化大革命"中也达到高峰，后来也还在继续，在这方面，鲁迅实已与毛泽东平行。虽然他的反偶像崇拜的文章曾被利用于"批林批孔"的运动中，但现在的领导人却又能从他的文章中找出宣传"四个现代化"的东西。《拿来主义》一文过去是被忽视的，现在却一再被引用，因为它主张"拿来"一切有用的外国的东西。鲁迅的"自我解剖"之句在新的反对资产阶级自由化运动中被引用号召人们清洗自己的错误。

"文革"以后鲁迅遗产所起影响的情况如何呢，现在还难估计。它正在穿过在此之前的迷宫。少量的非神化的努力是清晰可见的：少数研究者正在写他生活中一些重要的或不大重要的片段，目的在勾画出一幅人的而非神的画像。一部注释得最好的全集也已出版。但是.部分地是由于过去对这位伟大作家的"经典化"引起的反感，现在年轻一代读者对鲁迅的作品仍不甚热心。另一方面，在香港出版的第一部前红卫兵的集子，书名用的就是鲁迅的诗句："敢有歌吟动地哀"。集子里那些不够成熟的作品中经常提到鲁迅散文诗中一些关于死的形象。事实上，在最近以前《野草》由于它的低沉的调子和"虚无"的内容，是曾被研究者们有意忽略了的，近期才被一些青年研究者所推崇，似乎是个新的发现。[1]

由于种种原因，鲁迅精神仍然在中国徘徊不去，这在许多不同的作家和青年身上可以得到证明。在由陈白尘改编为话剧的《阿 Q 正传》中，曾有扮演的鲁迅亲自出场，在幕前幕中发表带讽刺意味的评论。他最后忧郁地说：虽然阿 Q 并没有子孙，但在今天中国的每个角落都可以找到

---

[1] 在官方的纪念鲁迅诞生一百周年学术讨论会论文选中，所选的三十篇论文有四篇是专论《野草》的，除李何林的一篇外，都没有谈到鲁迅在共产党革命中的作用。

他的后代。这就是说:中国尽管经过了不断的思想改造运动,著名的阿Q精神,如自欺、精神胜利、两面派、妥协、凌弱怕强等等,在社会主义中国的国民性中仍是重要的部分。近期中国官方把这些解释为“封建残余”。

但是,“封建残余”只是一种政治思想口号的概括,现实中存在的问题或许更大。如美国学者林培瑞(Perry Link)在中国长期居住观察所得,鲁迅的批评眼光所注意的一些重要问题,特别是群众把牺牲者当做观赏景象而无动于衷的残酷情况,在中国可说是每日可见。[1] 刘宾雁的《人妖之间》也记录了比《阿Q正传》更广泛的腐败现象。从刘宾雁的暴露的冲刺和1977年以来中国文学中的“暴露黑暗面”,或许也可以看到鲁迅直面中国社会现实并揭示它可怕的真相以求疗救的态度。因为,正是鲁迅的批评精神,比其他一切都更加决定了他的人格的完整和思想的良知。而且,如果说鲁迅精神在今天仍然需要,这就会启示所有的人都来提出鲁迅数十年前提出过的问题:作为“文革”的后果,中国国民性又出了什么问题了呢?鲁迅把文学看做是精神的探索,把写作当做一种无情地解剖自己也解剖别人的形式,这种观念,看来今天是更有用了。但是在一种集体范围内的这种无情灵魂探索,会引起对社会制度更多的挑剔和暴露,并产生更多的心理痛苦。

---

[1] 林培瑞写了一篇论文《七十年代的鲁迅遗产——新时期中国观感》(*Lu Xun's Legacy in the 1970s:A View of the Post-Mao Era*),作为《鲁迅及其遗产》的参考。这篇论文反映了他本人在中国的经历,也涉及鲁迅关于国民性问题的观察。这篇文章虽然没有刊载在《鲁迅及其遗产》一书中,对我写这一章却极有帮助。不过,证明鲁迅对当代中国政治仍然有用的最有力、最尖刻的评论却来自Simon Leys(Pierre Ryckmans)。参阅他的《破碎的形象:中国文化及政治论集》(*Broken Images:Essays on Chinese Culture and Politics*)一书中的两篇文章《政府花园中的鲁迅“杂草”》和《阿Q还活得好吗?》,第9—37页,及其《火林:中国文化政治论集》(*La foretên feu:Essais sur la culture et la politique chinoises*)中两篇关于鲁迅的论文,第85—94页。

这种"黑暗"的想法,是逻辑地随着我对鲁迅的"黑暗"的描绘而来的。它不可能给任何人以安慰,但对《野草》中鲁迅的那个鬼魂的自我,或许反而是一种安慰。经过半个世纪的痛苦和苦恼以后,他或许终于已经平静了吧。

附　录

鲁迅与现代艺术意识

在上海大陆新村鲁迅的旧居里挂了几幅画。会客室挂画三幅：油画《读〈呐喊〉图》、剪纸和木刻《太阳照在贫民窟上》；二楼鲁迅的卧室里北墙挂日本友人秋田义画的油画《海婴生后十六月》，镜台上放着三幅木刻：苏联毕柯夫的《拜拜诺瓦》、德国两幅——《人浴》和《夏娃与蛇》，作者未详。[1]

当我在1980年春第一次参观鲁迅旧居的时候，就特别对卧室里挂的这三幅画发生兴趣。鲁迅晚年提倡木刻运动，这是众人皆知的事实，然而更使我好奇的是：他在自己的卧室里（如果当年的摆饰至今未动的话）却放着三张以女人为主题的木刻，其中两幅描绘的还是裸体的女人！其中一幅有点《天方夜谭》式的传奇色彩。这三幅画，似乎和楼下会客室的较有社会意义的画在情调上形成强烈的对比，不禁触动我的研究灵感，使我得到一个初步的看法：我认为鲁迅一生中在公和私、社会和个人两方面存在着相当程度的差异和矛盾，如果说他在为公、为社会的这条思想路线上逐渐从启蒙式的呐喊走向左翼文学和革命运动的话，他在个

---

[1] 此二幅裸体画的作者，迄今尚未查出。我曾仔细拍照，今后再做进一步考证。有关资料的提供，我特别感谢北京鲁迅博物馆的王得后先生。

人的内心深处，甚至个人的艺术爱好上，似乎并不见得那么积极，那么入世，甚至有时还带有悲观和颓废的色彩。关于前者，中国大陆三四十年来成百成千的鲁迅专家早已述之甚详，然而后者却不甚受到重视和承认，所以我最关心的也是后者，并试图在鲁迅自己的作品艺术和他对外国文艺作品的取舍上，找出一点他个人心态的蛛丝马迹，由此探讨鲁迅内心生活的复杂面。

本文由于时间的紧迫，研究未能深入，在史料方面的掌握也未能详尽，不能算是学术论文，仅愿提出几个近乎学术的观点，公诸海内外敬仰鲁迅的人，并希望展开更深一层的讨论。

一　鲁迅的艺术观和艺术感

就以木刻为例：鲁迅晚年不竭余力所介绍的西洋木刻和版画，其来源主要是西欧（特别是德国）和苏俄。德国的珂勒惠支（Kathe Kollwitz）、梅斐尔德（Carl Meffert）和乔治·格罗斯（George Grosz）以及比利时的麦绥莱尔（Franz Masreel）的作品，更是他所深嗜的。中国的鲁迅学者，大部分仅从内容出发，很自然地从这些作品中看到普罗革命的一面，甚至在题目上也标志得很明显，如《一个人的受难》《牺牲》和《磨镰刀》等。然而从艺术的形式上来看，珂勒惠支等人的作品并不属于所谓清醒的或健康的写实派，而是属于二十世纪第一次世界大战以后兴起的“表现主义”[1]。

研究西方艺术史的学者，往往把表现主义视作广义的现代主义潮流

---

[1] 关于德国表现主义的原始材料，请参阅：Paul Raabe ed.，*The Era of German Expressionism*，Woodstock，New York：The Overlook Press，1985. 关于珂勒惠支，我所参看的是：Mina C. Klein and H. Arthur Klein，*Kathe Kollwitz*，*Life in Art*. New York：Schocken Books.

的一部分，因为从形式上说，它并不全然客观地反映或摹拟现实，而把现实的形象故意扭曲，来表现一种内心的、主观的煎熬，这是一个艺术史家众所周知的基本看法，就以珂勒惠支最著名的《牺牲》为例，画面上的主题是一个女人（可能也是母亲）把一个婴儿奉献了出来，做牺牲品（所以鲁迅也以此画来纪念柔石，代表了一种做父母亲的哀痛）。值得我们注意的是，这两个人物都是裸体的，在木刻的线条上表现了一种原始的粗犷，这种原始色调，是西方现代美术自高更（Paul Gauguin）以来极为重视的艺术手法，而高更的《诺阿诺阿》（以大溪地的原始土人为体裁），鲁迅不但十分熟悉，而且曾经设法出版。[1]

事实上，鲁迅经由各种渠道收集了不少西方现代主义的艺术及曾影响到西方的日本《浮世绘》[2]，他私人在这方面的鉴赏造诣，我们可以从他的日记、书信及文章中看出来，譬如在关于《一个人的受难》的通信中就说道："木刻只有黑白二色，光线一错，就一塌胡涂。现在常有学麦绥莱尔的，但你看，麦的明暗，是多么清楚。"[3]这是一针见血的内行看法，所谓明暗光影的对比，不但在木刻而且在摄影艺术上都是一个很受重视的鉴赏特征。

木刻除了明暗外，当然还有空间的布置和线条的运用，这是和它所

---

[1] 王观泉：《鲁迅与美术》，上海人民美术出版社，1979 年，第 48 页。除了高更的画外，其他准备出版但未印行的尚有德国、法国、英国和苏联等国的木刻及插图集，以及罗丹的雕刻和极富阴冷情调的《E・蒙克画选集》，第 48—49 页。

[2] 王观泉《鲁迅美术系年》，人民美术出版社，1979 年，第 134 页。《浮世绘》对法国印象派颇有影响，这点鲁迅也很熟悉，但鲁迅并没有言明：《浮世绘》的一般情调是相当颓废的。他只在一封复山本夫人的信中说："况且中国还没有欣赏浮世绘的人。"引自同书，同页。

[3] 《鲁迅书信集》，人民文学出版社，1976 年，下卷，第 971 页。王观泉：《鲁迅与美术》，第 85 页。

运用的工具分不开的。我们可以把鲁迅所喜欢的几幅木刻做例子：在《一个人的受难》二幅木刻中，第一幅所用的黑色极多，白色成了空隙式的线条，它的空间布置是禁闭式，恰好反映着主题：一个受难者在牢狱中；而在第二幅画中，黑白比较对称，受难者夹在两块黑色之中，他的影子映在白色的墙上，形成了强烈的对比，受难者将要蒙难——被枪决——了，麦绥莱尔在画面上故意留下白色的空间，却使观者的情绪更强烈。珂勒惠支的《牺牲》用的也是黑白对比的方法，裸体的女人和婴儿大部分是白的，但背后却衬着一块黑，黑色之外又有一圈白，而白圈后上角又是黑的，这种构图不但增加了一份立体感，而且更突出了母子形象，使我们不得不把全副感情和注意力放在人物的焦点上。这种圈状的画法，所得到的效果和麦绥莱尔的作品异曲同工，然而珂勒惠支的木刻更见现代感，因为它已经脱离了写实的背景，而专注在一个举动上，它的动力更可以在线条上看得出来：母亲的臂和乳房在线条上形成一股爱的力量，而乳房的圆硕更把母亲的“女性”衬托了出来。关于女性的“爱力”或“爱欲”问题，我在后文中还会提到。

在王观泉所著的《鲁迅与美术》一书所附的插图里，我们可以看到许多富有现代艺术意识的木刻，虽然它们的主题是写实的、社会性的，但在黑白对比、线条运用和人物造型上，已经超越了写实主义的窠臼：苏联毕斯凯莱夫的《铁流》插图和《一个人的受难》第二幅异曲同工；法复尔斯基的《一九一七年十月》把文字（一九一七的阿拉伯字体和俄文的十月）变成艺术形象，使人想起意大利未来派的手法；在古泼略诺夫的《熨衣的妇女》中，桌、椅、熨斗，甚至人形（特别是脸和头发）都带有浓厚的立体派（Cubism）的色彩；而珂勒惠支的《磨镰刀》，除了显示她独有的力的线条外，在人头的构图及整个画面的气氛上，非但没有像后来苏俄社会主义现实主义的健康写实感，而且更使我想起维也纳世纪末兴起的两位巨匠：Egon Schiele 和 Oskar Kokoschka，这二人都偏重病态式的人物和心理，普林斯顿大学的名学者萧而斯基(Carl Schorke)称之为“粗犷的表现主义的突破，打破了艺术和高级闲逸生活的愉快结合”。[1]

我无意把这些版画和木刻家完全视作现代艺术的代表人物，然而，另一个不容忽视的现象是：欧洲在第一次和第二次世界大战期间，正是现代主义的各门各派艺术风起云涌的时期，而苏俄自 1917 年大革命后至三十年代中期斯大林主义兴起之前，在文学和艺术上是和欧陆相通的，并没有闭关自守，而在十九世纪末、二十世纪初期更产生了几位有名的大师(如 Marc Chagall)，对欧陆的影响颇大。所以鲁迅所接受的几位重要人物，基本上都不能算是“社会主义现实主义”的艺术家，他们没有一意歌颂光明，也没有一味模仿低层社会的现实，而更重要的是用一种夸张式的画法讽刺了中产阶级或高等社会的众生相(乔治·格罗斯的作品大部分如此)，或用一种深沉的笔调刻画出强烈的受难感(如珂惠勒支)。这些艺术家都可称之为现代主义的左翼，在文学上，布莱希特(Bertold Brecht)的史诗剧和后来的布烈当(Andre Breton)、阿拉贡(Louis Aragon)的超现实主义的诗作，都可以列入这个潮流，它的特色是，无论在内容或形式上都是激进的，前卫式的，批判现实的。它和“社会主义现实主义”最大的区别是：后者在内容上强调积极性。往前看，但在形式上却相当保守，拘泥于一种回溯十九世纪的写实主义的传统(但是却远逊于十九世纪的经典写实作品)。布莱希特和卢卡契(Georg

---

[1] Carl E. Scrlorske, “MOMA. s Vienna” (Review of *Vienna* 1900: *Art, Architecture, and Design*, An exhibition at the Museum of Modern Art), *The New York Review of Books* (Sept. 25, 1986). p. 19.

Lukács)的论争,也就是激进的现代主义和保守的古典现实主义两个重要代言人的论争。我个人认为:卢卡契的理论思维虽然深刻,但他的艺术感和观点毕竟不如布莱希特,因为后者既有社会承担意识又是一个大胆的现代艺术家。我们如果把鲁迅和二人相比,也许把他放在布莱希特这一边更为恰当。

然而,鲁迅的艺术嗜好和视野,并不限于左翼或前卫式的现代主义。如果往后推到二十年代的话,我们甚至可以发现一些唯美或颓废色彩的作品。谈起"唯美"和"颓废"这两个名词,在中国是大不以为然的,把它和鲁迅相提并论,则更为大不敬。我们暂且把多少年来这两个名词所累积下来的不道德意涵放在一边,而提出几个值得注意的现象和问题。

第一个问题当然是毕亚兹莱(Audrey Beardsley)的画。毕亚兹莱这个名字,一向是受中国批评家针砭的,甚至不分青红皂白,一棍子打成颓废派。鲁迅对毕亚兹莱的看法,似乎比较复杂,表面上他也颇有批评,加上他对于自称师崇毕亚兹莱的叶灵凤的不满,所以把他和吴友如联在一起,视作"斜视眼,满脸横肉,一副流氓气",然而在《比亚兹莱画选》小引中,却又推崇他在装饰艺术上的无匹造诣;虽然鲁迅觉得他是一个失败的插画者,但是又说:"却没有一个艺术家,作黑白画的艺术家,获得比他更为普遍的名誉。"❶

但是鲁迅仍然出版了毕亚兹莱的画集,这不有点自相矛盾吗?事实上,增田涉在《鲁迅的印象》一书中早已注意到这个问题。增田氏指出:鲁迅在推动木刻画之前,曾经对西洋画做过研究,"被西方称为现代大画家的作品,鲁迅大致都看过了(大概是复制品)"——其中也包括夏戈

---

❶ 鲁迅:《上海文艺之一瞥》,《二心集》,《鲁迅全集》,人民文学出版社,1981年,卷4,第292—293页;《〈比亚兹莱画选〉小引》,《集外集拾遗》,《鲁迅全集》,卷7,第338—339页。

(Marc Chagall)和毕加索;他在指导中国青年木刻时,主张现实主义,这是他和珂勒惠支通信以后的事情(珂氏认为梅斐尔德太过恃才卖弄技巧),然而增田又承认:"即使是版画,鲁迅也不只是搜集无产阶级艺术类型的作品,还搜集法国技巧很高的佳作。记得他曾赞美那些法国版画说:很美呵!"❶

在陈烟桥——鲁迅的一个木刻画的大弟子——的一篇回忆文章中,也提到鲁迅指着一幅毕亚兹莱的画说:"你看那画面多么纯净美丽。"❷所以我觉得不论增田涉如何半支吾其词地把鲁迅说成"进步的",我们势必承认他对于纯美感的艺术的兴趣,这恰证明了他公、私两方面的差异而已。所以增田举出的理由也颇牵强:由于叶灵凤等人的竞相模仿,所以"为了让大家明白真相,鲁迅便翻印原画,把上海'艺术家'的卑劣手法公诸于众……但玩这种'恶作剧'是否用心过于周到呢?"❸事实上,叶灵凤等人也并不见得故意要隐瞒模仿的本意,关键问题还是毕氏的画所牵涉的"颓废"(Decadence)这个"坏"字眼。❹

毕亚兹莱这个名字,无论是在中国或西方,都是与颓废和唯美分不开的,他相当推崇颓废派的发言人王尔德的艺术观,并为王尔德用法文写成的剧本《莎乐美》绘制一系列的插图。除了二人之外,维也纳世纪末的"分割画派"的首领克林姆特(Gustav Klimt)和另一位法国画家摩洛(Gustav Moreau)也以莎乐美作主题,在音乐方面,理察·施特劳斯也曾

---

❶ 增田涉(龙翔译):《鲁迅的印象》,香港天地图书有限公司,1980年,第80页。

❷ 陈烟桥:《缅怀鲁迅先生对我们的教诲》,收于《回忆鲁迅的美术活动》,人民美术出版社,1979年,第81页。

❸ 增田涉(龙翔译):《鲁迅的印象》,香港天地图书有限公司,1980年,第77页。

❹ 关于"颓废"这个名词在西方文化史上的意义的演变,请参阅:Richard Gilmml, *Decadence: The Strange Life of an Epithet*, New York: Farrar, Straus and Giroux. 1980.

根据王尔德的剧本作歌剧《莎乐美》。[1] 我举这些例子是在说明十九世纪末期以来，许多艺术家对于“尤物”(法文叫作 femme fatale)这一型的女性特别重视，莎乐美是一位代表尤物。而毕亚兹莱笔下的女性，貌似温柔，却充满了一种尤物的诱惑力，这一类的美女，又富于异国情调，上了钩的人又可能招致杀身之祸。

我们甚至可以概括地说，西方艺术史上对于女性的描绘有几个逐渐演变的原型：从中古时期的圣母像到文艺风景时代对维纳斯女神的多种描绘，直到世纪末艺术对于莎乐美式尤物的迷恋，都是一脉相承的，把生命和神秘、爱与死、宗教与罪恶联在一起，是一个极普遍的艺术构思。毕亚兹莱笔下的女性，虽然大部分不用彩色，但仍然颇为矫饰，而且往往把她们置于花草的意象里，它的线条是弯曲或圆腴的，后来形成所谓“新艺术风格”(Art Nouveau)的基调，鲁迅曾经说过：毕氏画里的尤物是瘦削的(事实上并不完全如此)、颓丧的，甚至有些病态。[2] 究其原因，可能是由于他对于中国像林黛玉型的病态女性的反感，然而中外的女性艺术并不相同，这并不意味着鲁迅对于外国画中其他体型的女性(包括裸体女性)没有审美兴趣，至少在他的日记中就注明购买了不少世界裸体美术画册。

此外，我可以再举一个较特别的例子：鲁迅在《〈夏娃日记〉小引》一文中解释他对这本马克·吐温的故事的兴趣是在于书中的插图：“虽然柔软，却很清新……而且对于中国现在看惯了斜眼削肩的美女图的眼

---

[1] Jear Pierrot, *The Decadent Imagination*, 1880—1900, Chicago: The University of Chicago Press, 1981. p. 199.

[2] 鲁迅：《上海文艺之一瞥》，《鲁迅全集》，卷 4，第 293 页。

睛,也是很有澄清的益处的。”[1]我特别找出此书的原本(即鲁迅从邻居处得来的版本),发现书中莱勒孚(Lester Ralph)所作的素描插图大部分是以裸体的亚当和夏娃做主题,而且在画风上和毕亚兹莱颇为近似,只是没有毕氏夸张的线条。也许这就是他柔软、清新之处,鲁迅在居所卧室中所挂的一幅裸体像《夏娃与蛇》似乎也得自同一种灵感。

所以我认为毕亚兹莱和珂勒惠支的作品代表了两种不同风格,前者柔软艳丽,后者粗犷有力,正像陈烟桥文中所述一样,鲁迅觉得二人各有千秋,而这两种画派,在欧洲也确曾走红一时。鲁迅对于外国文艺的新潮流一向很重视,虽然他同情弱小民族和新俄的文艺,但是对于欧陆其他国家的文艺,他也尽量吸收知识,不落人后。我们从他收集的世界各国的美术作品中可以揣测:对于西方的现代艺术,鲁迅似乎具有一种较文学更广阔、更敏锐的自觉,不太受外在意识形态的过度牵制。他可以接受不论内容如何而在形式上有创意的作品,如果二者可以融合——譬如珂勒惠支的木刻,不仅在主题上充满了人道主义的社会情操,而且在形式上也发扬了表现主义的艺术技巧——鲁迅当然顺理成章地大加推崇。毕亚兹莱的画在艺术价值上虽有可取之处,但在社会功能上是最难自圆其说的,于是鲁迅一面翻印他的画,一方面却又在卖画册的广告上标明是为了“发掘现在中国时行艺术家的在外国的祖坟”。如果这个“祖坟”在外国毫无地位,或鲁迅深恶痛绝的话,又何必费神翻印对读者可能有不良影响的色情作品呢?

所以我始终有一个感觉:鲁迅卧室里所挂的两幅裸体画是具有相当

---

[1] 鲁迅:《〈夏娃日记〉小引》,《二心集》,《鲁迅全集》,卷 4,第 333 页。此书的原本是:*Eve's Diary*, *Illustrated by Lester Ralph*, London and New York: Harper and Brothers 1906, pp. 109.

意义的，鲁迅个人的主观爱好包括了唯美的一面，至少他并不以卫道者的立场排斥颓废派的艺术，只是在三十年代政治思潮影响下，他不能（也不愿）公开诉诸笔墨，在文字上做“为艺术而艺术”的说法罢了。

二 影响鲁迅的几位人物

在鲁迅的著作里，我们是否能够找到毕亚兹莱和珂勒惠支的影子？也许，更恰当的问题是：在鲁迅的文学创作中是否能够找到类似西方现代艺术的形象？这个问题牵涉面甚广，我无意在此详细讨论比较文学理论中的“影响”问题，也无意寻求鲁迅受某作家影响的历史痕迹，我的初步论点是：一个对世界文艺思潮非常关心的人不可能不在他的作品中呈现某些与西方文艺契合的现象。目前不少中国学者已开始注意到所谓中西文学关系的检讨，我也顺应时潮，举出几个粗浅的例子。

且从一个较大胆的小问题谈起：鲁迅的作品中有裸体美或裸体人物吗？我第一个想到的例子就是《故事新编》的第一篇《补天》。在这篇充满了神奇和幻想色彩的故事中，鲁迅没有特意指出或渲染女娲是否裸体，然而就全文的整个构思来看，她（鲁迅原文中仍用旧称——伊）是不可能穿衣服的，最多也不过身上披几片杂花或紫藤而已，因为这个原始的神话世界——女娲的所在地——除和有了人类以后的虚伪文明成对比，这可能是鲁迅创作的初意。女娲的形象如果有其哲学意义的话，她所体现的就是一种“真”（真、善、美是当时常用的三个字），她的“真”因是毫无虚饰的，所以我认定她是裸体。这不禁使我想起维也纳世纪末的克林姆特的一幅名画《裸体的真理》（*Nuda Veritas*），此画一出，震撼了维也纳学院画派的不少卫道之士，认为克氏用一个淫佚的裸体女人来代表真理，实在大逆不道。而在《补天》的文尾，女娲也碰到一个刺伊脚趾的小卫道之士，顶着一块长方板，站在女娲两腿之间向上看（这是一个非常带有“色情”的位置），然后递上手中的小竹片，背诵如流地说道：“裸裎淫佚，失德蔑礼败度，禽兽行。国有常刑，惟禁！”说的却是文言（而女娲所说的几个短句都是白话）。鲁迅的这种反传统的方法，用一种裸体而带有肉欲的形象来故意挑拨打击道貌岸然之士，我认为是和克林姆特异曲同工的，而克氏领导的维也纳“分割画派”也可视之为现代艺术运动的开创者之一。

《补天》中有几段描写，是略带一点颓废之美的，譬如开始的一段：“粉红的天空中，曲曲折折的漂着许多条石绿色的浮云……”；“地上都嫩绿了……桃红和青白的斗大的杂花，在眼前还分明，到远处可就成为斑斓的烟霭了。”[1]如果一个画家根据鲁迅的文意为此篇画个插图的话（而鲁迅是非常喜欢看插图的），真能保存其神韵的作品可能也和克林姆特和毕亚兹莱的画风相差不远，这当然是我个人的臆测，然而我的根据是，这两位画家都是以绘“尤物”著称，他们用色彩（克林姆特所常用的金色和桃红色）和线条（毕亚兹莱所常用的曲线和花纹），都创出了一个花彩缤纷的神奇之境，而这个境界的中心人物就是裸体或半裸体的女人。我另外的一个根据是：二人对于“爱欲”（Eros）主题的重视，而裸体的尤物就是爱欲的化身，这一点是和鲁迅《补天》中的一部分构思相通的，至于如何通法，这个问题比较复杂，我势必在此做一个初步的解释。

西方文艺史上“爱欲”是一个极为重要的主题，希腊神话中的阿荛罗黛提（或作维纳斯）就是爱欲的原型，在弗洛伊德（鲁迅译作茀罗特）学说

---

[1] 鲁迅：《补天》，《故事新编》，《鲁迅全集》，卷 2，第 345 页。

提出之前，就受人重视（除了克林姆特和毕亚兹莱之外，还有华格纳的歌剧和弗禄贝尔晚期的小说，这些人较弗洛伊德较早或同时，并不一定受其影响），把这个主题与宗教上的苦修或中产阶级文化的虚伪相对立。在弗洛伊德的学派理论中（如弗洛姆[Erich Fromm]），爱欲不但和“利比多”（libido）连在一起而成为人的“下意识”的一部分，而且（特别在弗洛伊德的后期学说中）往往形成一种博大的本能潜力，从人类的原始生命而来，和文明的上意识（或称“超自我”[Super-ego]）相抗衡。二十世纪的西方现代文艺在弗洛伊德普遍影响之下，更特别把它发扬光大，甚至和艺术的创造力相提并论。

鲁迅当然知道弗洛伊德，但是他在这方面的知识大部分来自日本，特别是厨川白村的著作。厨川氏的《苦闷的象征》一书，基本上是借用了弗洛伊德的学说，并掺杂一点柏格森的理论，然而，厨川氏强调的是一种受文明社会压抑的“生命力”，这个生命力的说法相当模糊，甚至有点模棱两可，我觉得它是把弗洛伊德学说中“利比多”（他认为就是性欲）和柏格森学说中的“唯生力”（Elan Vitale）凑合起来的东西，面对两者的理论根源，厨川氏讲得并不清楚。然而厨川对于某些把弗洛伊德的精神分析法引用到文学领域的西方和日本学者并不满意，认为“多属非常偏僻之谈，或则还没有丝毫触着文艺上的根本问题”❶（值得附带一提的是，在鲁迅译文中，把厨川所引的一本书名中“Erotic”这个字译作“色情的”，似乎带了贬意，因为“色情”在中文白话词汇里并不是一个好字眼）。下面抄录的是他的一个主要观点，也直接影响了鲁迅对弗洛伊德的看法：“但我最觉得不满意的是他（即弗洛伊德）那将一切都归在‘性底渴望’里的偏见。”❷

---

❶ 厨川白村（鲁迅译）：《苦闷的象征》，《鲁迅全集》，人民文学出版社，1973年，卷13，第39页。

❷ 厨川白村（鲁迅译）：《苦闷的象征》，《鲁迅全集》，人民文学出版社，1973年，卷13，第42页。

这个看法，未免也太过片面，并不能概括弗洛伊德学说的全部，而至今仍有大部分人庸俗地认为弗洛伊德学说就是专讲性欲的学问，所以不道德。弗氏早年在诊断歇斯底里亚的时候，确曾强调性欲或性的压抑，但在他的中期和晚期著作中，事实上已经引申到其他文化心理层次，此处不能细谈。但妙的是厨川先生却把早期弗氏有关性的学说淡化了，提出一个相当浮泛的论点："以为将这看作最广的意义上的生命力的突进跳跃，是妥当的。"然后他又说："着重于永是求自由求解放而不息的生命力，个性表现的欲望，人类的创造性，这倾向是最近思想界的大势。"❶

换言之，他把弗洛伊德学说中在下意识领域里的"利比多"，去掉了它的性和爱欲成分，而变成一种带有个人主义意味的自求解放的生命力，把它作为文艺创作的起源，然后又借用弗氏学说中梦的理论，将之变成一种文学意象，成为"广义的象征主义"，甚至说一切的文艺"无不在这样的意义上用着象征主义的表现法的"❷。鲁迅在他的引言中特别把这一句引出来，并大加称赞厨川的"独创力"。

以现今的学术标准来衡量，厨川氏的"象征主义"和"生命力"说都有漏洞，有待商榷。然而值得注意的是，鲁迅在他的许多作品中，的确实践了厨川氏的论点，《野草》的大部分——特别是以梦为开端的散文诗——都可以说是厨川式的象征主义的发扬光大。论"雷峰塔倒掉"的第一篇杂文，在主旨上可能也得自厨川学说的启发，因为鲁迅把白蛇肯定为一种生命力的化身，而压在她身上的雷峰塔，就成了因袭道德和社会陈规的象征。不过，在构思的发端最受厨川氏的弗洛伊德主义影响的无疑是

---

❶ 厨川白村(鲁迅译)：《苦闷的象征》，《鲁迅全集》，人民文学出版社，1973年，卷13，第43页。

❷ 厨川白村(鲁迅译)：《苦闷的象征》，1973年版《鲁迅全集》，卷13，第51页。

《补天》,鲁迅甚至明白地表示过:这篇文章是“取了弗罗特说,来解释创造——人和文学——的缘起”❶。

鲁迅如何用弗洛伊德的方式来描绘文学的起源呢?这当然又是经由厨川氏的中介。《苦闷的象征》的末篇,就叫作《文学的起源》:厨川试图从原始人对于宇宙星空的惊奇和对于衣食住行及性方面的欲求,来探讨原始生命力的起源,他的词句经由鲁迅的硬译显得颇为含糊,但大意仍可窥测出来:

> 生的跃动,使他们在有限界而神往于无限界,使他们希求绝大的欲望的充足的时候,这就生出原始宗教的最普通的形式的那天然神教和生殖器崇拜教来。倘将那因为欲求受了制限压抑而生的人间苦,和原始的宗教,更和梦和象征,加了联络,思索起来,则聪明的读者,就该明白文艺起源,究在那里的罢。❷

简单地说,文艺的起源就在于原始宗教的祭仪,“从最为单纯的原始状态看起来,祈祷礼拜时候的心绪,和在文艺的创作鉴赏时候的心境,是这样明白地有着一致,而且能够看见共通性的。”❸厨川氏的这一套说

---

❶ 鲁迅:《故事新编·序言》,1981年版《鲁迅全集》,卷2,第341页。

❷ 厨川白村(鲁迅译):《苦闷的象征》,1973年版《鲁迅全集》,卷13,第125页。鲁迅在引言中特别引了这一个论点,见第18页。

❸ 《苦闷的象征》,1973年版《鲁迅全集》,卷13,第127页。关于厨川的学说与鲁迅的关系,从一个不同角度批判的文章,可参看顾农《鲁迅与〈苦闷的象征〉》,《鲁迅研究资料》,第13辑,天津人民出版社,1984年,第235—248页。此文的主要论点是,厨川的观点是“唯心主义”的,它的象征论是很偏颇的,但该书仍有些许可取之处。而我的看法是,此书对弗洛伊德的学说没有深刻的了解,但对鲁迅却颇有启发。妙的是该书所引的资料多出自英美(而非苏俄或东欧)的文学作品,与鲁迅本人的文学取向颇为不同。

法，似是而非地淡化了弗洛伊德的思想，他没有提到《图腾和禁忌》和《文明和它的不满》，这两本弗洛伊德后期的重要著作，仅仅轻描淡写地用比喻的语言说："诗是个人的梦，神话是民族的梦。"❶（事实上，荣格[Carl Jung]的"集体无意识"学说就是在探讨"神话是民族的梦"。）如果我们仔细研读《补天》的开始几节，就可以从鲁迅的意象式的语言中看到厨川论点的影子：

> 女娲忽然醒来了。
>
> 伊似乎是从梦中惊醒的，然而已经记不清做了什么梦；只是很懊恼，觉得有什么不足，又觉得有什么太多了。煽动的和风，暖暖的将伊的气力吹得弥漫在宇宙里。❷

这显然是一个神话式的梦。不过鲁迅的用心之处还是可圈可点的：他试图创造一个原始神话的意境，并刻画一个原型——女娲；他不用众所周知的盘古——一个男性的原型，而从古代典籍中找出一个女娲以泥土造人、炼五色石以补苍天的故事来作为基础，这似乎有意舍阳而取阴（而《红楼梦》中的石头典故，也是从女娲为始的"阴性神话"而来），原因何在，是值得揣测推敲的。

从美术的眼光来看，女娲的形象显然较盘古更富"爱欲"的意味，我们可从鲁迅的文章中窥见这种爱欲式的造型，特别是描写女娲在"这肉红色的天地间走到海边，全身的曲线都消融在淡玫瑰似的光海里，直到

---

❶ 同上。

❷ 《补天》，1981年版《鲁迅全集》，卷2，第345页。

身中央才浓成一段纯白”[1]这一段话，使人很容易联想起西洋绘画中维纳斯的形象，而前面所引的女娲梦醒一段，也令我想到克林姆特笔下的裸体女性（譬如《鱼血》和 *Danae*），只是鲁迅在字里行间隐示了肉欲的美感的成分，而没有故意渲染，也没有把女娲描写成莎乐美式的尤物。

在鲁迅的笔下，女娲代表的是一个真善美的化身，一个原始的缪斯（Muse），一个生活在神话世界里而在不知不觉中开创艺术的女神，她的行为就是一种生的跃动；在她的美境中，没有人间的压抑，而她的烦恼也是“莫名”的——无意识的，“觉得有什么不足，又觉得有什么太多了”——这种感觉是无法从理智的层面去解释的，因为就弗洛伊德派的说法，理智是有意识的，也属于文明的“超自我”，有压抑作用，而本能的表现反而是“非理智”的（当然，我们又可以把这句话解释作道家所谓的不足和有余）。由此推来，鲁迅显然想从女娲的神话探讨文艺的起源，但是他没有进一步把女娲变成爱欲的原型。而就弗洛伊德的理论来说，爱欲才是艺术的原动力！也许，在厨川影响之下，鲁迅没有在这方面下功力，而对厨川所谓的“生命力”的描绘也嫌不足，如果没有充分的对爱欲和生命力的描绘，也就很难衬托出“超自我”文明的压抑作用，更不能勾绘出艺术的诞生。

所以，我认为鲁迅自己对这一篇的评价是颇恰当的：他的笔在创出一个小正人君子以后，就变得油滑起来，使我们从神话掉到现实世界，否则他大可以从弗洛伊德的学说灵感中孕育出一个真正了不起的《故事新编》，如果他真正消化了弗洛伊德的学说（特别是弗氏后期的作品如《文明和它的不满》）而不过分信奉厨川氏的半吊子理论，我认为他可以大胆

---

[1] 《补天》，1981 年版《鲁迅全集》，卷 2，第 345—346 页。

地把女娲的故事写成一个中国式的“爱欲”神话，至少他可以写出一个对文明社会的讽刺故事：女娲无意间创出人类以后，就天下大乱，致使她原始的生命力也受到文明的摧残和窒息，终于衰微死去。事实上，我们已经在这篇不尽完善的作品中看到这个故事原型的轮廓，当鲁迅油滑地讽刺小正人君子的时候，我们也感到神话世界和文明世界的不调和的对比。女娲虽然死去，她毕竟还是很可爱的。

《补天》只是一个比较特别的例子，我提出来的目的只是证明鲁迅如何吸取外来学说而以一种现代艺术的眼光重新审视传统的中国神话，他的尝试并不完全成功。然而，在他的《野草》集里，我们可以找到更成功——也更现代——的作品。

三　《野草》的特色

鲁迅的《野草》是一个独特的集子，内中大部分的文章是散文诗，顾名思义，当然既是散文又是诗，然而这一种文体的独特性，显然超过“五四”时期的一般散文或诗作（内中一篇《我的失恋》还讽刺了白话诗），我在出版的一本英文著作《铁屋中的呐喊》一书中曾有专章讨论[1]，此处愿意再做点补充。

《野草》作者的心态，倒颇切合厨川在《苦闷的象征》中的几句话：“我们的生活愈不肤浅，愈深，便比照着这深，生命力愈盛，便比照着这盛，这苦恼也不得不愈加其烈。在伏在心的深处的内底生活，即无意识心理的

[1] 详见：Leo Ou—fan Lee，*Voices from the Iron House*：*A Study of LuXun*，Bloomington，In：Indiana University Press，1987，Chapter 5.

底里，是蓄积着极痛烈而且深刻的许多伤害的。”[1]鲁迅在写作《野草》时期，内心受到各种压抑，起伏不定，他自谓心灵中的“鬼气”，除了指过去所读的古书(如老庄、韩非)以外，也代表了他内心的阴暗面。所以我一直认为《野草》是鲁迅内心的冲突和纠葛的象征式(用厨川的定义)的写照，呈现的是一种超现实的梦境，与外界的社会和政治现实关系不大。

从一个超现实的艺术角度来观察这一个集子，也许可以得到几个与前不同的结论。我们从第一篇《秋夜》就可以看出作者的艺术转化方法：把自己现实世界里的后园，变成了一个充满诗意的“花草仙境”，这个境界中的一草一木，甚至“奇怪而高”的夜空，都逐渐在诗人的冥思中变得“拟人化”：夜空“闪闪地睐着几十个星星的眼，冷眼。他的口角上现出微笑，似乎自以为大有深意”；极细小的粉红花，“她在冷的夜气中，瑟缩地做梦，梦见春的到来，梦见秋的到来”；而落尽了叶子的枣树，“他知道小粉红花的梦……然而脱了当初满树是果实和叶子时候的弧形，欠伸得很舒服。但是，有几枝还低亚着……而最直最长的几枝，却已默默地铁似的直刺着奇怪而高的天空，使天空闪闪地鬼映眼；直刺着天空中圆满的月亮，使月亮窘得发白。”[2]这一连串的拟人化的句子，交织成一种梦境的花园，如果我们把它画出来的话，可能又有点毕亚兹莱的风味。

我近日因其他原因偶然读到一本研究法国十九世纪末颓废派艺术的书，书名是《颓废的想象》——内中有一章就专门讨论这种梦境式的花园构图。并特别提到花草仙境和植物的拟人化，兼及水的意象和各种玉石[3]，似乎颇为适用于《红梦楼》，然而鲁迅的散文诗中也呈现了这种“颓

---

[1] 《苦闷的象征》，1973 年版《鲁迅全集》，卷 13，第 43—44 页。

[2] 鲁迅：《野草》，1981 年版《鲁迅全集》，卷 2，第 162 页。

[3] Jearl Pierrot，*The Decadent Imagination*. pp. 207—237.

废的想象”的一面，不过其最终的旨趣和格调和《红楼梦》或毕亚兹莱不同。如果说西洋颓废艺术中（和《红楼梦》一样）用了不少镜花水月的意象，鲁迅在他的《野草》集中却更进一步，把这类意象变形，使它们增添了一点“鬼气”——一种阴暗虚无的心理和哲学上的深度。譬如在《希望》一文中就把镜子的意象演变而成“希望的盾，抗拒那空虚中的暗夜的袭来，虽然盾后面也依然是空虚中的暗夜”❶。《死火》中的梦境，却又把水中自然世界的原型改变成一种冷僻的冰谷世界：水冻成了冰，红色的珊瑚网（本是水中世界的自然产物）却变成了冰结的火焰，“而且互相反映，化为无量数影，使这冰谷，成红珊瑚色。”❷这是一种极为奇特而有创意的写法，似乎把一个自然世界颠倒了过来，然后再从拟人化以后的死火口中引出一段充满了两难局面的对话。

最近发现的鲁迅佚文已经证实：这篇散文诗中的一部分构思，早在1919年写的一篇随感——《火的冰》——中已经出现❸，然而《死火》之所以成为散文诗，仍然依靠作者后来在篇首这段意象上的雕饰和加工，有了这个冰谷花园，死火就显得更为突出了。

我不赞成把死火解作革命，如照厨川白村的说法，也许它只能代表一种内心的生命力，虽然冷冻在冰谷的深层，却要“如间歇泉（geyser）的喷出一般地发挥”出来，这也是一种艺术创作的活动。在《野草》中鲁迅往往把许多表面上看来十分艳丽的东西变成冷酷或冷峻的意象，有时又把自然景物的原有价值颠倒，譬如厨川用新春一到的草木萌动来比喻

❶ 鲁迅：《野草》，1981年版《鲁迅全集》，卷2，第177页。

❷ 鲁迅：《野草》，1981年版《鲁迅全集》，卷2，第195页。

❸ 原文题名《自言自语》，收入《集外集拾遗补编》，1981年版《鲁迅全集》，卷8，第91页。

“内底生命(inner life)的力”[1]，鲁迅却把欣欣向荣的春草变成生命的泥委弃在地面上的野草，它“根本不深，花叶不美，然而吸取露，吸取水，吸取陈死人的血和肉，各各夺取它的生存”。这一段引自著名的《野草·题辞》，也是全书的中心主宰意象，很明显地，鲁迅的“曲笔”早已把自然或现实的意象深化了，他不像“五四”一般作家一样描写新春、朝阳、鲜花、新芽，而却故意强调腐朽、死亡、空虚。事实上，这一丛野草，也就是鲁迅把内心的意识变成诗的语言以后的艺术结晶，所以他说：“我自爱我的野草，但我憎恶这以野草作装饰的地面。”野草是艺术，地面才是外界的现实。

我们如果再进一步探索《野草》的艺术构思的话，不难发现这一系列的价值意象，是以对抗的方式存在的，正如他在题辞中所说：“在明与暗，生与死，过去与未来之际，献于友与雠，人与兽，爱者与不爱者之前作证。”[2]这句话总结了这个集子所有的重要主题。而我觉得为了要对得起鲁迅的艺术起见，一个分析者也应该把自己的诠释提升到这个较为抽象的哲学层次，不必做捕风捉影式的政治索隐。从这个高层次来看，其实题辞中的这几对名词所意指的都是人生的大问题，是极有哲学和宗教的含义的，我在近著中已经详论，此处不赘。

值得附带指出的是：《野草》各篇虽在明与暗、生与死、过去与未来之际徘徊，但却往往偏向后者。全书充满了黑暗、死亡和过去的阴影，这是不容否认的。当主题探讨到友与仇、人与兽、爱者与不爱者的时候，似乎也偏向后者：全书中有三篇是以野兽和鬼魔做主人翁(《狗的驳诘》《失掉的好地狱》和《墓碣文》)的，而对于友与仇的描写就有同一题目的两篇，

---

[1] 《苦闷的象征》，1973年版《鲁迅全集》，卷13，第53页。

[2] 《野草》，1981年版《鲁迅全集》，卷2，第159页。

都题为《复仇》。鲁迅在原文上特别用了“雠”这个古字（简写以后的“仇”字就失去意味了），因为他取自“雠”的古意形象，而将之价值颠倒，本来这个字有相敌对和对答的意思，所以中间有一个“言”字[1]，这个意义，在第一篇中尤见突出；鲁迅创造了两个孤独的不言不语的人，以他们的沉默作为对庸众的复仇，这两个人的造型也很特别，似乎是一对男女，“裸着全身，捏着利刃，对立于广漠的旷野之上。他们俩将要拥抱，将要杀戮……”[2]如果再加上第一段关于血的非常浓郁的文字，我们几乎可以感受到一种“色情”的强度，一种极为独特的“爱欲”，而这种极致感，鲁迅却从佛家借用了一个词汇来形容它——生命的沉酣的“大欢喜”。这种写法在中国现代文学中是罕见的，当然，施蛰存在《石秀》那篇小说中也以血为主要意象，也描写爱欲，但却没有《复仇》这么简练而尖锐，使人读来心灵震撼。鲁迅写这篇文章的时候，显然处于内心情绪的低潮，所以他对于爱欲形象的刻画，也较两年前的《补天》显得冷酷，然而（用《野草》的矛盾逻辑来推论）冷酷的对立面就是热情，《复仇》中那对裸体男女——既不拥抱，也不杀戮——却在他们石像式的外表里面蕴藏着最极致的热情——大欢喜，但是他们的大欢喜也就是死亡。

爱与死，本是西洋现代文学中的大题目，而其极致往往是男女之间的恋情（也就是爱欲）达到了一种常人不能理解的程度，甚至超越伦理的尺度，于是才双双殉情，这方面最好的例子当然是华格纳的歌剧《崔斯坦与伊梭笛》。然而鲁迅在《复仇》中所描写的爱却不是这种形式的，而是把文字意象中爱欲的浓度（见第一段：“于是各以温热这互相蛊惑，煽动，

---

[1] 《辞海》中引毛传疏：“相对谓之雠，雠者相与用言语，故以雠为用。”而鲁迅的《复仇》中的这对人却没有用言语，而以沉默代替。

[2] 《野草》，1981 年版《鲁迅全集》，卷 2，第 172 页。

牵引，拼命地希求偎倚，接吻，拥抱，以得生命的沉酣的大欢喜”）转化到一个近乎宗教的高度。此篇和《复仇（其二）》（描写耶稣受难）都是在刻画同一个类型的孤独者，他们也都是爱者，而和与之对立的庸众之间却有一种友与仇、爱者与不爱者的错综复杂的关系，所以他们以死复仇，也以死示爱，变成了一种宗教式的受难和牺牲，然而，这个本是为了庸众而发的爱与死的意义，却又是庸众所无法理解的。

这一个主题，在鲁迅的作品中屡屡出现，聪明的读者一想也就知道了。我只想在本文中提出一篇《野草》中不太受人重视的作品——《颓败线的颤动》，这篇散文诗也在探讨爱者和不爱者的主题，几乎是一篇小说，叙述一个完整的故事：一个母亲的悲哀和孤独，她辛辛苦苦把女儿哺养成人后，自己衰老了，却受到下一代——她所爱的人——的唾弃。这一段的情节，与波德莱尔的一篇散文诗略有相似之处，波氏散文诗的题目也叫作《一个老女人的绝望》[1]，但是在意义上却比不上鲁迅的深沉。

《颓败线的颤动》如果只写前面的故事，就不甚出色了，其深沉之处，在于全文的后段；如果前段尚有写实小说的影子，后段则完全是超现实的，它的语言也变得更有诗意，而最值得注意的是，鲁迅笔下的这个垂老的女人的形象却是裸体的！因为这一段文字极有节奏感，又接触到全集的重要主题，且援引于下：“她在深夜中尽走，一直走到无边的荒野；四面都是荒野，头上只有高天，并无一个虫鸟飞过。她赤身露体地，石像似的

---

[1] 原文题目是“Le Desespoir de la Vieille”，可参见：Charles Baudelaire，*Petits Poemes en Prose*，Paris：Librairie Garnier Frere，1928，第二篇。《苦闷的象征》中提到波德莱尔的散文诗，但鲁迅是否读过全文的译本有待进一步考证。捷克学者普实克先生早在1967年在美国讲学时，就曾向笔者提到《野草》和波德莱尔散文诗的相似之处。除此之外，屠格涅夫也写过散文诗，内中包括寓言和梦境，与《野草》也有相似之处，有待进一步研究。

站在荒野的中央，于一刹那间照见过往的一切：饥饿，苦痛，惊异，羞辱，欢欣，于是发抖；害苦，委屈，带累，于是痉挛；杀，于是平静。……又于一刹那间将一切并合：眷念与决绝，爱抚与复仇，养育与歼除，祝福与咒诅……她于是举两手尽量向天，口唇间漏出人与兽的，非人间所有，所以无词的言语。”

> 当她说出无词的言语时，她那伟大如石像，然而已经荒废的，颓败的身躯的全面都颤动了。这颤动点点如鱼鳞，每一鳞都起伏如沸水在烈火上；空中也即刻一同振颤，仿佛暴风雨中的荒海的波涛。[1]

我每读到这一段，就不禁在脑海里看到一幅黑白的木刻，这个老女人的样子，仿佛出自珂勒惠支的《牺牲》的模型，这当然是我这个读者的一种错觉，因为鲁迅此时可能还有没看到珂勒惠支的作品，然而这首散文诗所展露的艺术感，却又和德国表现主义非常相似。读《野草》中的散文时，我时常想到画和木刻，这恰好印证了鲁迅文字中丰富的视觉感，所以在鲁迅的创作中文学和美术毕竟还是有相通之处。除了视觉感外，上面所引的这段文字也表现了一种声音——无声的声音——效果，老女人口中所发出的是“无词的言语”，而最后惊天动地的颤动，又像是一部慢动作的无声电影，使我们看到点点鱼鳞，这种毕竟无声胜有声的气魄，是和《复仇》中的格调完全一致的：孤独者的静默恰与庸众的暗器成对比！我甚至有意再写一篇论文，专谈鲁迅散文诗中的“语言与沉默”问题，开头一句就可引用《野草》题辞的第一句：“当我沉默着的时候，我觉得充

---

[1] 《野草》，1981年版《鲁迅全集》，卷2，第205—206页。

实;我将开口,同时感到空虚。”

四 写作形式突破传统框框

鲁迅的散文诗,无论在内容和形式上都和西方现代主义非常接近。除了在散文诗这个文体本身与波德莱尔和屠格涅夫契合以外❶,我在上文中已经约略提到几个初步的契合点:超现实的意象、自然景物的变形和拟人化、表现派式的人物造型,甚至对爱欲感的升华。

《野草》的内涵极为丰富,可以探讨的题目极多,如从内容着手,我们就可以讨论鲁迅近乎存在主义的思想(《野草》的创作当然早于萨特和加缪的重要作品),《过客》是一个极好的例子,而这篇散文诗式的剧本,又会令人想起比《野草》迟二三十年的西方荒谬剧——贝克特的《等待戈多》❷。这一系列的契合或偶合,并不表示鲁迅受到西方现代主义理论的直接影响(真正受到直接影响的作品,如《补天》,反而因厨川白村学说的局限性而未见出色),而是出自一种对本国传统文化反抗以后所要摸索的现代感,或者勉可称为现代艺术意识。这种现代感,在基本精神上有些地方是和西方现代艺术相通的。

关于鲁迅反传统方面的思想,论述已经很多,但是他在文学形式方面的反传统,却没有受到中国学者广泛的注意。我认为鲁迅是一个形式上的创新者,他对传统中国文学的文体,非常敏感,并试图超越。他的短

---

❶ 见本书第 258 页注❶。

❷ 贝克特此剧作成于 1952 年,较《过客》晚上二十七年,二剧荒谬的层面上颇为相似,但贝克特剧本的结尾较鲁迅更悲观(也足证西方荒谬文学中“上帝已死”的看法):两个人物所等待的“戈多”非但没有来,而且这两个剧中人说要走却站着不动,而“过客”却终于“走”了。这两位作家的哲学背景不同,结论也互异。

篇小说，主要的形式来源当然是西方，然而我们也不能忽略他从中国传统文章这个范畴里所作的创新尝试，《怀旧》就是一例。鲁迅的杂文，当然更是和传统渊源甚深，然而在形式上鲁迅一反八股文或其他公式文章的模式，以随感录的方式发挥己见；他虽读过晚明的小品文，但并未受其拘束，文风并不像周作人那么恬淡。甚至《故事新编》这个集子，也在形式上颇有创意，根据的是古材料，创作时用的却是新观点和新意象（特别是《铸剑》，我认为是全书中最杰出的一篇）。在形式上最创新的作品，我认为是《野草》的大部分，不论鲁迅是否熟悉波德莱尔的先例，事实上他已经把散文诗意化，从而提炼出一种意象极特殊的寓言式文体，更把白话文故意夹杂了文言和宗教的词汇，读来有一种视觉和听觉交融的感受。关于这一类问题，我在拙著《铁屋中的呐喊》中分析得比较详尽。在该书中我的一个基本观点是：鲁迅的现代意识，是和中国传统分不开的；新形式并非从天而降，而是鲁迅多年浸润古书后悟出来的，在鲁迅作品的内容与形式之间更有一种交互影响的辩证式的关系。

本文的出发点比较侧重西方。西方现代文学和艺术，也是反传统的，在形式上建树尤大，二十年代的两部现代经典著作——艾略特的长诗《荒原》和乔伊斯的小说《尤利西斯》——都是和西方文学传统关系至深。前者引用了一大堆希腊罗马的古籍词句（甚至还加上脚注），但却把它们和乡俚杂歌故意混在一起，产生了一种语言上的讽刺（parody）效果；后者的结构更是来自希腊史诗，但在时间上压缩到一天，角色也从史诗上的英雄降到中产阶级的小人物。鲁迅大概没有看过这两本书，甚至对英美文学颇有偏见，然而他从传统中国文学形式中所摸索出来的新道路，却和乔伊斯和艾略特异曲同工，只是他在语言和形式上所下的功夫仍然不足，没有完全创出一个彻底超越现实主义的崭新艺术形式，达到

"变形"的境界。原因无他,"五四"以后,现实主义对任何中国现代作家良心上的压力实在太大了,因为它几乎代表了感时忧国、社会承担的全部意识(在文体上既超现实又在态度上扎根于社会的作家,在西方国家比比皆是,而在当时的中国却绝无仅有)。

我在本文开端曾经提到,鲁迅有公私两面,他的作品也可以从这两个不同的角度来窥测。他对于许多西方现代艺术作品的鉴赏,属于个人的嗜好,而这一类的嗜好也包括对裸体美和爱欲的兴趣,从卫道之士的立场看来,当然纯系颓废,但从西方所谓颓废派的观点看来,这却是艺术,而艺术是和庸俗的外在生活针锋相对的。西方现代主义的基本立场之一就是把艺术世界和现实世界对立起来,作品的目的不在于被动地反映现实而是经由艺术上的独特形式来"打击"庸俗的现实,所谓"为艺术而艺术"这个口号的背后,也有一种反击现实的意义。在中国"五四"以后的文艺史上,这种西方现代主义的观点是很难站得住脚的,三十年代有些作家在艺术——特别是诗——的形式上稍作尝试,就受到左翼(甚至包括鲁迅)的攻击,左翼作家的立场是,在那种迫切的局面下,作家是不应该躲在象牙塔里。这个立场本有其道德上的意义,但从文艺本身而言,往往革命的内容是应该和前卫式的形式分不开的,这也是西方现代主义潮流的一个激进的表现。二十年代时期的鲁迅,似乎还可以把新俄的文学和艺术当作一种世界上的前卫潮流,但三十年代在斯大林主义影响下的苏联文艺和大革命前后的又不大相同,所以鲁迅后来拼命从苏联拿来的文学"货色",已经不完全是前卫式的艺术品了。但是他有时候仍然看得出几位较有前卫气息的作家,如勃洛克(Alexander Blok)。

所以我觉得鲁迅在三十年代过分吸取新俄文学,而忽略德、法、意、英、美等国的现代文学,是自有其社会和政治的因素的,这代表了他"公"

的一面，然而，终其一生，他私下并没有完全排斥西方现代主义。当两者可以结合的时候——如珂勒惠支的版画，他当然大力推崇，但有时候他似乎把公私分开，甚至采取先后两种互相矛盾的态度，对弗洛伊德、毕亚兹莱、波德莱尔，甚至尼采等人，都是如此。如果我们考察鲁迅最有独创性的文学作品，则很容易看得出现代艺术意义的表现，本文仅举出几个端倪，有待继续求证研究。

所有研究或崇拜鲁迅的人，对于他那首最有名的旧诗《自嘲》，都不会陌生的，甚至可以背诵。此诗作于1933年，正是鲁迅革命情绪高涨的时候。我认为这首诗被后人曲解了，大家只看到鲁迅社会承担的一面："横眉冷对千夫指，俯首甘为孺子牛"，它意味着一种愤世嫉俗，为公（特别是青年）服务的态度，此种"公"式的解释，自然无可厚非；然而这首诗题名《自嘲》，开首两句又突出了一个倒霉的形象，而且全诗的最后两句却是至关重要的，至少应该和前两句对等，我觉得鲁迅的私人意愿在此表露无遗："躲进小楼成一统，管他冬夏与春秋"！这两句诗中"小楼"一词应作何解？而"春秋"是否有言外之意（譬如春秋笔法）？这是见仁见智，值得争论的问题。如果我们用最落实的看法，把小楼解释作鲁迅在上海的居所，那么，当他一个人躲在小楼二层的卧室的时候，也许偶尔也会有点兴致鉴赏镜台前的裸体版画吧。

参考书目

这个书目较作者原书所列书目略有删减。原书所列的国外书目,包括研究鲁迅的和书中曾引用的国外文学理论论著,为便于读者查阅参考,全部列出,作者姓名,书名篇名(译中译文),出版社,均保留原文。原列的国内论著,因读者比较熟悉,只保留了书中引用较多或有所商榷的部分。书目的顺序仍依原书,按作者姓名的拼音字母排列。

为避免烦琐,注释中的书名凡本书目已列者做了一些简化。

Alber, Charles J. "Wild Grass, Symmetry and Parallelism in Lu Hsün's Prose Poems"("野草:鲁迅散文诗中的对称和平行"),载于 *Critical Essays On Chinese Literature*(《中国文学批评论集》),William H. Nienhauser Jr. 编,香港中文大学出版社,1976。

Anderson, Marston. "The Morality of Form: Lu Xun and the Modern Chinese Short Story"("形式的道德性:鲁迅和中国现代小说"),载于 *Lu Xun and His Legacy*(《鲁迅及其遗产》),Leo Ou-fan Lee 编,Berkeley, University of California Press,1985。

巴人:《论鲁迅的杂文》,上海远东书局,1940。

鲍晶编:《鲁迅"国民性思想"讨论集》,天津人民出版社,1982。

Brown,Carolyn. "The Paradigm of the Iron House:Shouting and Silence in Lu Xun's Short Stories"("铁屋范例:鲁迅短篇小说中的呼喊和沉默"),载于即将出版的 *Chinese Literature*:*Essays*,*Articles*,*Reviews*(《中国文学》)。

Brown Edward J. *Russian Literature since the Revolution*(《革命后的俄国文学》),NewYork,Colier,1969。

茶陵编:《鲁迅与阿Q正传》,台北,1981。

陈炳良:《鲁迅与共产主义》,载于台北《文季》,1984年7月号,21—8页。

Demetz,Peter. *Marx*,*Eengles and the Poets*(《马克思、恩格斯与诗人》),Chicago,University of Chicago Press,1967。

丁景唐:《学习鲁迅和瞿秋白作品的札记》,上海,1961。

Doleželová-Velingerová,Milena. "Lu Xun's 'Medicine'"("鲁迅的《药》"),载于 *Modern Chinese Literature in the May Fourth Era*(《五四时期的中国现代文学》),Merle Goldman 编,Cambridge,MA,Harvard University Press,1977。

东瑞:《鲁迅〈故事新编〉浅析》,香港,中流出版社,1979。

Eagleton,Terry. *Marxism and Literary Criticism*(《马克思主义和文学批评》),Berkeley,University of California Press,1976。

Eber,Irene. "The Reception of Lu Xun in Europe and America"("欧美对鲁迅之接受"),载于李欧梵编《鲁迅及其遗产》。

Erikson,Erik H. *Gandhi's Truth*(《甘地之真实》),New York,Norton,1969。

Ermolaev, Herman. *Soviet Literary Theories*, *1917—1934*: *The*

Genesis of Socialist Realism(《1917—1934 年的苏联文学理论:社会主义现实主义之产生》),Berkeley,University of California,1963。

冯夏熊:《冯雪峰谈左联》,载于《新文学史料》1980 年 1 期,1—11 页。

冯雪峰:《回忆鲁迅》《论〈野草〉》《鲁迅的文学道路》《有关一九三六年周扬等人的行动以及鲁迅提出"民族革命战争的大众文学"口号的经过》。

Fokkema,Douwe W. "Lu Xun: The Impact of Russian Literature"("俄国文学对鲁迅的影响"),载于 Goldman 编《五四时期的中国现代文学》。

Fujii Shōzō(藤井省三):《俄罗斯之影:夏目漱石与鲁迅》,东京,1985。

Goldblatt,Howard. *Lu Xun and Patterns of Literary Sponsorship*(《鲁迅对文学青年的支持赞助》),载于《鲁迅及其遗产》。

Goldman,Merle. *Modern Chinese Literature in the May Fourth Era*(《五四时期的中国现代文学》),Cambridge,MA,Harvard University Press,1977。

Goldman,Merle. "The Political Use of Lu Xun in the Cultural Revolution and After"("文化大革命中及其后对鲁迅在政治上的利用"),载于《鲁迅及其遗产》。

韩长经:《鲁迅与俄罗斯古典文学》,上海,1981。

Hannan,Patrick. "The Technique of Lu Hsün's Fiction"("鲁迅小说的技巧"),载于 *Harvard Journal of Asiatic Studies* 34: 55—96 页,1974。

Hsia, C. T.（夏志清）*A History of Modern Chinese Fiction*（《中国现代小说史》），New Haven, Yale University Press, 1961, 1971 再版。

Hsia Tsi-an.（夏济安）*The Gate of Darkness: Studies on the Leftist Literary Movement in China*（《黑暗的闸门：中国左翼文学运动研究》），Seattle, University of Washington Press, 1968。

Huters, Theodore D. "Blossoms in the Snow: Lu Xun and the Dilemma of Modern Chinese Literature"（"雪中盛开的花：鲁迅和中国现代文学之两难"），载于 *Modern China* 10.1:49—77 页，1984。

Ito Toramaru（伊藤虎丸）：《鲁迅和终末论》，东京，1975。

Jenner, W. J. E 译 *Lu Xun Selected Poems*（《鲁迅诗选》），北京，外文出版社，1982。

Kane, Anthony James. "The League of Left-wing Writers and Chinese Literary Policy"（"左联和中国文学政策"），密歇根大学博士论文，1982。

Kelly, D. A. "Nietzsche in China: Influence and Affinity"（"尼采在中国：影响与接近"），载于 *Papers on Far Eastern History*（《远东历史报》），1983，30 期，143—172 页。

Kiyama Hideo（木山英雄）：《〈野草〉形成的论理和方法》，载于《东洋文化研究纪要》，1963，30 期，137—225 页。

Krebsová, Berta. "Lu Hsün and His Old Tales Retold"（"鲁迅及其《故事新编》"）载于 *Archiv Orientalni*，1960，28 期，225—281 页，640—656 页。

Lee, Leo Ou-fan. *The Romantic Generation of Modern Chinese Writers*（《中国现代作家的浪漫一代》），Cambridge, MA, Harvard University-

Press,1973。

Leo Ou—fan,Lee. 编 *Lu Xun and His Legacy*(《鲁迅及其遗产》),Berkeley,University of California Press,1985。

Lee Mabel. "Solace for the Corpse with Its Heart Gouged Out:Lu Xun's Use of the Poetic Form"("对抉心的尸体的安慰:鲁迅对诗体的运用"),载于 *Papers On Far Eastern History*,1982,26 期,145—174 页。

李长之:《文学史家的鲁迅》,载于《人民文学》,1956 年,11 期,1—19 页。

李希凡:《〈呐喊〉、〈彷徨〉的思想与艺术》,上海,1981。

李希凡:《一个伟大寻求者的心声》,上海,1982。

李泽厚:《中国近代思想史论》,北京,1979。

林非:《鲁迅小说论稿》,天津,1979。

林非:《鲁迅前期思想发展史略》,上海,1978。

Lin Yü—sheng(林毓生),*The Crisis of Chinese Consciousness:Radical Anti-Traditionalism in the May Fourth Era*.(《中国意识的危机》),Madison,University Of Wisconsin Press,1979。

Lin Yü-sheng. "The Morality of Mind and Immorality of Politics:Reflection on Lu Xun,the Intellectual"("思想的道德与政治的不道德"),载于《鲁迅及其遗产》。

Link,Perry. "Lu Xun's Legacy in the 1970s:A View of the Post-Mao Era"("七十年代的鲁迅遗产——新时期中国观感")(1981 年国际鲁迅讨论会的内容)。

Liu Ts'un-yan. "Lu Xun and Classic Studies"("鲁迅和古典研究"),载于 *Papers on Far Eastern History*,1982,26 期,119—144 页。

刘雪苇:《鲁迅散论》,上海,1953。

刘再复:《鲁迅美学思想论稿》,北京,1981。

Lunacharsky,Anatoly V. *On Literature and Art*(《卢那察尔斯基论文艺》),Moscow,Progress Publishers,1973。

Lyell,WilliamA. ,Jr. *Lu Hsün's Vision of Reality*(《鲁迅的现实观》),Berkeley,University of California Press,1976。

Lyell,William A. ,Jr. "The Short Story Theater of Lu Hsün"("鲁迅的短篇小说舞台"),芝加哥大学博士论文,1971。

马蹄疾编:《许广平忆鲁迅》,广州,1979。

Ma,Y. W.(马幼垣):《论〈中国小说史略〉之不宜注释及其他》,载于《抖擞》,1981,46 期,23—30 页。

Maruyama Noboru(丸山昇):《鲁迅之文学和革命》,东京,1965。

Mamyama Noboru:《鲁迅和革命文学》,东京,1972。

竹内好:《鲁迅在日本》,载于《鲁迅及其遗产》。

Mathewson,Rufus,Jr. *The Positive Hero in Russian Literature*(《俄国文学中的正面英雄人物》),Stanford,Stanford University Press,1975。

Mills,Harriet C. "Lu Hsün,The Year on the Left,1927—1936"("鲁迅在左翼时期"),哥伦比亚大学博士论文,1963。

Mills. Harriet C. "The Essays: Some Observations On Form and Substance"("杂文:对形式和实质的观察"),在亚洲研究协会鲁迅讨论会上的论文,1972。

Mills,Harriet C. "Lu Xun,Literature and Revolution—from Mora to Marx"("鲁迅,文学与革命——从摩罗到马克思"),载于 Goldman 编《五四时期的中国现代文学》,1977。

NaKano MiyoKo(中野美代子):《鲁迅杂文概想之诸形式——对〈野草〉精神分析的考察》,载于《现代中国》,1958,33期,45—54页。

Ng,Mau-seng(吴茂生):*The Russian Hero in Modern Chinese Literature*(《中国现代文学中的俄罗斯英雄》),香港中文大学,1988。

Onoue Kanehide(尾上兼英):《鲁迅和尼采》,载于《日本中国学会报》,1961,13期,102—116页。

Ozaki Hotsuki(尾崎秀树):《与鲁迅对话》,东京,1963。

Pickowicz,Paul G."Lu Xun Through the Eyes of Qu Qiu bai"("瞿秋白眼中的鲁迅"),载于 *Modern China*,1976,2、3期,327—368页。

Piekowicz. Paul G. *Marxist Literary Thought in China*:*A Conceptual Framework*(《马克思文学思想在中国:纲要》),Berkeley,University of Califomia,1980。

Pickowicz. Paul G. *Marxist Literary Thought in China*:*The Influence of Qu Qiu-bai*(《马克思主义文学思想在中国:瞿秋白的影响》),Berkeley,University of Califomia Press,1981。

Plekhanov,Georg V. *Art and Social Life*(《艺术与社会生活》),Andrew Rothstein 编,London,1953。

Pollard,David E."Lu Xun's Zawen"("鲁迅的杂文"),载于《鲁迅及其遗产》,1985。

Průšek,Jaroslav. *The Lyric and the Epic*:*Studies of Modern Chinese Literature*(《抒情诗与史诗:中国现代文学研究》),Bloomington,Indiana University Press,1980。

Schultz,William R. *Lu Hsün*,*the Creative Years*(《鲁迅的创作生涯》),华盛顿大学博士论文,1955。

Schwarcz Vera. “How Lu Xun Became a Marxist:Conversation with Yuan Liangjun”(“鲁迅怎样成为一个马克思主义者的:和袁良骏的谈话”),载于 *Bulletin of Concerned Asian,Scholars*,1981,13 卷 3 期,60—68 页。

Semanov, V. I. *Lu Hsün and His Prodecessors* (《鲁迅及其先行者》),Charles J. Alber 译,White Plains,Ny,M. E. Sharp,1980。

Steiner, George. *Language and Silence* (《语言和沉默》), New York,1970。

Struve,Gleb. *Russian Literature Under Lenin and Stalin*(《列宁和斯大林时期的苏联文学》),Norman,1971。

Sun Lung-kee(孙隆基). “To Be or Not To Be‘Eaten’:Lu Xun’s Dilemma of Politic Commitment”(“是否该被吃掉:鲁迅参与政治的难局”),美国历史学年会上的论文,1985。

Takata(高田淳):《鲁迅诗话》,东京,1971。

Takeuchi Minoru(竹内实):《鲁迅远景》,东京,1978。

Takeuchi Yoshimi(竹内好):《鲁迅》,东京,1961;《鲁迅入门》,东京,1961。

Trotsky, Leon. *Literature and Revolution* (《文学与革命》), Rose Strunsky 译,London,1925。

Trotsky,Leon. *Leon Trotsky on Literature and Art*(《托洛茨基论文艺》),Paul N. Siegel 译,NewYork,1972。

Uberoi,Patricia. “Dog,Wolf and Hyena:Reflections on‘A Madman’s Diary’”(“狗、狼和海乙那——〈狂人日记〉的反映”),载于 *China Report*,德里,1982,18 卷 2—3 期,鲁迅专辑,87—102 页。

王观泉:《鲁迅美术系年》,北京,1979。

王观泉:《鲁迅与美术》,上海,1979。

Wang,John C. Y. "Lu Xun as a Scholar of Traditional Chinese Literature"("作为传统中国文学学者的鲁迅"),载于《鲁迅及其遗产》,1985。

王士菁:《鲁迅早期五篇论文注译》,天津,1978。

王瑶:《鲁迅与中国文学》,上海,1952,西安,1982。

王瑶:《论鲁迅作品与中国古典文学的历史联系》,载于《文艺报》1956,19 期,13—16 页。

王冶秋:《民元前的鲁迅先生》,上海,1947。

卫俊秀:《鲁迅〈野草〉探索》,上海,1954。

萧红:《回忆鲁迅先生》,上海,1948。

萧军:《鲁迅给萧军萧红信简注释录》,哈尔滨,1981。

《新文学史料》,北京。

许广平:《欣慰的纪念》,北京,1951。

许广平:《鲁迅回忆录》,北京,1961。

徐懋庸:《徐懋庸回忆录》,北京,1982。

徐懋庸:《鲁迅致徐懋庸七封信的注释》,载于《鲁迅研究年刊》,1979,290—296 页。

许寿裳:《我所认识的鲁迅》,北京,1952。

许寿裳:《亡友鲁迅印象记》,北京,1955。

Yamada Keizo(山田敬三):《鲁迅之世界》,东京,1977。

Yamada Node(山田野理夫):《鲁迅传》,东京,1964。

阎庆生:《鲁迅杂文的艺术特质》,西安,1983。

一丁:《鲁迅:其人其事及其时代》,香港,1978。

Yoshida Tomio(吉田富夫):《鲁迅〈野草〉论》,载于《中国文学报》,1962。

袁良骏:《鲁迅思想论集》,天津,1979。

赵浩生:《周扬笑谈历史功过》,载于香港《七十年代》,1978,104 页。

郑振铎:《中国小说史家的鲁迅》,载于《人民文学》1949,1 期,56—57 页。

周遐寿:《鲁迅小说里的人物》,上海,1954。

周遐寿:《鲁迅的故家》,香港,1962。

周遐寿:《知堂回想录》,香港,1970。

朱彤:《鲁迅创作的艺术技巧》,上海,1958。

《左联回忆录》,北京,1982。

译　后

这里奉献给读者的，是西方一本比较扎实的研究鲁迅的专著。作者李欧梵先生是美国加州大学洛杉矶分校教授，研究中国现代文学已有多年，是 1981 年在美国加州举行的国际性“鲁迅及其遗产”学术讨论会的主持人之一。他所编著的《中国现代作家的浪漫一代》《抒情诗与史诗》《鲁迅及其遗产》及其他论著，有相当部分都已有人译出，为国内现代文学研究者所熟知。《铁屋中的呐喊——鲁迅研究》是他最近的研究成果。

国外学者研究中国文学，由于所取的角度不同，比较地不易为某些旧说或“定论”所拘束，往往可能提出一些新鲜独到的见解；但有时又由于材料的限制或情况的隔膜，所见未必一定准确和合乎实际。不论是哪一种情况，都可起到“他山之石”的作用，对国内的研究工作给予启发。《铁屋中的呐喊——鲁迅研究》也是如此。

尤其值得重视的是：本书具有论战性质。作者不但对国内的一些研究者，也从过去鲁迅研究的整体上，提出了自己的不同见解，意见具体明确。这对于今后坦率友好的学术交流，当然会更有好处。

我认为：本书的一个重要特色，是通过对鲁迅作品的全面研究，从心理上对他进行了相当深入的挖掘和探索。本书原名《来自铁屋中的声音》，“铁屋”取自《呐喊・自序》中那个著名的隐喻，作者认为它既是那个吃人的、窒息的旧中国社会文化的象征，也是鲁迅本人内心的精神状态；至于“声音”，作者认为是三重的，既有“呐喊”，也有“彷徨”中的寂寞之声，还有他选取来表达出他内心痛苦的文学之声。本书所描绘的鲁迅也正是如此。他并不仅仅是一位高声呐喊的斗士，还是一个有着丰富复杂感情内涵的、在生活中有爱也有恨，有希望也有绝望，对中国传统有继承也有“抗”，并在这些悖论与矛盾中抗争前进的知识分子。是一个活生生的人，而不是概念化的、按既定模式塑造的。

在对鲁迅心态的描绘中，本书给人印象最深的，是那个处于“庸众”之中的“独异个人”的形象。这个形象不仅在鲁迅的小说中显现得很突出（本书第四章就是对这个问题的专论），在他的其他作品中，如在许多散文诗和杂文中，以至《自题小像》的诗、“铁屋子里的清醒者”的隐喻，以及“幻灯片”故事中，也都时时显现。这个形象既是热烈的又是悲怆的，既是自觉献身的牺牲者，又是对群众有着复杂认识和感情的孤独者。本书作者在这方面做了相当充分的论证，是令人信服的。

本书的另一重要特色，是吸收和发展了西方汉学界鲁迅研究中的前人成果，主要是夏济安和首创捷克学派的普实克的成果。夏济安的《黑暗的闸门》一书是西方鲁迅研究者经常引用的名著，其中虽有一些偏见，但对鲁迅作品的内容和艺术做了透辟的分析，特别是指出生活和文学作品中不只是光明与黑暗两色，在黑白之间还有变化万千的、不同层次的中间色彩，应当从这方面去理解鲁迅及其作品。这是很精辟的见解。普实克把中国现代文学放在中国本国文学传统的背景上研究，认为以鲁迅为代表的中国现代文学的产生，虽有西方文学影响撞击的原因，但主要地还是中国文学发展的自然结果。这一见解，在西方汉学界独树一帜。本书作者李欧梵原是夏济安的学生，他对普实克也十分尊重，普实克身后的论文集《抒情诗与史诗》就是李欧梵编纂的。从本书可以看出，其中既有对这两位汉学界前人师承的痕迹，又有所发展丰富，也有有选择的扬弃。我们知道，在西方汉学界，夏氏兄弟和普实克在学术观点上是有较大分歧的，可以说是属于两个学派。如果从这一背景出发，将夏、普的著作和本书同读，也是一种饶有兴趣的研究。

关于鲁迅的杂文，西方汉学界研究极少。而且有一种普遍流行的观点，认为鲁迅的杂文缺乏文学价值，算不得文学作品，有些人（包括夏济安在内）甚至断言鲁迅的文学生涯从 1926 年即已中断。本书作者不为这些成见所囿，把鲁迅杂文专列一章，从中国文学传统的背景着眼，肯定了它在文学中的“合法席位”，又把它和鲁迅其他作品的特色一并做整体研究，论证了它高度的艺术价值。这是难能可贵的。

最后要指出的一点是：对于作为革命家、思想家、文学家的鲁迅，本书作者极其强调他首先是一位文学家。我想，就鲁迅终身从事的主要是文学工作这一点看，这当然是对的。但是鲁迅从事文学工作始终是以改革中国社会为目的的，他虽然并没有提出什么系统的理论体系，他的深刻的思想却有自己一以贯之的特色。因此，如果不对“革命家”“思想家”的概念做狭窄的理解，就不能忽略或低估鲁迅的这两个方面。本书在这方面的论述（以及第七章关于鲁迅对革命和文学关系看法的论述），就使人感到有些狭窄，尚可做进一步的探讨。

作为一个并非专门研究鲁迅的译者，翻译这本书的过程对我也是一个学习的过程。它促使自己再去反复阅读鲁迅先生的作品，去查阅有关资料，并思考一些过去不曾思考过的问题。由于所知甚浅，上面的一些看法不一定中肯，望识者能给以指正。

尹慧珉

图书在版编目(CIP)数据

铁屋中的呐喊 / 李欧梵著；尹慧珉译. —杭州：浙江大学出版社，2016.10(2023.11 重印)
ISBN 978-7-308-16187-9

Ⅰ.①铁… Ⅱ.①李…②尹… Ⅲ.①鲁迅著作研究②鲁迅(1881-1936)—人物研究 Ⅳ.①K825.6②I210.97

中国版本图书馆 CIP 数据核字(2016)第 211174 号

铁屋中的呐喊
李欧梵 著 尹慧珉 译

责任编辑 罗人智
责任校对 姜井勇
封面设计 卿 松
出版发行 浙江大学出版社
(杭州市天目山路 148 号 邮政编码 310007)
(网址：http://www.zjupress.com)
排 版 浙江大千时代文化传媒有限公司
印 刷 浙江新华数码印务有限公司
开 本 880mm×1230mm 1/32
印 张 9.25
字 数 210 千
版 印 次 2016 年 10 月第 1 版 2023 年 11 月第 3 次印刷
书 号 ISBN 978-7-308-16187-9
定 价 55.00 元

浙江大学出版社市场运营中心联系方式：0571－88925591；http://zjdxcbs.tmall.com